网络创新治理与社会发展论丛

理解丰裕一代

对当代大学生生活与观念的追踪研究

桂　勇　侯劭勋　黄荣贵　李秀玫等　◎著

東方出版中心

图书在版编目（CIP）数据

理解丰裕一代：对当代大学生生活与观念的追踪研究/桂勇等著. —上海：东方出版中心, 2020.12

ISBN 978-7-5473-1718-1

Ⅰ. ①理… Ⅱ. ①桂… Ⅲ. ①大学生 - 学生生活 - 研究 Ⅳ. ①G645.5

中国版本图书馆CIP数据核字（2020）第221965号

理解丰裕一代：对当代大学生生活与观念的追踪研究

著　　者　桂　勇　侯劭勋　黄荣贵　李秀玫等
责任编辑　李梦溪
装帧设计　钟　颖

出版发行　东方出版中心
地　　址　上海市仙霞路345号
邮政编码　200336
电　　话　021-62417400
印 刷 者　常熟市新骅印刷有限公司

开　　本　710mm × 1000mm　1/16
印　　张　20.25
字　　数　237千字
版　　次　2020年12月第1版
印　　次　2020年12月第1次印刷
定　　价　58.00元

本书为教育部人文社会科学重点研究基地清华大学高校德育研究中心项目“高校大学生思想道德状况跟踪调查与分析”（项目号：17JJD710003）研究成果

执笔团队

阿依米拉·阿克木
付　宇　桂　勇
侯劭勋　黄荣贵
李秀玫　逄程涵
施颖婕　舒东妮
王莹莹　吴黔凤
邢婷婷　易　新
郑　雯　周　琳

网络创新治理与社会发展论丛

目 录
Contents

第四编　青年人的社会感受

第五编　青年人的社会认知

第六编　青年人的社会思潮

丛书序言

近年来，迅猛发展的互联网已经渗透到人们工作、生活与学习的方方面面，深刻地改变着人们的行为方式和思维模式，同时也给社会信息传播及舆论生态增加了复杂性和可变量，给社会治理和社会发展带来了新的挑战和命题。过去一段时间，由于网络管理的规范化、制度化、科学化的配套建设未能随着网络的快速发展而得到及时补充与完善，甚至制度建设还相对落后，以致网络戾气蔓延、情绪悲观、思潮跌宕、谣言四起、犯罪高发。在某种程度上，这些负面能量误导社会公众，诱发社会不安，严重影响网络空间有序发展和现实社会稳定进步，部分内容甚至与社会主流价值观和主流意识形态背道而驰。

面对互联网发展的滔滔洪流，国际竞争越来越多地转向互联网人才、技术以及应用素养的竞争。为有效应对网络发展带来的严峻挑战，增强国家间竞争的核心能力，我国于2014年2月正式成立中央网络安全和信息化领导小组，并相继出台了一系列制度与规定，以进一步加强网络空间的管理和建设。这标志着中国向网络强国目标迈进的国家战略予以制度化确立，并给网络空间注入了规则意识与发展活力，让国内互联网空间逐步成为弘扬主旋律、激发正能量、培育和践行社会主义核心价值观的主阵地。

为适应互联网变化发展的新形势、新特征、新趋势，以便更好地认识、探索与运用网络规律，上海开放大学信息安全与社会管理创新实验室规划出版系列丛书——《网络创新治理与社会发展论丛》。这套丛书将关注有关网络热点话题，特别是有关医疗、卫生、教育、环保、食品安全等民生议题，以及有关网络形势、网络空间治理与网络社会发展等宏观问题。具体来讲，一是关注互联网发展最新业态、特征与规律；二是关注互联网发展对相应制度建设与管理工作带来的机遇与挑战；三是关注互联网变化发展对网络应用群体提出的技能与素养要求；四是关注应用互联网开展教育实践工作的探索与经验等。

这些内容是上海开放大学信息安全与社会管理创新实验室作为一个专业化的互联网研究机构对相关领域、相关问题进行分析和研究梳理的成果，以及对相关人员开展培训的实践探索成果。这些成果在一定程度上反映了网络发展以及实践探索工作的最新动态、特征和规律。我们希望本套丛书能够给广大读者提供认识互联网的新视角，能够更好地把握互联网变化发展的新常态和内在规律，更加纯熟地掌握和使用互联网应用技巧，以此来服务我们的工作、生活和精神世界，也期望能够启发读者的思考，以新思维和新模式来认识网络、运用网络。

王伯军

上海开放大学副校长

导　言

青年人之未来，常常被视为国家之未来；大学生作为青年人的中坚力量和杰出代表，始终被寄予无限的期望。50后、60后逐渐将历史的接力棒交给70后、80后，退休的一代和奋斗的一代将目光同时聚焦于90后这冉冉升起的一代人。这是游弋于信息时代的一代人，他们创造出充满个性、极具张力的青年文化。“无节操、无底线、无脑”是90后的自嘲，却也塑造了大众对这一代人的刻板印象。张扬、叛逆、自私、缺乏信仰、没有理想、拜金、非主流等标签被贴在了独具个性的90后身上。当这么一些标签被贴在这一代青年人身上时，我们又该如何将国家的未来和民族的期望寄托在他们身上？

要客观而全面地把握这一代人的社会心态和价值观念，我们必须把视野嵌入在社会变迁和国家发展的宏观背景之下，回到变迁的过程和历史的进程当中，以纵向的、动态的视角取代横向的、截面的视角，才能够深入探索这一代人的价值取向和思想观念形成的基础与脉络，深刻理解成因、特点，进而对未来的趋势和走向形成言之有据的判断。这是本书对当代大学生展开追踪研究的立足点和出发点。

一

90后大学生是伴随着中国经济腾飞成长起来的一代，出生和成长的历史时段，赋予了他们与前几代人全然不同的一系列新特征。

40后和50后“匮乏一代”与共和国的诞生和成长相伴而行，新中国成立初期的百废待兴、早年建设的举步维艰都在他们身上留下了挥之不去的烙印，勤俭节约是这一代人社会心态的真实写照。60后和70后“温饱一代”生在新中国、长在红旗下，是国家建设和社会发展的中坚力量。他们的物质条件与上一代人相比已经有了很大改善，个人的成长成为这一代人普遍的、可行的追求。80后“足用一代”面对着一个前所未有的新环境，革故鼎新伊始，作为第一代独生子女，他们享受着前几代人都无法比拟的物质条件，而这个承前启后、快速变迁的发展阶段所形成的张力，让80后在享有巨大的发展空间的同时也承受着前所未有的压力。

90后大学生在中国经济发展最为迅猛的时段出生并长大成人，他们出生之时，我国经济发展的体量已远非昔日可比。改革开放后，中国经济的腾飞以及随之而来的社会诸方面飞速发展被称作19世纪以来“千古之大变局”的第二步。20世纪最后10年，改革开放经历了一系列的适应和调整之后驶入快车道，最直接地体现为经济的增长和物质的丰富。高速、平稳的增长态势长期持续，一直伴随了他们的整个青少年时代。在经济增长的带动之下，社会的方方面面也随之发生诸多变化：物质财富的积累使社会提供给个体的流动机会增多，满足个体需求的方式从单一走向多元。从刚性的社会结构到柔性的社会心理，人们对于流动的接受程度越来越高，流动机会增多，流动的渠道日趋畅通。财富的扩张、信息扩散的低成本、教育水平的普遍提高使得社会包容性增大，人们不再受制于某种固定的生活方式，整齐划一的评判标准和认知方式逐渐走向式微。全社会发展机会增多，空间增大，流动渠道畅通，兼容和多元成为一种社会态度。

90后大学生正是在这样的时代背景下长大的，他们自然而然地享受着物质丰富所带来的种种优越生活，他们的理想图景、价值观就建立在优渥、富足的基础之上——“丰裕一代”既是这一代人的真实写照，也是理解他们的钥匙①。

如何理解“丰裕一代”？这是一个内涵丰富的立体概念，不能仅仅停留在物质的丰厚充裕这个字面意义上，因为这只是一个基础；更重要的是，这一基

① 邢婷婷、侯劭勋：《90后大学生物质至上？这种说法不靠谱》，《解放日报（理论版）》，2015年7月14日。

础参与塑造了一代人的价值观和认识论。下面我们将从三个方面对“丰裕一代”展开诠释。

首先，就这一代大学生的物质观念而言，“物为我用”取代了“我为物用”，他们既看中物质又轻视物质。四十年来的物质积累使90后大学生不再需要为基本的物质保障投入太多的个人精力，他们非常看重物质，但是如果就此断言这是“物质至上”的一代则有失公允。因为在他们看来，物质是不可或缺的，是他们实现个人人生目标的前提，而非目的本身。正是因为有了坚实的物质基础，精神追求、自我释放、个性张扬才成为可能。如果没有这么多年来经济高速增长所创造的物质条件，这一切都将成为无源之水、无本之木。

物质基础是这一代大学生实现个体人生目标的前提，与传统观念中追求金钱、权力、社会地位等人生观不同，这一代大学生将奋斗的目标更多地聚焦于自身价值的实现。他们不再认为谈论物质是庸俗、市侩的表现，他们大胆地描绘着舒适、安全、富足的生活并为之奋斗，突出的个体化意识、强烈的发展效能感、开阔的眼界、开放的思维方式造就了这一代大学生的人生目标——他们希望有所建树，希望人生的图景充满无限可能；他们对个人的奋斗推崇备至，认为在成功的道路上个人的努力至关重要。用当代大学生自己的话来说，以往的人们登上巅峰是为了让世界看到“我”；而在90后大学生的眼里，站在一峰之顶是为了看遍群山，个人登峰造极是为了看到更大的世界。

其次，坚实的物质基础、多元的社会环境塑造了这一代大学生的社会观，他们所经历的是“自我实现是可能的”这样一种社会形态，社会朝着富裕、宽容和厚重的方向变迁，为这一代大学生以自我为中心接触社会、实现自身的个性化追求提供了可能。我国经济社会的发展状况在这一代青年人身上得到了呈现：物质财富的积累给青年人创造了更多的机会，选择空间前所未有地增大，社会心态呈现出兼容并蓄的趋势，人们的大多数选择都能够得到认可和尊重。从全球发展的趋势来看，资本、技术、权力的全球性流动和扩张将个体外部的层层壁垒打破。被推到了最前端的个人在拥有更多的流动和选择的自由的同时，竞争、责任和风险也都变成了个人的问题。这种大背景造就了青年人两种并存的社会心态——“竞争”与“公平”。

一方面，他们崇尚自由竞争，相信市场的力量，希望自己能够跟随资源全球流动的脚步不断发展，对未来充满信心。在前几代人的成长与发展过程中，国家和社会提供给个体的更多的是规范和依靠，而对于当代大学生而言，社会被他们视为寻找意义感、一步步实现人生目标的舞台。这样一来，如果说前几代人对于群己关系的认识侧重点在于责任和义务的话，那么在当代大学生的眼里，权利则是他们强调的中心问题，在兼顾个人生活和道德影响的基础上，他们更多地重视对个性的尊重和个人价值的实现。

另一方面，如果就此认为当代大学生个人主义泛滥，眼里只有自己没有他人，这样的判断也有失公允。正是因为有了丰裕的物质基础，个人的观念和行为变得从容，不再简单地将物质、机遇、资源据为己有，所以这一代人更加重视竞争的自由和公平。此外，他们在关注自身权益的同时，更注重制定公平的竞争规则，主张将社会资源在一定程度上向弱势群体倾斜，保障弱势群体的基本生存利益。“仓廪实而知礼节，衣食足而知荣辱”正是这一代大学生社会观的真实写照。

再次，这一代大学生人生观的转变，最显著的特征是从“生存”转向了“生活”。他们反对用条条框框来限定人生，对于“什么是好的人生”的理解从外在评价转向了内在体验，希望能够依据个人的意愿对人生的重大事件作出选择，“为自己而活”成为他们的共识。尽管他们拥有前卫的思想、开放的视野，但这并不意味着行事莽撞、为所欲为。在评判新生事物和小众文化时，他们态度谨慎，并不贸然表态，对于自己不甚了解的人和事，他们保持着有距离的尊重的态度。他们并非不关心社会，而是秉持着推己及人的观念，认为社会的稳定和健全是由个体的舒适、发展和尊严建构的。他们看上去“政治冷漠”，事实上对国家的前途和民族的命运充满信心，只是认为个体的行为对政治事件的影响力十分有限，所以对制度政策与权力运行并未投入太多精力，“政治”于他们而言是一个遥远而模糊的概念。

21 世纪已经走过了 20 个年头，无论 90 后是张扬的、叛逆的，还是现实的、理性的，或是孤独的、早熟的，“丰裕一代”都即将担负起历史的重任、国家的未来、民族的希望，他们终将从前辈手中接过接力棒，登上历史的舞台。

二

一代人的价值观的形成是多因素综合的结果。90后大学生，与中国经济的高歌猛进、社会剧烈转型同行，他们既是改革开放的成果之一，也是改革开放的见证者。他们伴随着互联网迅猛发展、异域文化潮水般涌入中国而成长。与此同时，一系列新的问题也逐渐在这一代人的成长过程中显现出来。

首先，全面认识“丰裕一代”不能只看到蓬勃发展、花团锦簇的一面，还应该注意到分化和不平等也一并出现。“丰裕”的本质是“蛋糕”做大了，人们可以分到的“蛋糕”的绝对数量增加了，但是不容否认的是，在“蛋糕”总量增长的过程当中，分配机制和分配规则要比过去复杂得多。尤其是在首重效率的年代，人们的首要任务是如何把“蛋糕”做大，首推效率、兼顾公平。这造成的一个结果就是，人们的物质基础迈上新台阶的时候，贫富差距也逐渐拉开，地域差距、城乡差距、行业差距都开始出现。

在这种背景下成长起来的一代大学生，他们内部的分化是显而易见的，这种分化既体现在他们所使用的物质财富方面，也体现在他们的发展观念、人生规划方面。贫富差距所造成的分化最直观的体现就是家庭的阶层位置和财富积累，正因如此，这一代大学生对于家庭的影响和助力的认识尤为突出。一方面，他们期待着有公平的竞争规则、自由的资源配置方式帮助他们实现个人的发展；另一方面，他们又很冷静地承认和接受着前一阶段发展所造成的既定事实。父辈有积累的大学生希望自己可以在既有的基础上更上一层楼，父辈没有积累的大学生也渴望社会继续保持开放兼容的姿态，游戏规则不要僵化，从而给自己创造弯道超车的机遇。分化是丰裕的另一种体现，当代大学生对这一问题的认识冷静而清晰。

其次，互联网与消费社会共同建构了传播的幻象。90后大学生是与互联网共同成长起来的一代人，如果说对于前几代人而言，互联网是一个信息平台的话，那么对于90后而言，互联网则是他们的生活方式，互联网影响并塑造了他们的思想观念、认知模式、行为方式。时空脱域、碎片化、互动性的传播特征，尤其是自媒体的兴起，打破了传统媒体“发布—接收”的二元模式，人人皆可发声。这为大学生们充分表达自己的思想、观点、价值观念创造了广阔的空间。他们在互联网上展示个性、直抒胸臆，强调从个体的感受、自身的经验出发来关注这个世界，无论是讨论宏大叙事还是讲述个人经历，他们的态度都体现出去权威、小众化、自我意识强烈的倾向。但是，如何认识互联网传播的本质？一方面，在互联网上，每个人都有发声的机会，但这并不等于每种声音都有均等的被听到的机会；另一方面，正是因为可以自由发声，发表轻率的言论便不必负太大的责任。断章取义、博取眼球、歪曲事实、挑动不良情绪的网络信息随处可见，但大学生们对此并没有足够的认识，他们的阅历对这些信息往往缺乏判断和鉴别的能力，容易陷入轻信和误判，用他们自己的话说就是“很容易被带节奏”。由此可见，自由表达只是表象，背后是欠缺判断力的跟风发声。

与此同时，对物质的追求和崇尚舒适的生活观是当代大学生区别于以往大学生的重要特征之一，而消费社会的生活方式和价值观念也潜移默化地影响着这一代大学生。进入消费社会，通过符号消费建构自我认知，人们消费的不再是物品和使用价值，而是符号；通过消费来界定我是谁、我属于哪个阶层、我拥有怎样的生活。大学生通过消费表达了对于进入成人世界的渴望，希望通过消费“再造自我”，这使得超前消费、奢侈品消费、消费升级在大学生当中流行起来。在此基础上，消费社会的另外一层含义是大众文化成为消费品，“文化”与“产业”的结合使得文化产品具有迎合市场需求的走向，艺术性和批判性有所下降，感官化与娱乐化程度加强，“快餐文化”逐渐成为一种趋势。这样一来，“娱乐至死”，群体自嘲，表达方式口语化、戏谑化，甚至一定程度上的粗鄙化，都是文化与消费的结合带给大学生的影响。

当我们讨论消费社会给大学生带来的影响，对互联网在其中的作用存在着一种内在的二律背反的逻辑：从表面来看是对青年人的赋权，帮助当代大学生实现自由的表达和自我的建构，但事实上它的背后是一套更加隐秘、更不易被察觉的控制逻辑，它会将意气风发、阅历尚浅的大学生带入“自我的幻象”当中，而实际并未跳出窠臼。

再次，当代大学生是张扬个性、崇尚个体意识的一代，独立、自强是这种价值观的积极的一面，但是如何使大学生与主流价值观发生“化学反应”是另一面。纵然我们将当代社会形容成个体化的时代，但是主流价值观对于一个社会的团结和凝聚仍然有着毋庸置疑的作用。没有主流价值观做依托的个体，犹如一个无意义的孤岛，尤其对于涉世不深、缺乏阅历的大学生，在个人意识受挫后往往会陷入无力与虚无之中，“佛系青年”便是形象具体的表现。

另外，中国目前尚未经历过一个完整的经济周期，目前人们的所得、所思、所感都是在四十年经济高速增长的历史进程下获得的。人们对于未来的判断基于对现实的体验和认识，这是“丰裕一代”出生和成长的背景，他们有充分的理由相信明天会更好。可是当全球经济结构调整、增长的轨道发生改变、增长的速度暂时放缓，同时中国正逢在科技创新、知识产权、资源能源、权力格局等方面全方位直面国际挑战的时期，此时又恰是“丰裕一代”离开学校、正式进入社会的人生阶段，他们体验到的更多的是压力而非助力、是下行而非上行的时候，该如何承担起历史赋予的使命将是需要一代人集体作答的考题。

对于当代大学生，人们一面赞美着他们是理性的一代、开放的一代、充满希望的一代，一面又担忧着他们是缺乏信念、物质主义、三观尽毁的一代。我们应该如何认识这一代大学生？社会科学素来秉持着价值中立的原则对现实问题展开观察和分析，上海开放大学信息安全与社会管理创新实验室和复旦大学社会治理研究中心历时四年，针对当代大学生的生活世界、网络世界、价值观念、社会感受、社会认知和社会思潮等展开全面深入的调查研究，力图完整呈现当代大学生对于经济、政治、社会、文化等多方面议题的态度，为我们理解这一代人的社会心态和代际特征打开新的视野。

三

基于这样的认识，我们进行了大学生社会心态调查。此项调查由上海开放大学信息安全与社会管理创新实验室和复旦大学社会治理研究中心联合开展，分别于2015年和2017年实施了两次调查。调查方式采用问卷调查法。调查问卷为自编问卷，内容涵盖基本信息、校园生活、个人与家庭生活、对国家发展与对外关系的态度、对社会生活与经济发展的态度、公共态度与公共讨论、社会评价与社会思潮、社会认知、对港台议题的态度、对社会争议性议题的态度等板块。在正式调查之前，项目组首先开展了小范围的试调查，以检验问卷的信度和效度，并根据试调查的分析结果对问卷进行修订与完善。问卷的发放与回收方式是由接受过项目组培训的调查员到被抽中的各高校现场发放与回收，以保证问卷的填答质量和回收率。2015年和2017年两次调查的问卷回收率均在95%以上，有效样本比例分别为99.3%和93.7%。两次调查分别收集了包含256个指标和264个指标的调查数据，力图立体地呈现当前以90后为主体的大学生群体的整体心态和价值观念，并通过历时性调查数据的比较，反映中国大学生群体社会心态与价值观念的变迁。

调查抽样采用“地区-大学-学生”三阶段随机抽样方法，样本覆盖中国大陆七大地域（华东、华北、华中、华南、西南、西北、东北）、不同学校层次（包含“985”高校、“211”高校、普通本科高校、大专院校等）和不同培养层次（专科、本科、研究生）的大学生。其中，第一阶段以省份（直辖市）为抽样单位，按照7个地理区域不等比例分层抽取7个省（直辖市）；第二阶段的抽样单位是大学，以省（直辖市）为单位等比例配额抽样，理论上共抽取40所大学；第三阶段的抽样单位是大学生，以班级为单位进行整群抽样，理论上共抽取6 000名在校大学生。

2015年大学生社会心态调查的实际有效样本数为6 351个，覆盖了7个省（直辖市）的39所中国高校。2015年的样本分布情况如下：在地区分布方面，华东、华北、华中、华南、西南、西北、东北 7 个地区高校学生的比例分别为 15. 6%、16. 7%、14. 6%、13. 4%、15. 2%、11. 3%、13. 2%；在学校层次方面，“985” 高校、“211” 高校（除 985 类）、普通本科高校、专科类学校学生比例分别为 26. 4%、19. 6%、35. 2%、18. 8%；在性别分布方面，男生占 42. 9%，女生占 57. 1%；在培养层次方面，专科生占 22. 5%，本科生占 61. 1%，研究生占 16. 4%；在学科类别分布方面，人文类占 7. 3%，社科类占 48. 8%，理科类占 9. 4%，工农医类占 34. 5%；在生源地类型分布方面，北上广深的占 14. 9%，一般大型城市（除北上广深）的占 11. 1%，中小型城市的占 27. 5%，小城镇的占 23. 1%，农村的占 23. 5%。

2017 年大学生社会心态调查的实际有效样本数为 6 759 个，覆盖了 7 个省（直辖市）的 42 所中国高校。2017 年的样本分布情况如下：在地区分布方面，华东、华北、华中、华南、西南、西北、东北 7 个地区高校学生的比例分别为 14. 8%、15. 3%、19. 6%、13. 3%、14. 0%、11. 5%、11. 5%；在学校层次方面，“985” 高校、“211” 高校（除 985 类）、普通本科高校、专科类学校学生比例分别为 26. 0%、20. 2%、33. 6%、20. 2%；在性别分布方面，男生占 48. 9%，女生占 51. 1%；在培养层次方面，专科生占 22. 1%，本科生占 64. 9%，研究生占 13. 0%；在学科类别分布方面，人文类占 10. 5%，社科类占 40. 4%，理科类占 11. 3%，工农医类占 37. 8%；在生源地类型分布方面，北上广深的占 14. 9%，一般大型城市（除北上广深）的占 13. 6%，中小型城市的占 27. 5%，小城镇的占 24. 6%，农村的占 19. 4%。

总体来说，两次调查的样本分布情况基本一致，且在地区、学校层次、性别、培养层次、学科类别、成长地类型等指标的分布方面较为合理，样本具有比较高的代表性。

第一编　青年人的生活世界

第一章　大学校园生活：阳光多彩

一、引言

当今高校越来越注重素质教育，大学生校园生活体验也开始更加多样化；同时，相比过去的大学生，90后大学生对大学生活有更多新的期待与想法，探究新一代大学生的校园生活状况是一个新颖又重要的话题。大学生活重在经历和感受，大学生在接受高等教育知识洗礼的过程中，最直接接触和感受到的就是校园生活。这意味着校园生活的方方面面会影响大学生的生活方式，这其中存在的问题和倾向不容忽视，将直接关系和谐校园的建设，关系国家和民族的未来。因此，关注当代大学生校园融入、思想文化倾向等方面是我们教育方向的基础与出发点。

近年来，中国国力日益强盛，高校思政教育的投入逐年增加，对90后大学生的校园体制融入、高校思政教育评价产生了潜移默化的影响。90后大学生的体制融入问题不仅关系我们能否顺利开展高校全方位建设，而且对于预测大学生思想动态走向提供了有力参考。大学的目标不仅在于向学生传授知识，为国家建设提供生力军，同时还应该注重大学生道德观念的培养，越来越多的学者注意到大学在这方面发挥的作用。（王蓉，2016）大学的功能不仅在于人才培养，其更重要的目标在于立德树人，通过全方位的培养和熏陶，帮助大学生树立正确的价值观念。（许益锋，2017）大学生是未来的主要建设者，是国家和民族的希望，这就要求学校对当代大学生的培养不能仅仅停留在技能层面，更应该帮助大学生树立远大理想和正确的价值观念。(李雪，2009）在新形势下，高校党团组织在思想政治教育、精神文明建设、校园文化建设等方面都发挥着重要的作用。(李再亮、鲁承龙，2015）大学生中有一部分人活跃在党团组织、学生会、学生社团以及班委群体中，实现了校园体制的充分融入，大学生个体也对高校思政教育有了更深的了解和认识。随着90后进入校园并占据主要力量，现行的学校党团组织和社团组织能否满足90后发扬个性的需求，对他们是否具有强大的吸引力，他们能否尽快实现校园体制融入、适应校园生活、形成自己的校园文化特色显得尤为重要。

二、当代大学生校园生活的描述分析

基于2015年和2017年大学生社会心态调查的数据，我们围绕当前90后大学生的高校校园体制融入情况（包括党团组织与社团组织两个方面）、对高校思政工作的评价以及文化生活选择倾向等一系列问题进行了研究。

（一）大学生校园体制融入渐强

1. 大学生对党团组织的认可度和参与度增加

表1-1反映了2015年及2017年90后大学生对于高校党团组织态度的分布情况。

表1-1　大学生对于高校党团组织态度的描述性统计

总体印象	人　数		比　例（%）	
	2015年	2017年	2015年	2017年
非常正面	1 108	1 560	17.49	23.11
倾向正面	2 088	2 114	32.96	31.32
中立	2 899	2 889	45.77	42.81
倾向负面	188	150	2.97	2.22
非常负面	51	36	0.81	0.53

新形势下，高校党组织和共青团组织在高校思想政治工作、精神文明建设、校园文化建设等方面都发挥着重要的作用，在仅仅两年的时间里，90 后大学生对党团组织态度有了一定程度的变化。对比前后两年的调查结果，同学们对于校园党团组织的态度倾向于正面，2017 年的追踪调查结果显示正面倾向的比例已占到 54.4%，相比 2015 年（50.4%）增长了 4 个百分点。持负面态度的大学生由 2015 年的 3.8%降为 2017 年的 2.8%。可见，同学们对高校党团组织工作的认可度和熟悉度逐年上升。随着高校党团思政工作的加强，同学们对于党团组织工作的了解逐步加深，对校内党团组织的认可度也有所上升。例如一些党团官方媒体，如“@中共团中央”借助微博、微信等媒体平台，扩大其在青少年中的影响力，并得到青少年的认同和支持。这是新形势下的趋势，即通过青少年喜闻乐见的方式（如开通互联网平台、讨论热点话题），加强对青少年的思想、精神和文化宣传，扩大党团组织在青少年中的影响力。

态度的改变必将影响党团组织参与的密切程度。围绕 90 后大学生群体对高校党团组织接触密切程度的变化，表 1－2 汇报了描述性统计的结果。

表 1－2　大学生对于高校党团组织接触密切程度的描述性统计

总体印象	人　数		比　例（%）	
	2015 年	2017 年	2015 年	2017 年
非常密切	362	500	5.71	7.41
比较密切	1 019	1 243	16.07	18.41
一般	2 505	2 636	39.51	39.05
不太接触	1 936	1 863	30.54	27.66
完全不接触	518	509	8.17	7.54

表 1－2 的统计结果显示，90 后大学生的党团组织接触密切程度也相比 2015 年明显上升，接触密切的比例由 2015 年的 21.8%提升至 2017 年的 25.8%。这跟党团组织对于自己系统内学生干部素养的高要求、高标准有关，除了党员外，学生很少主动参与或者有资格参与党组织活动。并且除了党团组织以外的社团组织也会吸引当代大学生的参与，这些社团组织更符合他们崇尚自由、个

性张扬的特点，也更有利于多样化发展。

2. 大学生社团组织参与度上升，兴趣爱好类社团最受欢迎

校园体制融入问题不仅包括党团组织的参与，大学生社团活动也非常受90后大学生群体的欢迎。学生社团是高校校园文化的重要载体，是大学生丰富校园生活、增加交友范围、丰富内心世界的重要形式，对于做好学生思想政治工作、促进学校精神文明建设、营造大学校园的文化氛围，都起着重要作用。

表1－3、表1－4分别反映了2015年及2017年对于校内社团组织，90后大学生群体参与度与具体参与类型分布情况。

表1－3　大学生对于高校社团接触密切程度的描述统计

总体印象	人　数		比　例（%）	
	2015年	2017年	2015年	2017年
非常密切	650	914	10.27	13.55
比较密切	1 644	1 901	25.97	28.19
一般	2 830	2 833	44.70	42.01
不太接触	990	897	15.64	13.30
完全无接触	217	198	3.43	2.94

从表1－3可以看出，多数90后大学生对于社团组织参与度较高，2017年调查结果显示，41.7%的学生与校内社团联系紧密，相比2015年（36.2%）有明显增加。在强调大学生创新创业、素质教育的今天，大学生社团建设也如火如荼地进行，并且受到了同学们的喜爱与支持，参与各类社团的学生占比相比2015年的调查结果也有所上升。

表1－4　大学生参与高校社团类型分布

类　型	人　数		比　例（%）	
	2015年	2017年	2015年	2017年
学术科研类	458	546	7.41	8.35
志愿公益类	1 580	1 616	25.55	24.72
职业发展类	593	543	9.59	8.31

（续　表）

类　型	人　数		比　例（%）	
	2015 年	2017 年	2015 年	2017 年
兴趣爱好类	2 633	2 936	42.58	44.91
新社会运动类（女权、同性恋、素食等）	31	48	0.50	0.73
其　他	315	323	5.09	4.94
未参加	573	526	9.27	8.05

如表 1－4 所示，兴趣爱好类社团和志愿公益类社团最受同学们欢迎，2017 年分别占 44.91%和 24.72%，这说明学生参与社团的目的仍是丰富课余生活。学术科研类社团、新社会运动类社团的参与比例相比 2015 年均有上升，相对而言，职业发展类社团参与比例有一些下降。未参加社团的比例也有下降趋势。参与社团在校园体制融入过程中占重要作用，而且丰富的社团类型有利于提升学生参与兴趣，高校应鼓励形式各样的社团活动。

3. 大学生对校园思政工作的认可度升高

校园体制的融入离不开学校最根本的思想政治教育工作，学生对于本校思政工作的评价很大程度上会影响其校内体制的融入。同时，思想政治教育也是我国高校最重要的基础工作之一，学生的态度也是检验其工作的重要标准。表 1－5 反映了 2015 年及 2017 年 90 后大学生群体对于本校思想政治教育评价的描述性统计对比。

表 1－5　大学生对于本校思政教育评价的描述性统计对比

总体印象	人　数		比　例（%）	
	2015 年	2017 年	2015 年	2017 年
非常正面	1 323	1 767	20.90	26.24
倾向正面	2 333	2 398	36.86	35.61
中立	2 410	2 360	38.08	35.04
倾向负面	222	165	3.51	2.45
非常负面	41	45	0.01	0.01

上述结果反映出，在高校进行深入思想政治教育的今天，90 后大学生群体对于高校思政建设的评价也比前两年有明显的正面提升，大多数学生（61.8%）呈现正面的印象，相比 2015 年（57.8%）有明显的增加。可见，近两年在国家的大力推进下，高校思政教育也更加到位，受到了大学生的认可与支持。学校思政教育与学生评价，很大程度上展现了当代大学生的思想政治状况，有助于学校和教育部了解学生需求，并进行有效的改革和工作落实。

4. 多数学生认可自己的学校与专业

在多方面因素的共同作用下，传统价值观在大学中逐渐被弱化，有研究表明，近六成的大学生不知道所在高校的校训，大部分大学生对大学的归属感并不强。（任艳萍，2016）而大学生对于学校与自己所在专业的自豪感与校园体制融入情况紧密相关。校园体制融入的好坏很大程度上会对学校认同感、自豪感带来影响，反之，对于学校及专业的自豪感高低也影响着大学生对校园体制的融入。基于此，我们根据 2017 年的调查结果重新审视了新形势下学生主导价值观的变化与对自己所在专业及高校自豪感的不同。

表 1－6 反映了 90 后大学生群体对于自己所在高校及专业的自豪程度分布情况。

表 1－6　大学生对于高校及专业自豪感的描述性统计

总体印象	学校自豪感		专业自豪感	
	人数	比例（%）	人数	比例（%）
非常自豪	1 583	23.48	1 591	23.59
有点自豪	2 924	43.38	2 714	40.26
不怎么自豪	1 571	23.31	1 803	26.74
一点也不自豪	306	4.54	302	4.48
无所谓	357	5.29	332	4.92

根据表 1－6 的统计结果可以发现，多数 90 后大学生对于自己所在学校以及自己所在的专业均呈现比较自豪的态度，对自己的学校（66.9%）和专业（63.9%）感到自豪的比例达到六成以上。然而，也有相当比例的大学生对自己

的学校（23.3%）和专业（26.7%）不怎么自豪，或者持无所谓态度。可以说，在对自己所在的高校与专业的认可度方面，新时代大学生依旧存在认可度较低、事不关己的态度，这显然不利于校园生活的适应与校园文化的融入。这也从侧面为当下的高校敲下警钟，90后大学生对学校认同感的建立有待进一步提升。除了新老生、学校声望等客观方面的差异外，高校不仅要在校外做好形象宣传，更应该在校内学生中树立良好形象。

（二）当代大学生课余文化生活多面观

1. 电视剧：经典正剧深受青睐

为了进一步探究当代大学生的校园文化生活、思想倾向等方面的情况，在大学生社会心态调查（2017）中我们请受访学生写出印象最深的一部电视剧、一部电影及一本书。以下我们分别罗列了排名前二十的电视剧、电影以及书籍，借此分析90后大学生校园生活中的文化倾向。表1－7反映了排名前二十的90后大学生印象最深的电视剧。

表1－7　大学生印象最深的一部电视剧排名前二十（N=6 759）

排名	电视剧名称	人数	比例（%）
1	亮剑	456	6.74
2	人民的名义	342	5.06
3	西游记	330	4.88
4	琅琊榜	230	3.40
5	权力的游戏	175	2.58
6	请回答1988	112	1.65
7	仙剑奇侠传	93	1.37
8	甄嬛传	91	1.34
9	武林外传	86	1.27
10	白夜追凶	70	1.03
11	黄大年	69	1.02

（续　表）

排名	电视剧名称	人数	比例（%）
12	三生三世十里桃花	68	1.01
13	爱情公寓	67	0.99
14	我的前半生	66	0.97
15	欢乐颂	65	0.96
16	生活大爆炸	53	0.78
17	三国演义	46	0.68
17	士兵突击	46	0.68
18	神探夏洛克	38	0.56
19	花千骨	33	0.48
20	楚乔传	30	0.44

由表1－7结果可见，被提及的电视剧中，国产剧比例高达80%，不同于前几年的美剧潮、韩剧潮，这从侧面反映出国产剧越来越受到90后大学生群体的喜爱，国产剧的质量也日益提高，90后一代在国家富强、人民生活水平日益提升的当下，在文化生活上也表现出对祖国发展的认同。

最受大学生欢迎的前五部电视剧中，出现了《亮剑》和《人民的名义》两部国产现代剧。不同于粗制滥造、迎合观众“反日”心态的抗日剧，《亮剑》表现的真实鲜明的抗日英雄气节，给未经历过抗日时期的大学生留下了良好深刻的印象。2017年新出的大快人心的反腐剧《人民的名义》在央视一套热播，揭露了官僚分子的腐败，说明90后大学生群体作为新生代对正义公正的追求更加明显。《西游记》作为中国传统四大名著的经典影视作品代表也入选了前五，可见经典对当代大学生的影响力犹存。国产剧《琅琊榜》通过演员的影响力、引人入胜的剧情得到了年轻人的追捧。美剧《权力的游戏》以其细致入微的军事谋略、排布缜密的剧情受到年轻人青睐。《白夜追凶》《神探夏洛克》等悬疑、破案类电视剧的广受欢迎，也体现出当代大学生对电视剧的品位变化，他们对有剧情、能引发思考的电视剧更情有独钟。排名前十的作品中，出现了《仙剑奇侠传》《甄嬛传》《武林外传》等脍炙人口的国产古装剧，这些电视剧陪伴了 90 后一代大学生的成长，对其文化生活有所影响；《请回答 1988》作为暖心的韩国家庭剧，用一个胡同中几个孩子的成长、五个家庭的变化讲述了亲情、爱情、友情的发展，朴实有趣的剧情打动了许多 90 后大学生。

2. 电影：经典好莱坞与新生国产分庭抗礼

相比电视剧，排名前二十的电影分布情况更显得多元化，表 1－8 反映了排名前二十的 90 后大学生印象最深的电影。

表 1－8　大学生印象最深的一部电影排名前二十（N=6 759）

排　名	电影名称	人　数	比　例（%）
1	肖申克的救赎	472	6.98
2	战狼 2	313	4.63
3	阿甘正传	198	2.93
4	战狼	187	2.77
5	泰坦尼克号	170	2.52
6	摔跤吧，爸爸	114	1.69
7	霸王别姬	89	1.32
8	这个杀手不太冷	79	1.17
9	忠犬八公的故事	71	1.05
10	你的名字	69	1.02
11	三傻大闹宝莱坞	65	0.96
12	怦然心动	63	0.93
13	盗梦空间	61	0.90
14	星际穿越	60	0.89
15	大话西游	54	0.80
15	速度与激情	54	0.80
16	哈利·波特	53	0.78
17	海上钢琴师	50	0.74
18	看不见的客人	44	0.65
19	建国大业	41	0.61
20	变形金刚	36	0.53

表1－8结果显示，在排名前二十的电影中，五部是国产片，其余电影都是国外的影片，来自美国、印度、日本等多个国家，可见90后大学生的电影喜爱倾向多样，没有固定的偏好。相比电视剧，电影选择集中在经典影片，并且大部分豆瓣评分较高。可见，90后大学生在电影喜好方面的倾向较为统一，也各有侧重。

排名前十的电影里出现了《肖申克的救赎》《阿甘正传》《泰坦尼克号》《这个杀手不太冷》《忠犬八公的故事》等非常经典的影片，可见经典影片对当代年轻一代的吸引力、感染力依旧最为强烈，这些经典影片大多属于好莱坞式电影，说明其文化输出比较成功，对中国90后大学生的价值观可能产生深刻影响。与经典的外国电影相比，近年来上映的《战狼》《战狼2》也一同进入前五，《战狼》系列影片凭借其英雄主义和爱国主义成功吸引了90后大学生，说明新生的中国影片有很大的发展空间和潜力，对大学生的影响也逐渐增强。除了好莱坞电影和国产电影外，《摔跤吧，爸爸》《三傻大闹宝莱坞》等印度电影开始进入当代大学生的生活并受到欢迎，说明当代大学生的电影审美更加多元化，包容性更强；日本动画电影《你的名字》以其唯美的画风、感人的故事情节也收获了90后一代的喜爱，排在了第十位。整体来看，当代大学生喜爱的电影所表现出来的价值观非常正面，并带有大量自己的思考和感悟。

3. 书籍：秉持经典，紧跟潮流

除了电视剧、电影，90后大学生对书籍也有不同的选择态度，表1－9展现了位于前二十名的90后大学生印象最深的一本书。

表1－9　大学生印象最深的一本书排名前二十（N=6 759）

排　名	书籍名称	人　数	比　例（%）
1	平凡的世界	206	3. 05
2	活着	202	2. 98
3	红楼梦	153	2. 26
4	追风筝的人	140	2. 07

（续　表）

排　名	书籍名称	人　数	比　例（%）
5	三国演义	124	1.83
6	解忧杂货店	121	1.79
7	百年孤独	94	1.39
8	三体	85	1.26
9	西游记	76	1.12
10	围城	63	0.93
11	简·爱	61	0.90
12	飘	60	0.89
13	傲慢与偏见	52	0.77
14	鲁滨孙漂流记	47	0.69
15	从你的全世界路过	45	0.67
16	高等数学	42	0.62
16	龙族	42	0.62
17	天才在左，疯子在右	41	0.61
18	挪威的森林	39	0.57
18	老人与海	39	0.57
19	看见	38	0.56
20	狼图腾	37	0.55

表1－9所展示的22种书里，既有经典的古典文学作品，也有当前的流行文学作品。无论是《红楼梦》《三国演义》等古典名著，还是《平凡的世界》《活着》等现代名著，都对90后大学生有深刻影响。此外，《百年孤独》《简·爱》等经典国外小说细致描写了现实与历史，生活的痛苦与宽容释怀的情感，深深打动人心，也成了大学生所喜爱的著作。即便在物欲横流的当代社会，也有大量的大学生注重培育和提升自己的文学修养。（杨雪睿，2012）可知即便当今文化发展多元，大学生的文化生活丰富多彩，中华传统名著依旧发挥着重要作用。传承文化，怀旧经典，塑造大学生深厚的文化底蕴，这与家庭、学校和社会的教育密不可分。除了传统文化，近现代历史与国家发展也是大学生群

体喜欢和关注的领域，近代名著多是基于20世纪五六十年代的社会背景，成长于90年代的大学生可以通过文学作品加深对这一社会阶段的认知和理解。因此，文学作品对这一阶段真实客观的描述有利于大学生对历史脉络的梳理和历史观的建立。

同时上榜的还有《追风筝的人》《解忧杂货店》等当下各国畅销书，以及被誉为中国当代最杰出的科幻小说的《三体》三部曲排在了榜单第八名，这部小说是中国科幻文学的里程碑之作，也受到了90后一代的喜爱与支持。可以看出，90后大学生在青睐古典名著的同时，也会关注当代文学，相比上一辈人，90后大学生群体显得更加兼容并包，对文学作品的选择更加多样丰富。

三、结论与讨论

改革开放以来，我国的社会主义市场经济实现了高速发展。与此同时，社会主义文化市场也呈现出一派欣欣向荣的景象，这就为大学校园生活的精彩纷呈提供了外部条件。我国高校大学生党团组织是高校思想政治教育的重要载体，在历史上发挥了重要的作用（侯莉，2016），所以高校党团、社团组织的建设影响着每一代学生对高校校园体制的适应能力及对高校思政工作的整体评价与态度。通过本次调查我们了解到，目前的90后大学生群体对高校思政工作的整体态度较为正面，这与不断推进的高校思政工作密不可分。同时，参加党团组织、社团组织的学生比例也比前两年有所上升，可见，学生的校园体制融入能力也得到一定加强。同时，对校园的迅速融入、对学校与专业的自豪感，也增强了大学生对学校思政工作的理解与正面评价。

在90后大学生文化选择问题上，可以看到当代大学生校园生活非常丰富，文化氛围较为宽松，对书籍、影视作品等文化产品都有自己的不同选择。国产电视剧和电影作为中国大众文化的一个重要组成部分，其社会影响力逐步攀升，为当代大学生的文化生活带来新的变化。如今的国产剧、国产电影已不再只是昔日的本土文化，而是成了多元文化的混合体，对90后大学生群体有着深远的影响。从本次调查结果中我们也看到，在90后大学生群体印象最深的文化产品中，国产剧、国产电影、中国名著以及流行文学都受到了大家的欢迎，可见国家认同感的提升，不仅仅体现在学生的思想状态上，也体现在日常文化消费中。随着社会的发展，文化消费市场日趋复杂多样，90后大学生群体文化消费整体呈现积极向上以及多元化的特点，这对新一代大学生群体的思想文化发展起着重要作用，优秀作品的感染力将更为有效地促进他们的成长成才。首先，这些优秀的电视剧、书籍传递出的多元文化元素，可以帮助学生树立文化包容心态和创新意识，对理想与信念的执着、对自由与民主的追求、对幸福生活的向往都将促使90后大学生萌生出一种家国使命感和自豪感。其次，这些优秀作品有助于90后大学生群体拓展自我发展的空间，提升自己各方面的素质和职业技术水平，比如通过看美剧、看外文书籍等方式学习英语等。同时，各类电视剧、电影以及书籍能够开拓大学生的视野，帮助他们树立更加全面、完整的世界观与正确的价值观，有利于开发思维，实现自身社会化。

但是调查结果也反映了一些问题，比如有一部分90后大学生对学校党团组织建设以及思想政治工作的开展态度呈较为负面的评价，这可能是由于学生对校园体制融入不到位，对学校整体印象偏差所致，所以如何有效地开展学校教育，提升学生的认同感和归属感，加强校园思政工作，需要引起高校的重视。同时，在校园文化的建设与当代大学生自身文化水平的提升方面，多样化的选择必然带来一些弊端，所以当代大学生如何在复杂多样的校园文化大环境中选择适合自己的方向进行发展是需要思考的问题。因此，针对上述问题我们提供几点建议。

首先，90后大学生群体校园体制融入能力的高低一定程度上与学校平台供应资源的多少有关。想要有效加强大学生对党团、社团组织的理解，需要主动开辟参与渠道，例如丰富党建、团建等活动，设立大学生最感兴趣的各类兴趣社团。学校可以通过多方位、多角度创新引领大学生实践丰富的党团、社团活动，比如利用校园新媒体等网络平台进行多种多样的活动宣传，组织大学生进行校内社团文化建设、学术交流等。高校党团组织应当在大学生社会实践活动中发挥引领作用，利用寒暑假广泛发动大学生走出校园，深入社会，了解社会，通过多种形式促进他们在实践中践行社会主义核心价值观，加深学生对学校思想政治教育工作的认同（侯莉，2018）。此外，丰富当代大学生的校园文化生活也是学校应该考虑的一个重点。高校应当积极探索新颖的校园文化创建方式，形成优良的校风、学风，通过多姿多彩的校园活动丰富当代大学生的课余生活，鼓励学生对多样的文化包容理解、甄别吸收，实现自我提升。

参考文献

侯莉：《高校党团组织引领大学生践行社会主义核心价值观途径探索》，《办公自动化》，2016 年第 12 期，第 41—43 页。

李雪：《大学生政治参与意愿和行为及其影响因素分析》，华中农业大学，2009 年。

李再亮、鲁承龙：《高校党团组织建设互促机制的构建与探索》，《品牌》，2014 年第 10 期，第 51—52 页。

任艳萍：《高校学生学校认同感现状调查及原因探析》，《中国轻工教育》，2016 年第 1 期，第 49—51 页。

王蓉：《校园生活对大学生思想政治教育实效性的影响研究》，长江大学，2016 年。

许益锋、刘新秀：《基于立德树人的大学校园文化建设与社会主义核心价值观融合机制研究》，《高教探索》，2017 年第 9 期，第 125—128 页。

杨雪睿：《透视 90 后大学生的文化生活》，《广告大观（理论版）》，2012 年第 3 期，第 52—56 页。

第二章　就业意向与工作意义：脚踏实地，仰望星空

一、引言

自 20 世纪 90 年代以来，国家实施了高校扩招政策等一系列教育改革，逐步放宽了高校准入门槛。与此同时，随着市场经济代替计划经济在国家经济体制中占据主导地位，大学生的就业配置机制也随之发生转变，从计划配置转向市场配置。在高校准入门槛放宽和就业配置机制调整的双重作用下，大学生群体被迫卷入劳动力市场的大潮中，面临着越发激烈和严峻的竞争态势。近年来，不论是在个体与传媒的微观语境中，还是在制度与政策的宏观语境中，大学生群体的就业问题都因其在现实生活中的重要意义而成为一个备受关注的话题。高校毕业生就业难的现状成为社会各界人士关注的焦点。

作为即将步入但还未步入社会的青年群体，大学生如何作出职业选择，不仅关系到每个个体的前途（李红霞，2016），更关系到全社会的稳定发展。职业选择是一个复杂的过程，人们在进行职业选择时既会考虑职业声望与地位、社会意义、经济报酬、劳动强度、晋升机会等外在因素，也会考虑自身需求动机、才能、兴趣爱好等内在因素（汪庆春、孟东方，2004）。以往的研究（余华、黄希庭，2000；凌文辁等，1999；于海波等，2001）表明，职业选择深受职业价值观的影响，其背后映射出一套稳定的信念系统。因此，研究当下大学生群体的职业价值观表现，一方面可以让大学生对所处群体的就业意向图谱形成清晰的认识，并借此反观自身的就业选择，根据实际情况

优化职业规划；另一方面对洞察大学生群体的职业期待、回应他们的利益诉求也具有重要的启示意义，是理解当前中国青年群体，把握青年群体所思所想的一个重要窗口。

有鉴于此，本报告将以大学生群体为研究对象，旨在厘清大学生群体在就业意向与工作意义上的特点。基于中国大学生社会心态调查（2015 年和 2017 年）的数据，我们将分别对大学生的就业意向与工作意义进行整体描述和比较，并进一步分析成长背景对大学生就业意向与工作意义的影响。

二、大学生群体的就业意向与工作意义

关于对大学生群体的就业意向与工作意义的调查，我们设计以下问题。

就业单位意向：“您最理想的就业去向是哪里？1 公务员；2 事业单位；3 国有企业；4 外资企业；5 民营企业；6 自行创业；7 继承家业；8 其他。”

就业地点意向：“在就业地点的选择上，您更倾向于哪里？1 北上广深等特大城市；2 其他大型城市（除北上广深外）；3 中小型城市；4 小城镇；5 农村；6 特殊就业地点（如支援老少边穷地区及军工系统）；7 海外就业；8 无所谓。”

工作意义：“对于工作意义的理解，您认为工作对您而言，意味着什么？1 权宜之计（临时性手段）；2 履行家庭与社会责任；3 在工作中实现个人理想；4 实现个人自由的工具；5 人生必经阶段；6 人生体验；7 其他。”

表 2－1 至表 2－4 分别反映了 2015 年和 2017 年大学生群体在就业单位意向、就业地点意向和工作意义上的分布概况。

（一）大学生群体的就业意向

1. 多样化就业是趋势，体制内工作受青睐，创业热潮持续高涨

从表 2－1 可以看出，2015 年和 2017 年大学生群体的就业单位意向呈现出多样化趋势，其中事业单位、国有企业、外资企业和自行创业是四种主要的选

择。相比2015年，2017年选择体制内工作①的大学生群体比例有所上升，从48.5%上升到52.2%，可见一般意义上稳定、旱涝保收的体制内工作受到大学生群体的普遍青睐。同时，相比2015年，2017年选择去外资企业工作的大学生群体比例有所下降，从23.4%下降到19.4%；与此相反，选择去民营企业工作的大学生群体比例略有上升，从4.0%上升到5.5%。可见，相比外资企业，近几年迅速发展的BAT、华为等民营企业成为更多大学生的新选择。此外，自十七大报告明确提出要"实施扩大就业的发展战略，促进以创业带动就业"以来，在国家"大众创业万众创新"的氛围和政策支持下，大学生创业逐渐成为一种社会热潮。2015年，高达21.1%的大学生存在自行创业的意向，虽然这一比例在2017年略有下降（19.4%），但仍是大学生就业的重要渠道之一。可见，大学生"创客"们的热情持续高涨。总体而言，大学生群体的就业单位意向呈现出"多样化就业是趋势，体制内工作受青睐，创业热潮持续高涨"的特征。

表2－1　就业单位意向的描述性统计

就业单位意向	有效样本		有效百分比（%）	
	2015	2017	2015	2017
公务员	531	600	8.56	9.24
事业单位	1 240	1 423	20.00	21.90
国有企业	1 239	1 366	19.98	21.03
外资企业	1 453	1 258	23.44	19.36
民营企业	248	359	4.00	5.53
自行创业	1 307	1 259	21.08	19.38
继承家业	59	90	0.95	1.38
其他	123	142	1.98	2.19
卡方检验　Pearson chi2（7）= 59.10　Pr = 0.000				

2. 大学生出国机会增加，对就业单位意向产生影响

随着经济的发展，人们的生活水平显著提升，出国学习或旅游的机会也相

① 体制内是指在国家机关、企业、事业单位等的组织制度中起主导作用的一部分。有鉴于此，这里的体制内工作包括公务员、事业单位和国有企业。

应增加。相比2015年，2017年有出国学习或旅游经历的大学生群体比例从17.8%上升到19.9%。因此，我们关心的问题是，有出国经历的大学生群体与没有出国经历的大学生群体在就业单位意向上是否存在某种差异？表2-2反映了2017年大学生的出国经历与就业单位意向的交叉分析结果。从中可以看出，相比没有出国经历的大学生，有出国经历的大学生选择去外资企业工作的比例较高，而选择在体制内工作，特别是去国有企业工作的比例较低。同时，有出国经历的大学生选择继承家业的比例也更高，显然与这部分大学生群体拥有更为优越的家庭背景密切相关。

表2-2　出国经历与就业单位意向的交叉分析（2017）

就业单位意向	有出国经历（%）	没有出国经历（%）
公务员	8.5	9.4
事业单位	20.2	22.3
国有企业	13.9	22.7
外资企业	28.5	17.2
民营企业	5.2	5.6
自行创业	18.7	19.6
继承家业	2.4	1.2
其他	2.7	2.0
样本量	1 274	5 215
卡方检验　Pearson chi2（7）= 122.96　Pr = 0.000		

3. 就业地点选择比例失衡，北上广深吸引力不减

就业意向的另一个重要方面体现在就业地点的选择上。从表2-3可以看出，2015年和2017年大学生群体的就业地点意向呈现出选择比例失衡的趋势，其中北上广深等特大城市和除北上广深外的其他大型城市是两种主要的选择。相比2015年，2017年选择北上广深等特大城市作为未来就业地点的大学生群体比例明显增长，从39.6%上升到43.5%；同时，选择北上广深之外的其他大型城市作为未来就业地点的大学生群体比例也从31.0%上升到34.7%。与此相反，

选择未来在中小型城市就业的大学生群体比例明显降低，从 16.5% 下降到 11.9%。此外，选择海外就业、小城镇就业、农村就业以及老少边穷地区和军工系统等特殊地点就业的大学生群体比例均较低。可见，大型城市尤其是北上广深等特大城市因其飞速发展的经济社会环境、丰富的就业机会以及完备的城市基础设施等优势，始终保持着对大学生群体的巨大吸引力。另一方面，虽然近年来国家积极出台大学生村官、大学生支教等一系列优惠政策，以鼓励大学生走进西部、走进农村，但从主观意愿上来看，愿意去小城镇、农村和特殊就业地点工作的大学生群体比例仍然偏低。

表 2－3　就业地点意向的描述性统计

就业地点意向	有效样本		有效百分比（%）	
	2015 年	2017 年	2015 年	2017 年
北上广深等特大城市	2 480	2 893	39.58	43.53
其他大型城市（北上广深外）	1 944	2 305	31.02	34.68
中小型城市	1 033	790	16.48	11.89
小城镇	96	47	1.53	0.71
农村	50	59	0.79	0.89
特殊就业地点（如支援老少边穷地区及军工系统）	70	54	1.11	0.81
海外就业	222	165	3.54	2.48
无所谓	370	333	5.91	5.01
卡方检验　Pearson chi2（7）= 113.60　Pr = 0.000				

（二）大学生群体的工作意义：家庭与社会责任感强烈，注重自我实现与发展

个体的价值观指导着个体的态度和行动。人们对工作意义的不同理解导致了人们对待工作的不同态度。因此，只有充分探究大学生群体对工作意义的理解，才能更好地解释和预测他们在现实生活中的工作行为。

从表 2－4 可以看出，2015 年和 2017 年认为工作是权宜之计的大学生群体

比例均较低，分别为 1.9%和 2.5%。这说明对大学生群体而言，工作不再只是满足个人基本生存的一种简单的经济活动，而指向了更高阶的价值性意义。首先，大学生群体的家庭与社会责任感强烈，注重工作意义的家庭与社会取向。2015 年和 2017 年认为工作的意义是履行家庭与社会责任的大学生群体比例均较高，分别为 31.0%和 29.4%。其次，大学生群体的自我实现意愿强烈，强调工作意义的自我发展取向。2015 年和 2017 年认为工作的意义是实现个人理想的大学生群体比例较高，分别为 28.6%和 28.8%；认为工作的意义是实现个人自由的工具的大学生群体比例分别为 8.9%和 13.0%。从后者可以进一步看出，在自我实现层面上，工作意义的工具主义取向逐渐凸显。最后，部分大学生群体强调工作意义的自我成长与需要取向。2015 年和 2017 年认为工作的意义是人生必经阶段的大学生群体比例分别为 19.3%和 17.6%，认为工作的意义是人生体验的比例分别为 9.7%和 8.1%。总而言之，大学生群体对工作意义的理解呈现出“家庭与社会责任感强烈，注重自我实现与发展”的特征。

表2-4 工作意义的描述性统计

工作意义	有效样本		有效百分比（%）	
	2015 年	2017 年	2015 年	2017 年
权宜之计（临时性手段）	118	158	1.89	2.48
履行家庭与社会责任	1 932	1 870	30.96	29.39
在工作中实现个人理想	1 786	1 830	28.62	28.76
实现个人自由的工具	555	828	8.89	13.01
人生必经阶段	1 207	1 117	19.34	17.55
人生体验	608	512	9.74	8.05
其他	34	48	0.54	0.75
卡方检验 Pearson chi2（6）= 74.14 Pr = 0.000				

三、成长背景对大学生就业意向与工作意义的影响

学者们对工作意义的影响因素的相关研究主要集中在性别（Altschuler,

2004；新增友等，2008；李力等，2010）、代际（风笑天，2011；尤佳等，2013）和跨文化差异（Hofstede，1980；王晓晨，2007）等方面。对于大学生群体而言，我们重点关心的问题是成长背景对大学生就业意向与工作意义的影响。因此，基于中国大学生社会心态调查（2017）的数据，我们将大学前主要成长地是否为北上广深和是否为农村两个变量纳入分析框架中，运用多元逻辑回归分析（Multivariate Logistic Regression）探究成长背景对大学生就业单位意向、就业地点意向和工作意义的影响。同时，在三组模型中，我们选取了性别、年龄、政治面貌、家庭背景和教育背景等7个变量作为控制变量，相关描述性统计见表2－5。

表2－5　样本数据的描述性统计（N=6 572）

变　量	取值	比例（%）/均值	变　量	取值	比例（%）
性别	男	48.6	是否独生子女	是	50.0
	女	50.8		否	50.0
年龄		20.0	是否老生	是	73.9
政治面貌	党员	8.1		否	23.4
	非党员	91.6	主要成长地是否北上广深	是	14.8
父亲受教育年限		11.5		否	84.7
父亲是否中高层管理者	是	18.7	主要成长地是否农村	是	19.3
	否	81.3		否	80.2

1. 成长于农村的大学生就业思路相对保守，更青睐机关或事业单位

表2－6反映了成长背景对就业单位意向的多元逻辑回归模型估计结果，其中因变量就业单位意向的参照组为“机关（公务员）或事业单位”。从中可以看出——

首先，大学前主要成长地是否为北上广深对大学生的就业单位意向没有显著影响，说明成长于北上广深的大学生在就业单位的选择上相对多样，各类就业单位间的具体差别不显著。其次，大学前主要成长地是否为农村对大学生的就业单位意向有显著影响。具体而言，相比成长于城镇，成长于农村的大学生选择在外资企业和民营企业工作以及自行创业的可能性均低于选择在机关或事业单位工作，分别是后者的 73.9%（$e^{-0.302}$）、65.9%（$e^{-0.417}$）和 84.1%（$e^{-0.173}$）。总体而言，成长于农村的大学生群体在就业单位意向上呈现出相对保守的特征，表现出更高的选择机关或事业单位就业的可能性，具有明显的倾向性和方向性。

表 2-6　关于大学前成长地对就业单位意向的多元逻辑回归结果

	国有企业 VS 机关或事业单位	外资企业 VS 机关或事业单位	民营企业 VS 机关或事业单位	自行创业 VS 机关或事业单位
性别 男	0.470*** (0.074)	-0.336*** (0.078)	0.988*** (0.126)	0.642*** (0.077)
年龄	-0.119*** (0.025)	-0.166*** (0.027)	-0.063 (0.039)	-0.121*** (0.026)
是否党员 党员	-0.058 (0.138)	-0.375* (0.155)	-0.245 (0.232)	-0.719*** (0.172)
是否老生 老生	-0.289** (0.099)	-0.042 (0.104)	0.159 (0.167)	-0.194+ (0.102)
父亲受教育年限	-0.055*** (0.012)	0.012 (0.013)	-0.031 (0.020)	-0.058*** (0.013)
14 岁时父亲职位 中高层管理者	-0.029 (0.109)	0.248* (0.100)	0.097 (0.166)	0.144 (0.109)
是否独生子女 独生子女	0.114 (0.080)	0.184* (0.082)	0.213 (0.131)	-0.104 (0.082)
成长地是否北上广深 北上广深	-0.176 (0.113)	0.020 (0.105)	-0.021 (0.172)	0.081 (0.109)

（续　表）

	国有企业 VS 机关或事业单位	外资企业 VS 机关或事业单位	民营企业 VS 机关或事业单位	自行创业 VS 机关或事业单位
成长地是否农村				
农村	0.118 (0.096)	−0.302** (0.113)	−0.417* (0.180)	−0.173+ (0.104)
常数项	2.585*** (0.486)	2.826*** (0.524)	−0.783 (0.767)	2.538*** (0.513)
−2Log likelihood	17 255.324 2			
BIC	17 602.77			
N	5 921			

注：$^{+}p<0.1$，$^{*}p<0.05$，$^{**}p<0.01$，$^{***}p<0.001$。

2. 留在成长地就业是大学生群体的首选

表2－7反映了成长背景对就业地点意向的多元逻辑回归模型估计结果，其中因变量就业地点意向的参照组为“北上广深等特大城市”。从中可以看出——

首先，大学前主要成长地是否为北上广深对大学生的就业地点意向有显著影响。具体而言，相比成长于其他地区，成长于北上广深的大学生选择在其他大型和中小型城市工作的可能性远低于继续留在北上广深等特大城市就业，分别仅为后者的3.6%（$e^{-3.337}$）和10.6%（$e^{-2.243}$）。值得注意的是，相比成长于其他地区，成长于北上广深的大学生选择海外就业的可能性也远低于继续留在北上广深等特大城市就业，大约为后者的42.7%（$e^{-0.850}$）。可见，北上广深等特大城市对当地大学生群体具有强大的吸引力，甚至高于海外地区。其次，大学前主要成长地是否为农村对大学生的就业地点意向有显著影响。具体而言，相比成长于城镇，成长于农村的大学生选择海外就业和在其他大型城市工作的可能性均低于进入北上广深等特大城市就业，分别为后者的79.9%（$e^{-0.225}$）和48.3%（$e^{-0.728}$）；与此相反，选择回到小城镇或农村就业的可能性远高于进入北上广深等特大城市工作，大约高出211.4%（$e^{1.136}-1$）。总体而言，留在成长地就业是大学生群体的首选，北上广深的大学生更愿意留在北上广深等特大城市，从农村出来的大学生更愿意回到小城镇或农村。同时，对成长于农村的大学生而言，北上广深等特大城市仍然是其心仪的就业之地。这一方面说明北上广深成为所有大学生群体的主流选择，另一方面也说明农村生源的大学生的就业地点选择相对多样化。

表 2-7　关于大学前成长地对就业地点意向的多元逻辑回归结果

	其他大型城市 VS 北上广深	中小型城市 VS 北上广深	小城镇或农村 VS 北上广深	特殊就业地点 VS 北上广深	海外就业 VS 北上广深
性别					
男	-0.286*** (0.063)	-0.498*** (0.088)	0.499* (0.224)	0.028 (0.284)	-0.360* (0.168)
年龄	-0.006 (0.021)	0.064* (0.027)	-0.091 (0.077)	-0.259* (0.111)	-0.014 (0.058)
是否党员					
党员	-0.046 (0.118)	-0.327+ (0.167)	-0.619 (0.544)	1.056* (0.441)	-0.027 (0.339)
是否老生					
老生	0.439*** (0.085)	0.431*** (0.123)	0.159 (0.167)	1.128** (0.430)	-0.052 (0.216)
父亲受教育年限	-0.047*** (0.011)	-0.055*** (0.014)	0.822+ (0.306)	-0.036 (0.046)	0.076** (0.028)
14 岁时父亲职位					
中高层管理者	-0.092 (0.089)	-0.237+ (0.133)	0.377 (0.325)	0.145 (0.396)	-0.014 (0.203)
是否独生子女					
独生子女	0.280*** (0.068)	-0.022 (0.095)	-0.387 (0.247)	-0.508 (0.316)	0.179 (0.183)
成长地是否北上广深					
北上广深	-3.337*** (0.184)	-2.243*** (0.200)	-0.404 (0.328)	-1.024 (0.449)	-0.850*** (0.215)

（续　表）

	其他大型城市 VS 北上广深	中小型城市 VS 北上广深	小城镇或农村 VS 北上广深	特殊就业地点 VS 北上广深	海外就业 VS 北上广深
成长地是否农村 农村	−0.225* (0.084)	−0.068 (0.111)	1.136*** (0.257)	−0.093 (0.374)	−0.728* (0.324)
常数项	0.508 (0.407)	−1.703** (0.535)	−1.929 (1.511)	1.023 (2.138)	−3.120** (1.153)
−2Log likelihood BIC N	12 899.364 6 13 333.93 5 951				

注：+p<0.1，* p < 0.05，** p < 0.01，*** p < 0.001。

3. 对工作意义的理解多种取向共存

表2－8反映了成长背景对工作意义的多元逻辑回归模型估计结果，其中因变量工作意义的参照组为“人生必经阶段”。从中可以看出——

首先，大学前主要成长地是否为北上广深对大学生的工作意义有显著影响。具体而言，相比成长于其他地区，成长于北上广深的大学生认为工作的意义是在工作中实现个人理想的可能性低于认为工作是人生必经阶段的可能性，大约为后者的74.7%（$e^{-0.292}$）。其次，大学前主要成长地是否为农村对大学生的工作意义没有显著影响，说明成长于农村的大学生在工作意义的理解上相对多样化，各种工作意义取向的具体差别不显著。此外，值得一提的是，在控制变量中，相比非党员，党员认为工作的意义在于履行家庭与社会责任的可能性相比参照组高出50.5%（$e^{0.409}-1$），认为工作的意义是在工作中实现个人理想的可能性也比参照组高出59.2%（$e^{0.465}-1$）。总体而言，大学生群体对工作意义的理解呈现出多种取向共存的特征。

表 2-8　关于大学前成长地对工作意义的多元逻辑回归模型

	权宜之计VS人生必经阶段	履行家庭与社会责任VS人生必经阶段	在工作中实现个人理想VS人生必经阶段	实现个人自由的工具VS人生必经阶段	人生体验VS人生必经阶段
性别 男	0.961*** (0.188)	0.724*** (0.081)	0.046 (0.080)	-0.020 (0.097)	-0.022 (0.114)
年龄	-0.104 (0.069)	0.034 (0.027)	0.054+ (0.028)	0.103** (0.031)	-0.103* (0.043)
是否党员 党员	0.557 (0.370)	0.409* (0.170)	0.465** (0.168)	-0.020 (0.204)	0.368 (0.244)
是否老生 老生	0.385 (0.240)	0.188+ (0.107)	-0.252* (0.104)	0.177 (0.133)	0.231 (0.150)
父亲受教育年限	0.059* (0.029)	0.010 (0.013)	0.030* (0.013)	0.056*** (0.016)	0.035+ (0.019)
14岁时父亲职位 中高层管理者	-0.301 (0.267)	0.050 (0.113)	0.031 (0.112)	0.014 (0.132)	0.154 (0.153)
是否独生子女 独生子女	-0.389* (0.195)	-0.053 (0.086)	0.016 (0.086)	0.155 (0.104)	-0.059 (0.121)
成长地是否北上广深 北上广深	0.306 (0.236)	-0.076 (0.112)	-0.292* (0.113)	-0.180 (0.135)	0.064 (0.152)
成长地是否农村 农村	0.136 (0.244)	0.047 (0.108)	-0.026 (0.109)	-0.078 (0.137)	0.191 (0.154)
常数项	-1.284 (1.325)	-0.808 (0.541)	-0.746 (0.540)	-3.178 (0.625)	0.613 (0.824)
-2Log likelihood	18 589.306 2				
BIC	19 023.94				
N	5 959				

注：+p<0.1，*p < 0.05，**p < 0.01，*** p < 0.001。

四、结论

通过对大学生群体的就业意向与工作意义的研究，我们可以作出如下概括。

首先，90 后大学生的就业目标较为明确，就业心态也相对理智。相比以往的大学生，90 后大学生有着更为强烈的自我意识，对职业生涯的规划更加明确。在劳动力市场竞争激烈、就业压力增大的背景下，90 后大学生在就业去向选择上呈现出多样化趋势，没有仅仅依赖于某一种就业渠道，而是适应了当下的时代需求。在多样化的就业去向选择中，主要表现出如下三个特征：第一，一般意义上稳定、旱涝保收的体制内工作仍然受到大学生群体的普遍青睐；第二，由于劳动力市场的激烈竞争，国家对大学生创业的大力推广，以及 90 后大学生对自由宽松的工作环境和机动灵活的工作时间的追求，大学生“创客”们的热情持续高涨；第三，在大学生群体内部，有过出国经历的大学生更愿意在具有国际化背景的外资企业工作，更不愿意在国有企业工作。

其次，大学生群体在就业地点的选择上表现出较强的倾向性和方向性，大型城市尤其是北上广深等特大城市成为大学生群体最为青睐的就业地点。与之形成鲜明对比的是，虽然国家对西部、基层以及特殊地区的扶持力度加大，优惠政策增多，也积极出台大学生村官和支教等人才选拔方式，以鼓励大学生走进西部和农村，但从主观意愿上来看，愿意去小城镇、农村和特殊地区就业的大学生群体比例仍然偏低，且无明显增长态势。

此外，大学生群体对工作意义的理解呈现出“家庭与社会责任感强烈，注重自我实现与发展”的特征。在几种工作意义的取向中，物质主义取向的分布微弱，只有极少一部分大学生关注工作带来的物质收益，而多数大学生关注的则是工作意义的家庭与社会价值取向、自我实现与发展取向，看到了工作带来的精神性价值和抽象性价值。

最后，生源差异是当代大学生群体研究中的重要内容。我们发现成长背景对大学生就业意向与工作意义有显著影响，具体表现在：第一，成长于北上广深的大学生更愿意继续留在北上广深奋斗，北上广深对他们的吸引力超过了中国其他城市乃至其他国家和地区；第二，成长于农村的大学生群体的就业思路相对保守，具有强烈的倾向性，更青睐机关或事业单位，同时，他们更愿意回到小城镇或农村就业，是支持西部建设和农村建设的有力后备军；第三，就不同生源地的大学生群体而言，对工作意义的理解存在多样化并存的特征，没有显著的群体性差异。

参考文献

风笑天：《工作的意义：两代人的认同与变迁》，《社会科学研究》，2011 年第 3 期，第 83—90 页。

李红霞：《大学生职业价值观、职业成熟度和职业选择的关系研究》，河北大学，2016 年。

李力、贺香沛、贺根峰：《职业个性类型对大学生职业价值观影响的性别差异性研究》，《中华女子学院学报》，2010 年第 3 期，第 23—27 页。

凌文辁、方俐洛、白利刚：《我国大学生的职业价值观研究》，《心理学报》，1999 年第 3 期，第 42—48 页。

汪庆春、孟东方：《大学生职业评价与职业选择研究》，《重庆大学学报》，2004 年第 5 期，第 136—138 页。

王晓晨：《中美年轻一代的工作观及敬业度——跨文化比较研究》，对外经济贸易大学，2007 年。

新增友、郑涌、徐华春、彭娟：《中国青年职业价值观初探》，《西南大学学报（社会科学版）》，2008 年第 5 期，第 40—44 页。

尤佳、孙遇春、雷辉：《中国新生代员工工作价值观代际差异实证研究》，《软科学》，2013 年第 6 期，第 83—88 页。

于海波、张大均、张进辅：《高师生职业价值观研究的初步构想》，《西南师范大学学报（人文社会科学版）》，2001 年第 2 期，第 33—65 页。

余华、黄希庭：《大学生与内地企业员工职业价值观的比较研究》，《心理科学》，2000 年第 2 期，第 739—740 页。

Altschuler, J: *Beyond Money and Survival*: *The Meaning of Paid Work Among Older Women. Int J Aging Hum Dev*, 2004, 223 - 239.

Hofstede, G: *Motivation*, *Leadership*, *and Organization*: *Do American Theories Apply Abroad. Organizational Dynamics*, 1980, 42 - 63.

第二编　青年人的网络世界

第三章　网络政治参与和网络社会交往：折射现实

一、引言

这是一个互联网的时代。中国互联网络信息中心（CNNIC）发布的第40次《中国互联网络发展状况统计报告》显示，截至2017年6月，我国网民规模已达7.51亿。而对于90后的大学生来说，他们作为第一代网络原住民，伴随着网络的发展而成长起来，这样天然的优势为他们的网络政治参与和网络社会交往带来了便利条件，也更加丰富了他们的社会生活。

近年来，从“帝吧‘远征’”的表情包大战，到“魏则西事件”的网络征讨，在这些频发的网络公共事件中，都能看到大学生参与的身影，这或许能够反映出他们对政治现状和民主社会的认识和想法，而这也是研究大学生网络政治参与的意义所在。此外，网络的诞生几乎颠覆了传统的社会交往方式，社交网络的发展更是将所有人连接在了一起，构成了名副其实的网络社会。而大学生作为社交网络的主体人群，他们的网络交往不仅能够体现大学生的社会交往状态，也能够反映大学生的信息交流和沟通状况。因此，对大学生网络政治参与和网络社会交往的研究，可以帮助我们更加深入和清晰地了解在互联网时代下大学生的社会心态。

大学生在我国政治参与生活中占有重要地位。相比上一代大学生的政治参与来说，当代大学生则更多地能够通过网络参与政治生活。不可否认，网络在政治信息传递上的低成本和便利性，以及网络本身所具有的开放性和匿名性为大学生进行政治参与提供了良好的条件，也在一定程度上能够弥补现实中政治参与渠道的缺失（赵雪芬，2007；李尚旗，2008）。但是，也有研究认为大学生网络政治参与的程度和积极性较低，网络作为一种媒介虽然能够为政治参与带来便利，但是大学生对网络的使用则主要在于娱乐和信息交流上，较少用于政治参与（李智，2005；邹静琴、王静、苏粤，2010）。王雁（2014）对浙江省10所高校大学生的调查也证明了这一点，其研究发现，大学生主要以围观式的网络政治参与为主，且存在参与层次低、非理性、娱乐化心态等特点。然而，尽管大多数大学生更倾向于沉默围观，但是能够进行参与的少数大学生则表现出了相当高的积极性和参与热情，这反映出大学生内部的网络政治参与差异较大，但同时也可认为作为网络政治参与者的大学生还具有更多的潜力（齐杏发，2011）。

传统的社会交往一般依靠个人之间的相互在场来完成，而网络的出现则在一定程度上打破了时间和空间对社会交往的限制，让任何个人之间的连接成为可能。与一般的社会交往相比，由于网络空间的虚拟性在一定程度上隐匿了个人的现实特征，因此，网络社会交往具有开放性、广泛性、自主性、平等性、间接性和匿名性等特点（王晓霞，2002）。在针对大学生网络社会交往研究中，郭文斌（2006）通过对286名大学生的调查发现，大学生主要以聊天、游戏等较低层次的网络交往为主，而参与BBS、网络论坛等较高层次的网络交往较少。此外，黄利会（2011）基于武汉7所高校的调查发现，大学生在网络中的人际交往圈与自己现实世界中的交往圈有着较高的重合率。但是乔虹和贾琳（2007）则认为网络交往能够通过社交工具扩宽大学生的社交范围，并且增强交往中的平等意识，使得大学生能够增长见识，获得更加丰富的信息。对于这一争议，孙晓军等（2015）提出，网络空间的匿名性虽然为陌生人之间的交往带去了自由便利，但是所造成的身份识别困难和交往对象的不确定，可能难以让大学生摆脱对潜在风险的忧虑而扩大交往范围。

综上所述，大学生的网络政治参与和网络社会交往是当前网络时代下大学生政治生活和社会生活的重要组成部分，但是从目前的研究来看，对两者的讨论存在诸多争议，且很少有研究能够以全国大学生的数据为依据作较为全面的论述。因此，本研究将试图以全国大学生数据为支撑，对大学生网络政治参与和网络社会交往的现状进行描述和分析，以期把握当代大学生的网络社会心态。

二、大学生网络政治参与和网络社会交往现状

这一部分将基于大学生社会心态调查（2017）的数据，对大学生网络政治参与和网络社会交往的基本现状进行描述。

（一）大学生网络政治参与现状：参与频率有所提高，但总体参与水平仍较低

网络政治参与是政治参与在互联网时代的延伸和扩展。网络政治参与并没有完全统一的概念，不同的学者有着不同的认识角度。李斌（2004）认为网络政治参与是“网民及虚拟团体通过网络平台影响和推动政治决策过程的活动”。王金水（2011）则将网络政治参与定义为“公民以网络为途径和手段介入政治生活领域，参与制定、讨论政府的公共决策，从而直接或间接地影响政治体系的运行方式”。刘文（2004）的定义是“网络政治参与指政治参与主体通过互联网直接或间接地影响政府决定与政府活动相关的公共政治生活的行为”。综合以上概念，可以对网络政治参与的概念作出如下总结，即公民以网络为媒介所参与的以影响社会政治决策为目标的行为都可以视为网络政治参与。

根据以上总结，我们在全国大学生社会心态调查（2017）中，将网络政治参与这一概念操作化定义为以下 8 道题。

1. 在互联网上参与讨论政治/政策事务；
2. 在社交媒体上转发政治性内容；
3. 在社交媒体上表达您的政治观点；
4. 在社交媒体上与朋友/熟人讨论政治事务；
5. 在互联网上就争议性事务/群体性事件/网络抗议发表观点；

6. 在互联网上联系非政府组织；

7. 在互联网上联系记者或媒体；

8. 参加在线请愿或公共议题投票。

由这8道题所构成的量表的问题是："在过去一年中，您参与如下活动的频率如何?"在这个量表中共有四个等级，分别是"从没有""很少""偶尔"和"经常"，对这四个等级分别编码为1到4。接下来，将参考大学生社会心态调查（2015）的数据，与2017年的数据进行对比，以了解大学生的网络政治参与频率在这两年之间是否有所变化。

表3-1 网络政治参与频率数据（2017年&2015年）描述性统计

变 量	从没有（%）	很少（%）	偶尔（%）	经常（%）	总 计
pe1					
2017年	31.2	40.9	24.5	3.4	6 660
2015年	38.1	39.4	20.3	2.2	6 285
pe2					
2017年	32.4	36.9	26.7	4.0	6 285
2015年	35.4	37.4	24.3	2.9	6 276
pe3					
2017年	35.7	39.9	20.9	3.4	6 652
2015年	41.0	37.3	19.1	2.6	6 268
pe4					
2017年	23.3	35.8	34.4	6.6	6 645
2015年	25.8	37.6	31.6	4.9	6 261
pe5					
2017年	33.4	35.0	26.4	5.1	6 638
2015年	36.1	34.3	25.0	4.6	6 267
pe6					
2017年	61.9	24.2	11.5	2.3	6 639
2015年	67.3	22.1	8.8	1.8	6 268
pe7					
2017年	64.5	22.9	10.4	2.2	6 644
2015年	69.7	21.0	7.8	1.4	6 269

（续　表）

变　量	从没有（%）	很少（%）	偶尔（%）	经常（%）	总　计
pe8					
2017 年	45.4	28.0	22.1	4.4	6 648
2015 年	49.4	27.2	19.7	3.8	6 277

从表 3－1 中不难看出，2017 年“偶尔”和“经常”参与的人数比例都略高于 2015 年，且“从没有”参与的人数比例均低于 2015 年。但是，不论是 2015 年还是 2017 年，“从没有”和“很少”参与的人数依然占据样本数量的较大比例，这两项的人数比例均达到了 70%左右，而“经常”参与的人数甚至难以超过 7%。总之，对比 2015 年，2017 年大学生进行网络政治参与的频率有些许提高，但总体上网络政治参与水平依旧较低。

网络政治参与的频率有所提高的原因，我们认为，一方面可能与这两年来网络上频频曝光涉及公共政治话题的事件有关，如“刺杀辱母者案”“红黄蓝幼儿园虐童事件”等；另一方面可能由于移动端社交网络的快速发展，大学生通过移动手机接入网络的便利性增加，且公共话题通过微信、微博等社交网络的迅速传播，容易引起大学生的关注和讨论。而大学生总体上网络政治参与频率较低的原因，一方面可能在于大学生的政治参与效能感较低，他们因为能力所限，即使进行政治参与也可能无法起到有效的作用，因而打击了个人的政治参与的积极性；另一方面可能与大学生的政治参与责任意识较低有关。

接下来，为更深入地了解大学生的网络政治参与情况，我们对网络政治参与方式进行了因子分析，并从中提取出了两个因子。表 3－2 反映了正交旋转以后各变量的因子载荷情况。

表 3－2　网络政治参与方式的因子分析结果进行正交旋转后的因子载荷（N＝6 537）

变　量	因子 1	因子 2
pe1	**0.7**	0.3
pe2	**0.8**	0.3

（续 表）

变 量	因子 1	因子 2
pe3	**0.8**	0.3
pe4	**0.7**	0.2
pe5	**0.7**	0.3
pe6	0.3	**0.8**
pe7	0.3	**0.9**
pe8	0.4	**0.5**

从上表中可以看出，pe1、pe2、pe3、pe4、pe5 等 5 个变量在因子 1 上有较高的因子载荷，而 pe6、pe7、pe8 等 3 个变量在因子 2 上有较高的因子载荷。根据这 2 个因子所表现出的网络政治参与方式的不同，将它们分别命名为“网络表达”因子和“网络行动”因子。网络表达指的是以网络为媒介对社会公共事务表达自己的观点、看法，或进行利益诉求的网络参与行为（侯捷，2012）。而网络行动是指“人们在网络空间中有目的的社会行动”（冯鹏志，2001）。

接下来，我们再回头看看表 3－1 中的对比数据，可以发现，从网络表达和网络行动分别来看，不论是 2017 年还是 2015 年的数据，总体上大学生网络表达的参与频率都要高于网络行动。这一点并不难理解，网络行动较之网络表达而言，其参与程度更深，所需要耗费的时间和精力也更多。表达和讨论观点或许只需要敲敲键盘，但是要有所行动却可能需要专门在网络上寻找相关人士和组织，甚至需要掌握一定的人脉资源，并且要产生一定的效果，就需要持续相当长时间的网络行动。而对于大学生而言，他们因为本身的学习需要以及能力所限，可能难以达到进行有效网络行动的水平，因此，相比网络表达来说，大学生参与网络行动的频率和积极性较低。

（二）大学生网络社会交往现状：交往对象同质性和网络讨论自由度均较高

网络社会交往是人们在网络时代社会交往的一种新形式，以网络为媒介的交往方式是其最大的特点，这一点也被许多学者认可。黄少华（2002）认为网络社会交往“是一种经由网络媒介的沟通，是一种‘身体不在场’的交往”。黄胜进（2006）指出“网络交往是一种以信息、网络技术为基础，以符号为中介的交往活动”。

现有研究对网络社会交往的态度存在两种分歧，一种认为网络社会交往具有平等性和开放性，另一种则认为网络社会交往依然具有封闭性。陶东风（2009）在讨论网络交往对网络公共领域建构的影响中提出，网络交往的匿名性对话，隐去了现实中身份、阶层等影响因素，反而提高了不同群体在网络交流中的真实性和平等性，从而促进网络中的民主参与。但是，王贺（2017）在针对大学生的研究中发现，大学生的网络社会交往依然是以熟人交往为主，网络交流和沟通依然离不开现实交往圈，因而认为网络社会交往存在分层与固化。

为了解决上述分歧，我们在大学生社会心态调查（2017）中提出这样的问题，即“以下这些关于网上社会交往的说法，每个说法在多大程度上符合您的情况?”罗列出的说法如下。

1. 我有一些网友来自我现实生活中接触不到的社会阶层；

2. 我的网友中三教九流都有；

3. 我经常通过互联网接触社会各个阶层的人；

4. 我在网上比在网下能接触到更多不同见解和信息；

5. 我在网上经常遇到在网下不常遇到的自由讨论。

对这个问题，我们采用了5级量表，从“非常不符合”到“非常符合”分别编码为1到5，“不知道”编码为9。表3－3对回答情况进行了报告。

表3－3　网络社会交往数据描述性统计

变　量	均　值	标准差	有效样本
pe1	2.9	1.3	6 117
pe2	2.6	1.3	6 241
pe3	2.7	1.2	6 304

（续 表）

变 量	均 值	标准差	有效样本
pe4	3.5	1.1	6 375
pe5	3.4	1.2	6 314

根据表 3-3 的统计结果，涉及网络社会交往对象的前三道题的多变量均值在中等水平以下，反映了大学生在网络上交往对象的多样性程度属于中等偏下，从侧面说明了大学生的网络社会交往具有较高的同质性。而涉及网络自由讨论的后两道题的多变量均值在中等水平以上，也就意味着大学生所接触到的网络讨论相比现实世界有着较高的自由度。

大学生网络社会交往对象同质性较高的原因可能在于，一方面，大学生的社交网络对象大多是自己认识的同学亲友，这与大学生本身所能够接触到的社会人群较少有关；另一方面可能在于，大学生网络安全意识有所提高，因此对陌生网友有着较强的警惕性，从而降低了网络社会交往对象的多样性。而网络讨论自由度较高的原因可能在于网络自身的匿名性特点，这在一定程度上确实能够减少现实讨论中所存在的担忧，从而让线上有着相比线下更多元的观点和讨论。

三、大学生网络政治参与和网络社会交往的影响因素探究

本部分将通过数据分析探究大学生网络政治参与和网络社会交往的影响因素。

（一）大学生网络政治参与：群体压力的抑制作用和网络社会交往的促进作用

现有研究认为大学生的网络政治参与受到以下两个方面的影响：一是性别、学历层次、政治面貌、家庭背景等客观因素；二是个人的网络政治参与效能感、网络政治参与责任意识、网络政治参与兴趣和意愿等主观因素（王法硕，

2014)。然而，许多研究认为，在网络空间中，“沉默的螺旋”现象依然存在，也就是说，基于对孤立的恐惧，当个人意见与大多数意见不同时，更倾向于选择沉默（谢新洲，2003；张金海、周丽玲、李博，2009）。因此，我们将引入群体压力这一变量，考察大学生在进行网络政治参与的过程中，是否真的存在“沉默的螺旋”现象。

此外，从社会资本的角度来讲，社会资本能够促进政治参与，那么在网络上，网络社会资本是否也同样能够促进网络政治参与呢？我们认为，这一答案是肯定的，网络的发展促进了人们的社会交往效率和规模，为人们维护和建立社会资本带来了便利，从而能够进一步促进政治参与。因此，我们也将网络社会资本纳入分析模型中来。

基于以上梳理，我们将主要从两个方面对大学生的网络政治参与进行解释，即群体压力以及网络社会资本。在第二部分中，我们根据大学生社会心态调查（2017）的数据，将与网络政治参与有关的8个问题通过因子分析分为了网络表达因子和网络行动因子。接下来，我们将对这两个因子分别建立模型进行探讨。表3-4是本次问卷调查数据的样本描述。

表3-4　样本描述性统计

指　标	频　数（%）	指　标	频　数（%）
性　别		政治身份（党员）	
男	48.9	是	8.1
女	51.1	否	91.9
年　龄		父亲受教育年限	
15—18岁	16.7	6年及以下	12.7
19—22岁	73.5	6—12年	56.7
23岁及以上	9.8	12—19年	30.6
年　级		父亲职位	
大一新生	24.0	非中高层管理者	81.3
老生	76.0	中高层管理者	18.7
独生子女状况		主要成长地为北上广深	
非独生子女	50.0	否	85.1
独生子女	50.0	是	14.9

（续 表）

指 标	频 数（%）	指 标	频 数（%）
主要成长地为农村			
否	80.6		
是	19.4		

在模型中，我们将性别、年龄、政治身份、年级、父亲职位、独生子女状况、主要成长地类型等作为控制变量纳入分析框架中。

在调查问卷中，有关于群体压力的问题是“人们在决定是否表达自己的意见时会有种种考虑，以下这些说法在多大程度上准确概括了您通常对是否表达自己观点的考虑?”其中包含这三个表述：“1. 如果我的意见与周围大多数人不同，我通常会避免表达自己的观点”；“2. 我只会对要好的朋友或者我特别信任的人表达我的真实想法”；“3. 我感到很难向意见与我相反的人直接表达自己的观点”。在分析时，我们将“非常不符合”到“非常符合”分别编码为1到5，通过这三个问题来测量被访者对群体压力的认知。

关于网络社会资本的测量我们将采用问卷中有关网络社会交往的问题。大学生的网络社会交往是其建构网络社会资本的重要方式，问卷中网络社会交往相关问题所体现的网络社交规模和网络人际讨论模式能够在一定程度反映出大学生网络社会资本的规模。有关网络社会交往的问题在第二部分中已经进行了详细的描述，因此不再赘述。

运用多元线性回归分析模型，我们对影响大学生网络政治参与的相关因素进行了分析，表3-5对分析结果进行了报告。

表3-5 大学生网络表达和网络行动影响因素的多元线性回归模型（N=5 332）

	模型1 网络表达	模型2 网络行动
性别[a]		
男性	0.01 （0.10）	0.19*** （0.06）

（续 表）

	模型 1 网络表达	模型 2 网络行动
年龄	0.02 (0.03)	-0.04^{*} (0.02)
政治面貌[b]		
党员	0.18 (0.20)	-0.06 (0.11)
年级[c]		
老生	0.01 (0.11)	-0.12^{*} (0.06)
父亲受教育年限	0.01 (0.02)	-0.01 (0.01)
父亲职位[d]		
中高层管理者	-0.05 (0.13)	-0.08 (0.07)
独生子女状况[e]		
独生子女	0.03 (0.05)	0.01 (0.03)
主要成长地类型		
北上广深[f]	0.08 (0.13)	-0.06 (0.08)
农村[g]	-0.16 (0.12)	0.10 (0.07)
群体压力	-0.09^{***} (0.02)	-0.02^{*} (0.01)
网络社会资本	0.19^{***} (0.01)	0.08^{***} (0.01)
常数项	5.98^{***} (0.66)	4.22^{***} (0.40)
R^2	0.08	0.05
Adj R^2	0.08	0.05

注：1. 显著性水平：$^{*}p < 0.05$，$^{**}p < 0.01$，$^{***}p < 0.001$；

2. [a] 以女性为参照；[b] 以非党员为参照；[c] 以本专科新生为参照；[d] 以非中高层管理者为参照；[e] 以非独生子女为参照；[f] 以非北上广深为参照；[g] 以非农村为参照。

从表 3 - 5 中可以看到，群体压力和网络社会资本这两个因素对大学生网络表达和网络行动均有显著影响，它们能够影响大学生的网络政治参与。

其中，群体压力在网络表达模型和网络行动模型中的回归系数分别为-0.09和-0.02，该回归系数意味着大学生对群体压力越敏感，其进行网络表达和网络行动的可能性越小。也就是说，群体压力可能对大学生的网络政治参与有着消极的影响，群体压力越大，越难以进行网络政治参与。当大学生的意见与行动和周围大多数人不同时，公开的表达可能会带来多数人的批评，甚至是孤立，而在网络空间中，严重者则可能引起网络暴力，带来不必要的麻烦，因而在这种情况下，大学生则可能倾向于选择沉默或不作为，从而抑制了他们的网络政治参与。

网络社会资本在网络表达模型和网络行动模型中的回归系数分别为 0.19 和 0.08，该回归系数意味着，大学生的网络社会资本越大，其进行网络表达和网络行动的可能性越高。主要原因在于，一方面，网络社会资本越大，说明其在网络中投入的交往时间和精力越大，也就越有可能接触到网络中的政治话题和信息，从而更有可能进行网络政治参与；另一方面，网络社会资本越大，其拥有更加异质性的网络交往，那么话题讨论也会更加多元化，能够遇见更多的网络自由表达，加强他们对社会政治话题的认识和理解，激发他们表达的欲望，从而促进大学生的网络政治参与。

除了以上两个因素的影响外，在模型 2 中，性别、年龄、是否老生等因素也对网络行动有着显著的影响。其中，就性别来说，其在网络行动模型中的回归系数是 0.19，该回归系数意味着，相对于女生而言，男生有着更为积极的网络行动。通常来说，男生相比女生更加关注社会政治话题，因而也更有可能参与网络行动。此外，年龄在网络行动模型中的回归系数是-0.04，该回归系数意味着随着大学生年龄的增加，其参与网络行动的积极性在下降。此外，年级在网络行动模型中的回归系数是-0.12，该回归系数意味着相对于新生来说，老生参与网络行动的积极性更低。年龄和年级对网络行动的影响可能在于，一方面，随着大学生年级的增加，有了越来越大的学业压力和就业压力，使得他们忙于自己的生活，分散了他们关注政治社会话题和参与行动的精力；另一方面，对于大学生新生而言，他们初次踏入大学生活，有着较为强烈的朴素的爱国热情和参与积极性，而随着年龄和年级的增加，他们可能会越来越发现政治参与的复杂性，因而也就减弱了参与网络行动的积极性。

通过以上分析可以总结出，群体压力、网络社会交往、性别、年龄和年级等因素均对大学生的网络政治参与有影响，这些影响因素在一定程度上能够对当前大学生较低的网络政治参与积极性进行解释。其中，因为群体压力的存在压制了大学生的网络政治参与的积极性，造成“沉默的螺旋”。而网络社会资本虽然能够促进大学生的网络政治参与，但是从第二部分中可知，当前大学生网络社会交往存在同质性较高的问题，网络社会资本可能并不高，因此，在这种现状之下，网络社会交往同质性可能反而会降低大学生的网络政治参与积极性。此外，虽然男性大学生参与网络行动的积极性相比女性大学生更高，新生相比老生参与网络行动的积极性更高，但是总体而言，随着大学生年龄和年级的增加，会呈现出较低的网络行动积极性。

（二）大学生网络社会交往：家庭社会背景的优势作用明显

现有探讨影响网络社会交往因素的研究并不多，主要是从网络本身的虚拟性、匿名性等特点出发，认为网络社会交往以“身体不在场”为基本特点，能够为人们带来较为自由的自我展现，因而扩大社会交往的范围（黄少华，2002；赵德华、王晓霞，2005）。然而，在网络因素之外，我们还需要探索更多可能的影响因素。

为了弥补现有研究的不足，我们将性别、年龄、政治身份、年级、父亲职位、独生子女状况、主要成长地类型等变量作为控制变量纳入分析框架中，对大学生网络社会交往的影响因素作回归分析，表 3 - 6 对分析结果进行了报告。

表3－6　大学生网络社会交往影响因素的多元线性回归分析模型（N=5 112）

变　量	β	SE（β）
性　别[a]		
男性	1.17 ***	0.15
年　龄	0.06	0.04
政治面貌[b]		
党员	−0.25	0.29
年　级[c]		
老生	0.22	0.16
父亲受教育年限	0.01	0.02
父亲职位[d]		
中高层管理者	0.44 *	0.19
独生子女状况[e]		
独生子女	−0.04	0.07
主要成长地类型		
北上广深[f]	0.62 **	0.20
农村[g]	−0.11	0.24
常数项	10.98 ***	0.95
R^2	0.03	
Adj R^2	0.02	

注：1. 显著性水平：* $p < 0.05$，** $p < 0.01$，*** $p < 0.001$；
2. [a] 以女性为参照；[b] 以非党员为参照；[c] 以本专科新生为参照；[d] 以非中高层管理者为参照；[e] 以非独生子女为参照；[f] 以非北上广深为参照；[g] 以非农村为参照。

从表3－6可以看到，性别、父亲职位、主要成长地是否北上广深等因素都对大学生网络社会交往有显著的影响。其中，性别在模型中的回归系数为1.17，该回归系数意味着，相对于女性大学生而言，男性大学生的网络社会交往规模更大。父亲职位在模型中的回归系数为0.44，该回归系数意味着，相对于父亲是非中高层管理者而言，父亲是中高层管理者的大学生拥有更大规模的网络社会交往。此外，主要成长地为北上广深在模型中的回归系数为0.62，该回归系数意味着相对于主要成长地为非北上广深的大学生而言，主要成长地为北上广深的大学生有着更大规模的网络社会交往。

网络社会交往在一定程度上能够反映出个人在网络交往中的投入度和开放度，而对于父亲是中高层管理者且主要成长于北上广深等一线城市的大学生而言，他们的家庭可能有着相比参照组来说更高的社会经济地位，因而他们能够获得更好的生活条件和最新的信息技术，并且有能力较早地接触网络。因此，这群大学生便可能因为更多的网络接触而拥有更为丰富的眼界和开放的心态，而这种丰富的眼界和开放的心态又更加反作用于他们的网络使用，形成一个相辅相成的状态，从而使得他们能够拥有更多元化的社会交往网络。由此可见，对于家庭社会背景在社会阶层中处于优势地位的大学生来说，因为更多的社会资源和网络接触使其在网络使用中有着更多的开放性和丰富性，从而能够促进其网络社会交往对象的异质性以及网络讨论的自由性。

此外，相对于女生而言，男生的网络使用可能更为频繁，也更愿意和敢于与陌生的网友交往；而女生可能一方面更关注生活购物这类的网络使用，另一方面对于网络交往有着更多的防备心理。因而，男生能够显现出更加具有开放性和异质性的网络社会交往状态。

通过以上分析可以总结出，相比女性大学生男性大学生网络社会交往更加丰富，而父亲为中高层管理者，主要成长地在北上广深的大学生因为其家庭社会背景在社会阶层中的优势地位，能够扩大个人网络社会交往的规模。

四、总结与讨论

本报告利用大学生社会心态调查（2017）的数据对大学生网络政治参与和网络社会交往的现状及影响因素进行了分析，综合上述研究发现，可以总结出以下几点。

大学生网络政治参与的程度总体而言依旧较低，但有逐步提高的迹象。从调查数据中可以看到，大学生网络政治参与的频率和积极性总体上来说并不高，由此反映出大学生对社会政治等公共事务相对冷漠的态度。然而，相对于2015年来说，2017年大学生网络政治参与的频率有些许提高。观察近两年来网络空间的变化，我们认为频发的网络公共事件所引起的大规模讨论可能会促进大学生对政治和社会话题的关注及讨论。此外，移动互联网的普及和发展，增加了大学生的网络接触，也在一定程度上促进了网络政治参与的可能性。

网络政治参与可分为网络表达和网络行动，而相比网络行动而言，网络表达的参与度更高。通过因子分析，我们将网络政治参与分为网络表达和网络行动两个维度，网络表达的参与度总体上都要高于网络行动。我们认为，网络表达相比网络行动所需要投入的时间和精力都不多，且对个人参与能力的要求也不高，因而对于大学生而言，更倾向于参与网络表达。这也能够反映出，大学生对社会政治等公共事务的关注并不深入，参与程度较低。

大学生网络政治参与程度较低，可能是因为遭遇了“沉默的螺旋”。大学生在进行网络意见表达时通常会考虑其所处的表达环境，当个人的观点和行动与周围大多数人不同时，大部分人会为了避免被孤立而选择沉默。这样的群体压力可能不仅来自周围的同学朋友，也可能来自网络空间中的多数网民。尤其是当前网络空间中所存在的极端情绪和网络暴力，都有可能让自己的表达和行为成为众矢之的，在这种情况下，不作为反而成了一种隐形的保护。

大学生在网络社会交往中能够遇到相比现实来说更多的自由讨论，但是同时，大学生的网络交往对象也具有较高的同质性。相对于现实社会来说，大学生在网络社会中通常能够遇见更多的自由讨论，这得益于网络空间本身所具有的虚拟性和匿名性能够激发大家各抒己见。但是，这样的网络特点并没有为大学生网络交往的对象带来更多的异质性，也就是说，大学生在网络中的交往对象大多是与自己具有相似社会背景的人。随着大学生网络安全意识的提高以及社交网络的普及，大学生可能更加倾向于熟人之间的交往，也就增加了交往对象的同质性。然而，网络交往对象较高的同质性很可能造成网络交往的分层和群体边界的固化。

大学生的网络社会资本能够影响其网络政治参与的积极性，较低的网络政治参与积极性可能受到网络社会资本不足的影响。网络社会交往的异质性和丰富性在一定程度上能够反映出个人网络社会资本的规模，而网络社会资本的规模则可以影响个人的网络政治参与。但是，对于大学生而言，其网络社会交往的同质性较高，网络社会交往较为单纯，因此，反而阻碍了其网络社会资本的积累，从而影响了其网络政治参与的频率和积极性，这成为大学生网络政治参与程度较低的原因之一。

家庭社会经济地位能够影响大学生的网络社会交往，在社会阶层中处于优势地位的家庭，其网络社会交往规模可能越大。能够拥有更多网络资源和网络接触的大学生，其在网络使用中有能力获得更多的信息和资源，也能够更加充分地利用网络，提高网络使用中的开放性和丰富性，从而扩大其网络社会交往的规模，因而这类大学生的网络社会交往对象往往可能有着更多的异质性，并且能够遇到更多的自由讨论。

大学生作为未来社会的中流砥柱，应当是最富有激情和理想的一群人，然而从本研究报告的总结中发现，当代大学生似乎缺乏对国家社会政治等公共事务的关心和参与，在社会交往和接触上也更倾向于在群体内部。此外，在网络时代下，也应当重视网络环境对大学生政治思想的影响，有效利用网络带来的便利条件，积极引导大学生以正确的方式参与社会政治等公共事务，避免网络中极端群体和网络暴力所造成的消极影响。

参考文献

陈旭辉、柯惠新：《网民意见表达影响因素研究——基于议题属性和网民社会心理的双重视角》，《现代传播-中国传媒大学学报》，2013 年第 3 期，第 117—122 页。

冯鹏志：《网络行动的规定与特征——网络社会学的分析起点》，《学术界》，2001 年第 2 期，第 74—84 页。

郭文斌：《大学生网络交往调查研究》，《中国健康心理学杂志》，2006 年第 4 期，第 386—388 页。

侯捷：《青年学生网络表达与校园网络舆情的形成》，《中国青年研究》，2012 年第 2 期，第

101—103 页。

黄利会：《论大学生网络人际交往的现实性——基于武汉市七所高校的调查与 CNNIC 的报告》，《新闻传播》，2011 年第 5 期，第 30—32 页。

黄俊、李超：《新媒体语境下大学生网络行动研究》，《中国市场》，2016 年第 50 期，第 234—235 页。

黄少华：《论网络空间的人际交往》，《社会科学研究》，2002 年第 4 期，第 93—97 页。

黄胜进：《网络社会交往行为问题的哲学反思》，《重庆社会科学》，2006 年第 5 期，第 30—32 页。

李斌：《论网络时代的政治参与》，《理论导刊》，2004 年第 6 期，第 39—40 页。

李尚旗：《论青年的网络化政治参与》，《武汉理工大学学报（社会科学版）》，2008 年第 5 期，第 36—40 页。

李智：《当代大学生政治参与的现状及政治冷漠的原因与危害》，《逻辑学研究》，2005 年第 4 期，第 398—401 页。

刘文：《论网络政治参与的特点及影响》，《信阳师范学院学报（哲学社会科学版）》，2004 年第 3 期，第 46—49 页。

罗迪：《青年网络政治参与与政治稳定》，《中国青年研究》，2007 年第 3 期，第 37—40 页。

齐杏发：《大学生网络政治参与状况实证研究》，《理论与改革》，2011 年第 1 期，第 153—155 页。

乔虹、贾琳：《网络人际交往对大学生人际关系的影响及对策研究》，《扬州大学学报（高教研究版）》，2007 年第 11 期，第 51—54 页。

孙晓军、赵竞、周宗奎、谢笑春、童媛添：《大学生网络社会支持与网络人际信任的关系：一个有调节的中介模型》，《心理发展与教育》，2015 年第 2 期，第 129—136 页。

陶东风：《网络交往与新公共性的建构》，《文艺研究》，2009 年第 1 期，第 5—17 页。

王法硕：《大学生网络政治参与的途径与影响因素——基于上海市十所高校的实证研究》，《电子政务》，2014 年第 2 期，第 87—95 页。

王贺：《大学生网络交往“圈层化”的困境及对策》，《江苏高教》，2017 年第 3 期，第 94—97 页。

王金水：《公民网络政治参与与政治稳定》，《中国行政管理》，2011 年第 5 期，第 74—77 页。

王晓霞：《“虚拟社会”的人际交往及其调适》，《南开学报（哲学社会科学版）》，2002 年第 4 期，第 88—94 页。

王雁：《大学生网络政治参与的困境探讨》，《中国青年研究》，2014 年第 2 期，第 102—105 页。

王雁、王鸿、谢晨、王新云：《大学生网络政治参与：认知与行为的现状分析与探讨——以浙江 10 所高校为例的实证研究》，《浙江社会科学》，2013 年第 5 期，第 132—139 页。

夏振彬、左美丽、周玉洁、何南、刘秋文、王瑞琪：《大学生网络表达意愿的影响因素》，《新闻前哨》，2012 年第 3 期，第 18—22 页。

谢新洲：《“沉默的螺旋”假说在互联网环境下的实证研究》，《现代传播-中国传媒大学学报》，2003 年第 6 期，第 17—22 页。

杨国斌、邓燕华：《多元互动条件下的网络公民行动》，《新闻春秋》，2013 年第 2 期，第 74—84 页。

张金海、周丽玲、李博：《沉默的螺旋与意见表达——以“抵制家乐福”事件为例》，《国际新闻界》，2009 年第 1 期，第 47—50 页。

赵德华、王晓霞：《网络人际交往动机探析》，《社会科学》，2005 年第 11 期，第 118—123 页。

赵雪芬：《网络对大学生政治参与的积极影响——基于成本收益分析》，《中国农业教育》，2007 年第 6 期，第 21—23 页。

周葆华、吕舒宁：《大学生网络意见表达及其影响因素的实证研究——以“沉默的螺旋”和“意见气候感知”为核心》，《当代传播（汉文版）》，2014 年第 5 期，第 34—38 页。

邹静琴、王静、苏粤：《大学生网络政治参与现状调查与规范机制构建——以广东省八所高校为例的实证研究》，《政治学研究》，2010 年第 4 期，第 65—74 页。

第四章　网络安全观念与对网络管制的态度：内紧外松

一、引言

近年来，随着网络社会成为人们参与度日益高涨的场域，网络空间逐渐成为人们社会互动的重要空间。原本日常生活的方方面面也在网络上有了一一对应的扩散平台。如何更好地应对和处理网络社会带来的新变革成为上至国家政府下至人民群众共同关注的焦点所在。首先，由网络的技术特殊性而带来的网络隐私安全问题引发讨论，近年来这一问题也经常曝光在大众视野之中，比如移动网络运营商曝光用户数据、钓鱼网站盗取用户资金等影响到人们实际利益的事件频发；其次，在社交网络所构筑的超越了空间、时间限制的自由空间里，人们畅所欲言，体会到了前所未有的便利与自由，而这种自由所潜藏的谣言危机也经常滚雪球般涌入人们的现实生活，比如因网络谣言的滥用导致的现实场域恐慌事件。

2004 年党的十六届四中全会审议通过《中共中央关于加强党的执政能力建设的决定》，其中强调要高度重视互联网等新型媒体对社会舆论的影响。2010 年发布的《中国互联网状况》白皮书进一步强调了互联网管理要实现法律规范、行政监管、行业自律等手段的结合。2017 年 6 月 1 日，《中华人民共和国网络安全法》开始施行，在国家层面推行此法的背后，也足以看到网络安全保护的强烈现实需求。广义上，网络安全是指通过采取必要措施防范对网络的攻击、侵入、干扰、破坏和非法使用以确保网络稳定运行、数据完整保密，具体来说，网络安全涉及网络主体行为和观念的方方面面，学界对此的讨论亦内容丰富。总体而言，无论是技术层面的研究，还是制度层面和个人主体层面的研究，都认为网络安全的核心应当聚焦于网络隐私的保护，而与网络安全密切关联的，则是网络管制。网络社会的独特之处在于这是一个可以匿名表达的“自由空间”，由于政策的制订具有滞后性，在较长一段时期，网络社会的“自由空间”颇具争议，网络主体的行为应该在现行法律框架之下开展并受到保护，而随着网络安全法的实施，网络主体的行为既得到了保护也受到了约束。

90 后是在互联网全球普及时代成长起来的一代人，具有丰富的互联网使用经验，相对于在现实社会的话语权掌控情况，90 后群体在互联网匿名社会有着引领潮流的话语权掌控能力，比如在网络社会中的表情包、流行语、搞笑视频等碎片化话语形态的流行都有 90 后群体的贡献，因此当我们讨论网络社会的安全与管制，90 后群体的观念和行为都是非常值得关注和研究的。本报告立足于此，在 2017 年大学生社会心态调查数据基础上，描摹出 90 后大学生群体对网络安全、网络隐私、网络管制与自由言论空间的整体态度。如何有效地观测网络群体对待网络管制的整体态度以及内部差异，2017 年大学生社会心态调查将研究对象对准了 90 后大学生群体，在这项大型社会调查中，大学生对待网络信息安全和网络管制的态度，可以为上述观点的验证提供实证案例。

二、文献回顾

国外对网络隐私的影响因素归因整体来说集中在文化、互联网使用经验和政治欲望。对于网络隐私（online privacy）的研究始于 1998 年，针对电子商务（E-commerce）在线消费中的网络隐私问题，围绕网络隐私如何被侵犯问题，提出了相应保护措施，以提升用户隐私防范意识（Lee，1998），而后围绕着网络隐私保护讨论新兴的计算技术和方法应用，尤其是 2010 年之后网络技术和信息技术的快速发展，使得网络隐私的研究重点开始偏向大数据、机器学习等新发展的技术方法上。总体而言，网络隐私研究一直都是学术界关注的重要领域。国内在网络隐私技术方法方面的研究始于数据挖掘中的网络隐私问题。学术界认为网络隐私是一系列相关概念的集合，从网络隐私保护研究的出发领域电子商务来看，可以将网络隐私理解为在互联网上消费者对个人信息保护和控制的权利，影响网络隐私的因素在个人层面体现为消费者对隐私的关注，这主要受到个人特性因素的影响，如年龄、性别、职业和受教育程度；在组织和社会层面则体现为受到文化和制度因素的影响，如法律法规、人的基本信念和社会价值观念（蒋骁等，2010）。隐私关注（Privacy Concerns）的定义常出现在信息系统研究方面的文献中，即互联网用户对控制、收集和使用其个人信息或者互联网上获得信息的关注现实考虑，Malhotra（2004）提出了互联网用户隐私关注的 IUIPC 理论框架，认为网络隐私关注应当包含信息收集、数据控制、数据认知三个不同的方面。

Sheehan（1998）通过问卷调查发现，网络用户的年龄、性别和受教育水平都会影响到他们的隐私关注水平。网络社会（network society）强调的是信息传递的形式和结构，可以看作是一个在个体、群体和社会等各个层面上都以网络为媒介的深层结构社会（迪克，2014）。在虚拟网络社会中，个体如何获得并维持自身权利，从政治学角度看，一般认为在互联网时代，网络主体可以通过文化资本和社会资本的资源动员产生微观权利，而网络的跨时空特性又有可能对民族国家造成威胁，网络世界产生的虚拟公民社会又会通过话语民主对现实政治产生影响，现实中的政治权力也试图通过网络管制规范网络社会与国家的关系（梁美妍，2014）。

对国家来说，对网络进行管制是“国家-社会”关系的一部分，网络管制将会限制网络自由度以及虚拟世界中的公共参与，虽然网络管制具有一定程度上的合理性和合法性，但是如何将网络管制控制在合理的范围内，仍然是政策制定和立法过程中需要着重考虑的方面（梁美妍，2014）。

文化领导权、教育的意识形态机器为互联网的国家管制提供了理论依据和现实基础（梁美妍，2014）。在网络管制的执行中应当强调手段的正当性，所有出于公序良俗或者国家安全考虑而施行的网络管制，都必须依照法定方程式进行，管制的理由、管制的内容和方式也都必须公示（刘显刚，2017）。网络群体的治理诉求与传统社区治理有一定的差异性：首先，网民在虚拟世界中的活动是追求自由、反抗单一权威的，其次，权力运作是广泛散布、交互碰撞的，最后虚拟社区是超越地理边界限制的（沈洪成，2008）。网络社会中的个体化现象冲击了原有“社区范式”的合法性，网络空间中“解放政治”表现为一种争取公民权的抗争（王斌，2016）。

三、大学生的三类网络安全观

在全国大学生社会心态调查（2017）中，我们将对网络安全与管制态度这一概念操作化定义为以下 11 道问题，并将每一道题赋值为 1—5，“强烈不同意”=1，“强烈同意”=5。各项指标的描述性统计结果见表 4-1。

表 4-1 90 后大学生网络安全与管制态度相关变量的描述性统计（N=6 410）

变 量	均值	标准差
Pe1. 总体来说，我非常关注个人网络信息安全问题	4.11	0.97
Pe2. 我非常关注我的网络账户（网银、微信等账号）安全	4.29	0.86
Pe3. 我非常关注我的隐私信息（通讯录、照片等）安全	4.26	0.88
Pe4. 为了互联网使用的便利，泄露个人信息是必要的代价	2.50	1.32
Pe5. 政府全面实行互联网实名制	3.72	1.14
Pe6. 通过删帖、禁言、删号等方式管制互联网空间	3.13	1.22
Pe7. 通过雇佣网络水军等方式来影响互联网舆论	1.93	1.14
Pe8. 禁止访问国外社交媒体网站（推特、Facebook 等）	2.12	1.17
Pe9. 加强对色情、诈骗、暴力、赌博等网站/App 的管制	3.99	1.15
Pe10. 加强对网络文化产品（视频、电视、电影等）的管制	3.30	1.28
Pe11. 加强对网络信贷的管制	4.21	1.02

从表 4-1 的统计结果可知，90 后大学生群体对于网络安全与管制的同意态

度在整体上表现出了中等偏上的水平，多数变量的均值在中等水平以上，只有个别题目的回答分数低于代表中立的2.5分。

为了在下文表格中更加清楚而简略地理解本量表内容，特将11道问题分别进行简化表达：

将“Pe1. 总体来说，我非常关注个人网络信息安全问题”，表达为“个人网络信息安全”；

将“Pe2. 我非常关注我的网络账户（网银、微信等账号）安全”，表达为“个人网络账户安全”；

将“Pe3. 我非常关注我的隐私信息（通讯录、照片等）安全”，表达为“个人网络隐私安全”；

将“Pe4. 为了互联网使用的便利，泄露个人信息是必要的代价”，表达为“有条件地容忍个人信息泄露”；

将“Pe5. 政府全面实行互联网实名制”，表达为“全面推行网络实名制”；

将“Pe6. 通过删帖、禁言、删号等方式管制互联网空间”，表达为“互联网空间管控”；

将“Pe7. 通过雇佣网络水军等方式来影响互联网舆论”，表达为“操控互联网舆论”；

将“Pe8. 禁止访问国外社交媒体网站（推特、Facebook等）”，表达为“禁止访问部分外网”；

将“Pe9. 加强对色情、诈骗、暴力、赌博等网站/App的管制”，表达为“违法网络平台管制”；

将“Pe10. 加强对网络文化产品（视频、电视、电影等）的管制”，表达为“网络文化产品管制”；

将“Pe11. 加强对网络信贷的管制”，表达为“网络信贷管制”。

在此基础上，我们运用主成分法对上述变量进行因子分析。因子特征值及百分比统计结果见表4-2。

表 4－2　因子特征值及百分比（N=6 410）

因子	特征值	百分比	累计百分比
1	3. 361	30. 6%	30. 6%
2	2. 275	20. 7%	51. 2%
3	1. 167	10. 6%	61. 8%
4	0. 862	7. 8%	69. 7%
5	0. 763	6. 9%	76. 6%
6	0. 582	5. 3%	81. 9%
7	0. 532	4. 8%	86. 7%
8	0. 522	4. 7%	91. 5%
9	0. 419	3. 8%	95. 3%
10	0. 322	2. 9%	98. 2%
11	0. 194	1. 8%	100. 0%

以特征值为 1 处的水平线作为保留主成分的分界点，因子 1、因子 2 与因子 3 累计解释了 61. 8%的方差，且其他因子特征值均小于 1。因此，在此保留因子 1、因子 2 和因子 3 继续进行分析。

接下来，我们运用最大方差正交旋转以实现简化因子负载矩阵的目的。表 4－3 反映了正交旋转后各变量因子载荷情况。

表 4－3　网络安全与管制的因子分析结果进行正交旋转后的因子载荷（N=6 410）

变　　量	因子 1	因子 2	因子 3
Pe1. 个人网络信息安全	**0. 791**	−0. 097	0. 082
Pe2. 个人网络账户安全	**0. 879**	−0. 099	0. 096
Pe3. 个人网络隐私安全	**0. 825**	−0. 071	0. 111
Pe4. 有条件地容忍个人信息泄露	−0. 101	**0. 464**	−0. 034
Pe5. 全面推行网络实名制	0. 312	0. 172	0. 344
Pe6. 互联网空间管控	0. 108	**0. 420**	0. 372
Pe7. 操控互联网舆论	−0. 236	**0. 663**	−0. 018

（续　表）

变　　量	因子 1	因子 2	因子 3
Pe8. 禁止访问部分外网	-0. 194	**0. 635**	0. 109
Pe9. 违法网络平台管制	0. 264	-0. 057	**0. 563**
Pe10. 网络文化产品管制	0. 079	0. 275	**0. 569**
Pe11. 网络信贷管制	0. 340	-0. 142	**0. 487**

从表中可以看到，pe1、pe2、pe3 等三个变量在因子 1 上有很高的因子载荷，pe4、pe6、pe7、pe8 等四个变量在因子 2 上有较高的因子载荷，pe9、pe10、pe11 等三个变量在因子 3 上有较高的因子载荷。因此，结合网络安全与管制的概念界定以及本研究中的操作化定义，将因子 1 命名为“网络隐私安全因子”，将因子 2 命名为“言论自由管控因子”，将因子 3 命名为“法律网络管制因子”。预测因子值后，可得到 3 个标准化以后的新变量，即“网络隐私安全观”“网络表达管控观”和“网络内容控制观”。

网络隐私安全观反映了认为“自己的网络行为和个人信息被保护”的观念，在网络里，个人隐私主要以“数字”的形式表现，分别是个人登录身份、个人信用财产状况、邮箱地址及网络名称、网络活动踪迹、网络购物活动等五大类内容（王治东，2015）。网络表达管控观反映的是认为“网络空间中表达自由应该受到限制”的观念，网络社会表达主体的表达自由受限于法律规定的范畴，相应的言论限制措施主要包括表达空间限制和表达内容管控。网络内容管制观反映的是认为“网络内容生产主体行为应受到管制”的观念，在网络社会公共领域传播内容，主要通过网络平台实现，针对内容生产主体而设立的行为限制五花八门，核心议题为色情淫秽内容、文化传媒产品、电子金融产品等。

然后我们分别从性别、是否独生子女、是否成长于北上广深三个角度进一步描述 90 后大学生群体的网络隐私安全观、网络表达管控观和网络内容控制观。

表4－4　90后大学生分性别的网络安全与管制观描述性统计（N=6 410）

	男		女		T检验
	均值	标准差	均值	标准差	P值
网络隐私安全观					
个人网络信息安全	4.16	0.93	4.06	1.00	0.000
个人网络账户安全	4.35	0.82	4.21	0.90	0.000
个人网络隐私安全	2.43	1.30	4.18	0.92	0.000
网络表达管控观					
有条件地容忍个人信息泄露	2.43	1.30	2.58	1.33	0.000
互联网空间管控	3.18	1.20	3.09	1.24	0.000
操控互联网舆论	1.82	1.07	2.04	1.21	0.000
禁止访问部分外网	2.00	1.12	2.25	1.22	0.000
网络内容控制观					
违法网络平台管制	4.15	1.10	3.81	1.17	0.000
网络文化产品管制	3.37	1.27	3.22	1.28	0.000
网络信贷管制	4.30	0.97	4.12	1.05	0.000

表4－4反映了不同性别的大学生群体的网络安全与管制议题态度，与传统观念中男女有别的逻辑相一致的是，大学生群体在网络隐私安全、网络表达管控和网络内容控制等议题上均表现出了不同程度上的性别差异。整体而言，相比于男性，女性大学生表现出了更为强烈的正面网络隐私安全、相对委婉的负面网络表达管控观以及较弱的正面网络内容控制观。

表4－5　90后大学生分独生子女/非独生子女的网络安全与管制观描述性统计（N=6 410）

	独生子女		非独生子女		T检验
	均值	标准差	均值	标准差	P值
网络隐私安全观					
个人网络信息安全	4.15	0.97	4.08	0.97	0.003
个人网络账户安全	4.31	0.86	4.26	0.87	0.044
个人网络隐私安全	4.28	0.88	4.24	0.88	0.087

（续　表）

	独生子女		非独生子女		T 检验
	均值	标准差	均值	标准差	P 值
网络表达管控观					
有条件地容忍个人信息泄露	2. 53	1. 33	2. 48	1. 31	0. 073 9
互联网空间管控	3. 06	1. 25	3. 20	1. 19	0. 000 0
操控互联网舆论	1. 90	1. 15	1. 95	1. 14	0. 152 6
禁止访问部分外网	2. 05	1. 16	2. 19	1. 18	0. 000 0
网络内容控制观					
违法网络平台管制	3. 92	1. 17	4. 06	1. 12	0. 000 0
网络文化产品管制	3. 12	1. 31	3. 48	1. 21	0. 000 0
网络信贷管制	4. 18	1. 03	4. 24	1. 00	0. 019 9

表 4－5 反映了独生子女和非独生子女大学生群体在网络安全与管制议题上的不同态度，他们在网络隐私安全、网络表达管控和网络内容控制等议题上均表现出了不同程度上的差异。整体而言，相比于非独生子女，独生子女大学生表现出了更为强烈的正面网络隐私安全、相对直接的负面网络表达管控观以及较弱的正面网络内容控制观。

表 4－6　成长于北上广深/非北上广深 90 后大学生网络安全与管制观的描述性统计（N＝6 410）

	成长于北上广深		成长于非北上广深		T 检验
	均值	标准差	均值	标准差	P 值
网络隐私安全观					
个人网络信息安全	4. 20	0. 92	4. 10	0. 97	0. 002 8
个人网络账户安全	4. 31	0. 85	4. 28	0. 87	0. 238 1
个人网络隐私安全	4. 27	0. 89	4. 25	0. 88	0. 476 9
网络表达管控观					
有条件地容忍个人信息泄露	2. 58	1. 35	2. 49	1. 32	0. 038 6
互联网空间管控	3. 12	1. 26	3. 14	1. 21	0. 656 4
操控互联网舆论	1. 92	1. 16	1. 93	1. 14	0. 906 7

（续　表）

	成长于北上广深		成长于非北上广深		T 检验
	均值	标准差	均值	标准差	P 值
禁止访问部分外网	2.02	1.15	2.14	1.18	0.003 2
网络内容控制观					
违法网络平台管制	3.84	1.20	4.02	1.14	0.000 0
网络文化产品管制	2.96	1.33	3.36	1.26	0.000 0
网络信贷管制	4.11	1.06	4.23	1.01	0.000 4

表 4－6 反映了成长于北上广深和非北上广深城市的大学生群体在网络安全与管制议题上的不同态度，他们在网络隐私安全、网络表达管控和网络内容控制等议题上表现出了较小的差异，整体而言，相比于成长于非北上广深城市的孩子，成长于北上广深城市的大学生表现出了更为强烈的正面网络隐私安全观和较弱的正面网络内容控制观，而在网络表达管控议题上，这两类群体表现出了较为一致的负面态度。

四、大学生网络安全观念的影响因素

在因子分析基础上，我们将性别、民族、政治面貌、教育层次、是否独生子女、就读高中类型、主要成长地、是否有出境经历、学校层次及生源地等变量纳入分析框架之中，运用多元线性回归（OLS）分析对影响 90 后大学生群体网络安全与管制观的相关因素进行分析。表 4－7 对上述结果作了报告。

表 4－7　关于 90 后大学生网络安全与管制观影响因素的多元回归分析

	模型 1 网络隐私安全观	模型 2 网络表达管控观	模型 3 网络内容控制观
性别[a]			
女性	0.050* （0.026）	−0.142*** （0.026）	0.238*** （0.026）

（续　表）

	模型 1 网络隐私安全观	模型 2 网络表达管控观	模型 3 网络内容控制观
民族[b]			
非汉族	-0.011 (0.053)	-0.041 (0.051)	0.042 (0.052)
父亲受教育程度	0.001 (0.004)	0.008* (0.004)	-0.015*** (0.004)
政治面貌[c]			
非党员	-0.010 (0.051)	-0.045 (0.050)	-0.068 (0.050)
教育层次[d]			
本科	0.048 (0.091)	0.061 (0.088)	-0.020 (0.090)
硕博生	0.098 (0.098)	0.128 (0.096)	-0.076 (0.097)
是否独生子女[e]	-0.037 (0.028)	0.003 (0.028)	0.117*** (0.028)
高中类型[f]			
县、地级市重点	-0.079** (0.031)	0.099*** (0.030)	0.060* (0.031)
非重点高中	-0.122** (0.041)	0.146*** (0.040)	0.026 (0.041)
主要成长地[g]			
中部地区	-0.049 (0.035)	0.020 (0.034)	0.065 (0.035)
西部地区	-0.041 (0.036)	0.138*** (0.035)	0.044 (0.035)
港澳台及海外	-0.582 (0.442)	0.586 (0.431)	-0.339 (0.437)

（续　表）

	模型 1 网络隐私安全观	模型 2 网络表达管控观	模型 3 网络内容控制观
是否有出境经历[h]			
无	−0.009	0.034	0.164***
	(0.035)	(0.034)	(0.034)
学校层次[i]			
211 类	0.009	0.137***	0.117***
	(0.037)	(0.036)	(0.037)
非 211 类一本	−0.061	0.233***	0.049
	(0.047)	(0.046)	(0.047)
二本	0.067	0.226***	0.196***
	(0.045)	(0.044)	(0.044)
三本	0.252***	0.241***	0.163
	(0.060)	(0.058)	(0.059)
专科	−0.111	0.734***	0.090
	(0.099)	(0.096)	(0.098)
生源地[j]			
其他大型城市	−0.090	0.050	0.096
(除北上广深外)	(0.053)	(0.052)	(0.053)
中小型城市	−0.068	−0.018	0.191***
	(0.047)	(0.046)	(0.046)
小城镇	−0.126**	−0.044	0.168***
	(0.049)	(0.048)	(0.049)
农村	−0.182***	0.080	0.236***
	(0.053)	(0.051)	(0.052)
常数项	0.161	−0.413	−0.390
	(0.141)	(0.137)	(0.139)
N	6 058	6 058	6 058
R^2	0.024	0.076	0.059
Adj R^2	0.020	0.073	0.056

注：1. 显著性水平：$^{+}p<0.1$，$^{*}p<0.05$，$^{**}p<0.01$，$^{***}p<0.001$；

2. [a]以男性为参照；[b]以汉族为参照；[c]以党员及预备党员为参照；[d]以专科生为参照；[e]以非独生子女为参照；[f]以省及全国重点高中为参照；[g]以东部地区为参照；[h]以有过出境经历为参照；[i]以 985 高校为参照；[j]以北上广深为参照。

从模型 1 来看，性别、就读高中类型、学校层次、生源地等因素对于 90 后大学生群体的网络隐私安全观有显著影响。其中，相对于男性参照组，女性 90

后大学生的网络隐私安全观要高出0.05分，且在0.1的水平上显著。相对于曾就读于省及全国重点高中的大学生参照组，曾就读于地级市、县级重点高中和非重点高中的90后大学生持有较弱的网络隐私安全观，曾就读于非重点高中的大学生网络隐私安全观得分低出0.122，且在0.05的水平上显著；相对于985高校学生，就读于三本院校的90后大学生群体网络隐私安全观较强，其得分高出0.252，且在0.005的水平上显著；相对于生源地为北上广深的大学生，生源地为小城镇及农村的大学生群体网络隐私安全观较低，生源地为农村的大学生群体得分低出0.182，且在0.005的水平上显著。

网络隐私安全观反映了认为“自己的网络行为和个人信息被保护”的观念，其网络隐私安全观越强，就意味着这一群体认为自己网络行为和个人信息应当被保护的态度越强。从这一概念出发，首先不难理解女性具有更强的网络隐私安全观，尽管社会性别学者们反对将女性天然地理解为更渴望被保护的群体，但近年来不断曝光的性侵事件、人口拐卖事件，以及其所引发的网络大讨论，都潜在地认为在当前社会，女性面对更多的危险，也更需要被保护。而相对于曾就读于地级市、县级重点高中和非重点高中的90后大学生，曾就读于省级重点高中、全国重点高中的90后大学生群体在高中阶段有更大的可能性接触到信息技术科学原理和编程类课程，这就不难理解前者更注重网络隐私安全的保护，结合前两个推断，我们认为生源地为小城镇及农村的大学生群体更有可能缺乏保护自己网络行为和个人信息的意识，而值得关注的是就读于三本院校的大学生群体具有更强的网络隐私安全观，这一点留待模型2和模型3中进一步分析讨论。

从模型2来看，性别、父亲受教育程度、就读高中类型、主要成长地、学校层次等因素对于网络表达管控观有显著影响。其中，相对于男性，女性90后大学生有着更强的反网络表达管控观；同时，在父亲受教育程度上，相对于参照组，父亲受教育程度更高的90后大学生也有着更强的网络表达管控观。而且，相对于曾就读于省及全国重点高中的大学生，就读于地级市、县级重点高中和非重点高中的90后大学生也有着更强的网络表达管控观。此外，相对于

985 院校的大学生，就读于非 985 院校的大学生群体网络表达管控观更强烈。最后，相对于成长于东部地区的 90 后大学生，成长于西部地区的 90 后大学生群体网络表达管控观最强。

网络表达管控观反映的是“认为网络空间中发表言论的自由应该受到控制的观念”，从模型 1 中女性有更强烈的网络隐私安全推断逻辑，就不难理解女性更反对言论自由管制，传统社会性别观念认为女性的特质为温顺、贤惠、委婉，而随着平权运动对人们观念的影响，在推崇追求个性平等和独立自主的社会氛围中成长起来的 90 后新生代群体，更可能真实地表达自我，而女性的旧有标签逐渐被解构，女性持有更为强烈的负面网络表达管控观也可能是性别刻板印象日渐解构的表现。而父亲受教育程度较高的 90 后大学生群体，其家庭教养过程中更有可能受到“什么话该说，什么话不该说”的“情商训练”；同样的，就读于地级市、县级重点高中和非重点高中的大学生群体，在社会化阶段其接受自由思想的可能性要低于就读于全国重点、省重点高中的大学生群体，这一逻辑同样可以理解非 985 院校的大学生持有更强烈的网络表达管控观；最后，成长于西部地区的大学生往往具有更朴素的价值观，这与西部地区较为封闭、守旧的思想观念相一致，故而更有可能持有更强的网络表达管控观。

从模型 3 来看，性别、父亲受教育程度、是否独生子女、就读高中类型、是否有出境经历、学校层次、生源地等因素对于网络内容控制观有显著影响。其中，相对于男性，女性 90 后大学生有着更强的网络内容控制观；同时，在父亲受教育程度上，相对于参照组，父亲受教育程度越高的大学生有着更强的反网络内容控制观；而且，相对于非独生子女，作为独生子女的 90 后大学生群体，法律网络管制意识更强；此外，相对于有出境经历的大学生，没有过出境经历的 90 后大学生群体，法律网络管制意识较强；其次，相对于 985 院校学生，就读于 211 院校和二本院校的 90 后大学生群体法律网络管制意识较强；最后，相对于生源地为北上广深的大学生，生源地为中小型城市、小城镇和农村的 90 后大学生群体法律网络管制意识更强。

网络内容控制观反映的是“在合法基础上网络行为受到控制的观念”，与模型 1 和模型 2 相一致的是，女性也具备更强烈的网络内容控制观，其理解逻辑不再重复。独生子女被认为接受了更良好的家庭教育，掌握更优越的社会资源，因此其合法观念更为强烈，也更为认同网络法律管制，生源地中小城市、小城镇和农村的 90 后大学生管制观逻辑与网络隐私观逻辑一致，不再多作解释。值得关注的是，有过出境经历的 90 后大学生法律网络管制意识弱于没有出境经历的 90 后大学生，这很有可能是因为出境大学生具有更广阔的眼界，其对行为是否合法的判断有着更复杂的决策过程。

五、结论与讨论

互联网社会是一个高度分散且高度国际化的虚拟社会，尽管政府可以通过法律或行政手段对互联网传播内容进行控制，但受限于各国互联网法律并非统一，同时由于互联网是属于世界的，理论上全世界共享互联网社会，我国对网络空间的限制既有自身国情特点，在一个缥缈、广阔、便捷、迅速的碎片化世界里，如何引导一代青年人完成社会化，离不开有效的安全保护和适当的管控治理，正是在这样紧迫的现实需求凸显之下，网络隐私安全的保护和网络主体行为的管制这两大议题出现在了社会各界的研究视野之中。尽管互联网时代的网络社会有其特殊性，但也并非无章可循，从网络主体的观念出发，我们可以更加清晰地看到与互联网这一新兴科技同龄的 90 后青年群体在看待网络隐私安全和网络行为管制这两大议题上持何种观点。在进行描述性统计分析和多元回归分析之后，我们可以对 90 后大学生群体的网络安全及网络管制态度作出如下总结。

首先，女性大学生在维护自身网络隐私、反对言论自由空间管制及理解法律网络管制等三个议题上表现出了比男性大学生更为强烈的观念，这一方面可以理解为在网络世界里女性大学生所处的性别环境较为严峻，故而塑造了更为敏感、更需要有效的保护的 90 后女性大学生性格，另一方面值得关注的是，这一现象与我国倡导男女平等的和谐社会价值观有一定程度上的背离，理应引发关注。

其次，具有普通教育背景的大学生更倾向于维护自身网络隐私、理解言论自由空间管制及支持法律网络管制，普通教育背景是相对于精英教育背景而言的，相对于985高校、全国重点高中、北上广深等大城市的精英教育背景人群，求学于非985高校、非全国重点高中，生源地为小城市、城镇及农村的90后大学生群体规模较大，这一群体对网络安全和网络管制的正面态度具有较大的代表性。

最后，值得注意的是一些特殊群体表现出出乎意料的价值观。这其中包括就读于三本院校的90后大学生群体网络隐私安全观最强，这与近年来网络诈骗、网络传销事件在三本院校频发或许有着较大相关性，具体还需再作进一步分析，但这一现象反映了三本院校大学生群体的隐私安全诉求，应当予以重视。同时，有过出国经历的大学生群体在法律网络意识方面弱于没有出国经历的大学生群体，这或许应该视为出国行为对大学生价值观具有塑造效应，尽管我们可以理解为出国经历可以进一步塑造多元价值观，而在网络世界这一国际化但各国法律又并不统一的多元世界中，存在这一现象也应该予以包容。

参考文献

迪克：《网络社会：新媒体的社会层面（第2版）》，清华大学出版社，2014年。

蒋骁、仲秋雁、季绍波：《网络隐私的概念、研究进展及趋势》，《情报科学》，2010年，第305—310页。

梁美妍：《网络管制及其对“国家-社会”关系的影响》，《学术交流》，2014年，第197—201页。

刘显刚：《网络世界的言论自由与政府管制》，《民主与法制》，2011年，第32—33页。

沈洪成：《论虚拟社区中的社会治理》，《齐齐哈尔大学学报（哲学社会科学版）》，2008年，第78—80页。

王治东：《技术化生存与私人生活空间——高技术应用对隐私影响的研究》，上海：上海人民出版社，2015年。

王斌：《我国网络社会的个体化及其治理》，《人文杂志》，2016 年，第 118—124 页。

Lee Y. C.: *Internet Privacy and Electronic Commerce: Meeting the Challenge of Self-regulation in a Digital Environment*, Indiana University, 2000.

Malhotra, N. K., Kim, S., and Agarwal, J.: "Internet Users' Information Privacy Concerns (IUIPC): The Construct, the Scale, and a Causal Model", *Information Systems Research*, 2004, 336 - 355.

Sheehan, K. B.: *Antecedents and Effects of Privacy Concern Among Online Consumers*, The University of Tennessee, 1998.

第三编　青年人的价值观念

第五章 理想个人生活与理想社会：安居乐业

一、引言

根据教育部的最新统计显示，目前在校大学生共有约 2 695.8 万人，且呈现出逐年增长的趋势。当代大学生是国家建设的未来栋梁，对大学生价值观的理解有助于我们把握当代中国社会价值观的现状，也是我们理解未来中国社会价值观变迁的关键。

价值观是人们关于什么是价值、怎样评判价值、如何创造价值等问题的根本观点（黄凯锋，1999），是推动并指引一个人采取决定和行动的原则、信念和评判标准，它对理解人类行为、情感、焦虑等社会现象具有重要作用（朱文彬，1995）。

2014 年，习总书记在考察北京大学时指出："青年的价值取向决定了未来整个社会的价值取向，而青年又处在价值观形成和确立的时期，抓好这一时期的价值观养成十分重要。这就像穿衣服扣扣子一样，如果第一粒扣子扣错了，剩余的扣子都会扣错。人生的扣子从一开始就要扣好。"大学生是未来中国社会的重要担当，大学生的价值观决定了未来中国的价值观。价值观的培育工作是当代大学生教育工作的重中之重，是扣第一粒扣子的工作。价值观培育有效性的前提是要有针对性，这就要求我们准确把握当代大学生价值观的特点，这正是本研究的意义所在。

价值观说到底是价值取向的问题，根据评判对象的不同可以分为不同的价值观，比如人生观、学习观、爱情观等。在所有的价值观中，有三种价值观处于十分重要的地位。一是成就观，成就观往往体现为人们的理想和奋斗目标，是人类思想领域的重要内容（刘宗碧，1998）。二是人与社会的关系问题，这又存在个人主义与集体主义两种不同的价值取向（潘莉，2016）。以上两种价值观构成了个体对理想生活的期望，是个体发展的基本追求。三是社会理想，表达了人们对美好社会的憧憬，在大学生所有理想中，社会理想占主导地位（王东华，2017）。

成就观回答的是想成为什么样的自我。在所有关于自我的问题中，想要成为什么样的人，即成就观，从根本上规定了每个人的发展目标与发展方向。对大学生成就观的理解，既可以帮助我们把握大学生对自我的认知，又可以帮助我们了解大学生对自我未来的规定。个人主义与集体主义价值观回答的是人与社会的关系问题，表明了大学生将要如何处理个人生活与社会生活的关系。以上两种价值观共同构成了大学生对个人理想生活的期待，这将是本文第一部分、第二部分研究的内容。

社会理想回答的是想要生活在什么样的社会。人是社会动物，每个个体必须生活在特定的社会环境中，同时，人又具有主观能动性，每个个体都会对自身生存的社会作出价值选择。社会理想对理解社会的未来变迁具有关键意义，每个个体对社会价值的选择很大程度上决定了一个社会价值观的发展方向。对大学生社会价值观的研究是本文第二部分的内容，这一部分将帮助我们了解大学生追求什么样的理想社会。

二、当代大学生的理想生活：非物质成就观的兴起

（一）成就观

成功是个人内在感受与社会外在承认的统一，成功的本质是个体生命与社会在物质和精神上的和谐发展（梁永艺，2009）。成就观就是每个人对成功的基本观点和基本看法，它从根本上规定了每个人的发展目标与发展方向。对大

学生成就观的研究，有助于我们把握大学生群体对自我未来的规定。

关于大学生成就观的问题，目前学术界并没有进行深入的探讨。已有的研究仅仅局限于抽象的理论探讨或者小规模的实证研究。由于在研究方法上存在一定限制，既有研究得出的结论往往停留在理论层面，少数的实证研究也存在着代表性不强的问题。郑安文（2013）认为当代大学生的成就观存在几大误区，一是把成功等同于上名牌大学，二是把成功等同于高学历，三是把权力、金钱等同于成功。当代大学生生活于市场经济繁荣发达的时代，他们的成就观正在经历深刻的变革。之前的研究表明了大学生成就观研究的重要性，并且指出了处在变动时代中大学生群体成就观的突变性，但是都没有通过实证研究指明当代大学生成就观的具体现状。

本文对大学生成就观的研究有助于弥补以往研究的不足，帮助我们从整体上把握大学生群体的成就观现状。本文对大学生成就观的研究通过以下问题来测量：

在您看来，评价一个人的人生是否成功，最重要的一个因素是?

该问题共包括以下十三个选项：金钱、权力、社会地位、成就感、舒适、自由、安定、名声、个人魅力、美满家庭、学识、健康、其他。以上选项不仅包含了目前中国社会主流的成就观，还通过其他选项的设置弥补了可能忽略的其他类型成就观的不足，能够有效地帮助我们研究当代大学生的成就观现状。

（二）当代大学生成就观现状：务虚的成就观

首先，为了从整体上描述当代大学生成就价值取向的分布状况，本文首先对成就价值取向的十三种类型进行描述统计（表 5 - 1）。分析结果显示，排在当代大学生成就价值取向前三位的依次是成就感、美满家庭和社会地位。觉得成功的人生就是拥有成就感的大学生占 19.1%，一方面说明当代大学生更加注重个人心理层面的成功感受，另一方面说明当代大学生不是执着于三百六十行的具体某一行。觉得拥有美满家庭的人生就是成功人生的大学生占 17.1%，说明家庭美满对当代大学生来说仍然是成功人生的重要因素，和谐的家庭文化在大学生群体中得到了很好的普及。觉得获得社会地位就是成功人生的大学生占14.5%，说明当前大学生群体仍然渴望向上的社会流动，出人头地仍然是大学生群体的一个重要追求。

表5－1　大学生成就价值取向分布情况

成就类型	频　数	百分比	累计百分比
成就感	1 164	19.1%	19.1%
美满家庭	1 039	17.1%	36.2%
社会地位	885	14.5%	50.7%
个人魅力	539	8.8%	59.5%
自由	536	8.8%	68.3%
舒适	465	7.6%	75.9%
金钱	343	5.6%	81.5%
学识	291	4.8%	86.3%
健康	271	4.4%	90.7%
安定	180	3.0%	93.7%
名声	147	2.4%	96.1%
其他	136	2.2%	98.3%
权力	95	1.6%	100.0%
合计	6 091	100%	

值得一提的是，选择金钱、权力和健康作为成功人生的大学生占比较小，大学生群体并不像通常所认为的那样是一个物欲横流的群体。选择金钱作为成功人生的大学生占5.6%，在十三项成就价值取向中排在第七位，这说明金钱在大学生群体的成就价值取向中占有一定的地位，但重要性已经大不如前。选择健康作为成功人生的大学生占4.4%，排在倒数第五位，说明当代大学生群体对健康因素并不十分看重，这从侧面说明了当前媒体热炒的大学生养生现象并不符合实际。选择权力作为成功人生的大学生占比只有1.6%，在所有成就价值取向中排在倒数第一，说明当代大学生群体并不看重权力成就，对权力的迷恋在大学生群体中的比例微乎其微。

（三）两年来成就观的变化：越发务虚

为了分析两年来大学生成就价值取向的变化情况，本书对大学生成就价值取向两年来百分比及序次的变化情况进行了描述统计，具体结果见表5-2。

表5-2　两年来大学生成就价值取向变化情况

成就类型	2015年百分比	2017年百分比	比例变化	序次变化
成就感	16.6%	19.1%	+2.5%	+1
美满家庭	22.9%	17.1%	-5.8%	-1
社会地位	15.5%	14.5%	-1.0%	0
个人魅力	10.2%	8.8%	-1.4%	0
自由	5.4%	8.8%	+3.4%	+1
舒适	7.4%	7.6%	0.2%	-1
金钱	4.5%	5.6%	+1.1%	0
学识	4.1%	4.8%	+0.7%	+1
健康	4.3%	4.4%	+0.1%	-1
安定	2.5%	3.0%	+0.5%	+1
名声	2.5%	2.4%	-0.1%	-1
其他	2.5%	2.2%	-0.3%	0
权力	1.7%	1.6%	-0.1%	0
N	6 097	6 091		

从表5-2可以发现，在大学生成就价值取向中，两年来自由、成就感以及金钱处在增长的前三位。2017年选择自由的大学生群体从2015年的5.4%增长到8.8%，一共增加了3.4%，序次上升了一位。在大学生群体成就价值取向中，选择自由的大学生群体增长最为显著。从两年来的趋势来看，大学生群体越来越注重个人自由。2017年选择成就感的大学生群体从2015年的16.6%增长到19.1%，一共增加了2.5%，序次从2015年的第二位变更为第一位。成就感替代美满家庭成为大学生群体最为看重的成就价值取向。从两年来的趋势来看，大学生群体越来越注重个人心理层面的成就感。2017年选择金钱的大学生群体

从2015年的4.5%增长至5.6%，一共增加了1.1%。在大学生群体成就价值取向中，选择金钱的大学生群体增长幅度处在第三位。在大学生群体中，注重金钱的成就价值取向呈现出略微抬头的趋势。

在大学生成就价值取向中，两年来美满家庭、个人魅力以及社会地位处在降低的前三位。2017年选择美满家庭的大学生群体从2015年的22.9%降低为17.1%，一共减少了5.8%。从序次的角度来看，美满家庭在2015年处于大学生所有成就价值取向的首位，但是在2017年降低为第二位。大学生群体虽然仍然重视家庭方面的成功，但是对美满家庭的重视呈现出急剧下降的趋势。2017年选择个人魅力的大学生群体从2015年的10.2%降低为8.8%，减少了1.4%。个人魅力的跌幅处于所有成就价值取向的第二位，这说明大学生群体对外表及魅力方面的重视程度有所降低，大学生群体更加注重“内在”而非“外在”方面的成功。2017年选择社会地位的大学生群体从2015年的15.5%降低为14.5%，减少了1%。社会地位的跌幅处于所有成就价值取向的第三位，这说明大学生群体虽然仍然重视个人向上的社会流动，但是对向上的社会流动的重视程度有所降低。

（四）存在型成就观与超越型成就观

根据马斯洛的自我实现理论，个体的自我实现可以分为健康型的自我实现和超越型的自我实现（吴宏伟，2006）。健康型的自我实现主要是为了满足基本需求，超越型的自我实现受超人类价值的制约（吴宏伟，2006）。成就价值取向也可以视为个体的自我实现取向，参考马斯洛的自我实现理论，本书将大学生群体的成就价值取向也分为存在型成就与超越型成就两类。

存在型成就主要是指满足个人基本需求方面的成就。在大学生群体十三项成就价值取向中，金钱、舒适、安定、个人魅力、家庭美满以及健康主要是为了满足大学生群体必不可少的生存需求，因此本文将这六类成就归类为存在型成就。

超越型成就主要是指追求超人类价值的成就取向。在大学生群体十三项成就价值取向中，权力、社会地位、成就感、自由、名声以及学识六项处于基本生存需求之外，超越了人类生存所需价值，因此本文将它们归类为超越型成就价值取向。此外，由于选择“其他”选项的大学生群体大多注重个人实现方面的成就，例如“走自己的路”等，因此本文也将其归类为超越型成就价值取向。

为了对大学生群体成就价值取向以及两年来的变化情况有一个直观的认识，本文对两年来选择存在型成就与超越型成就的大学生群体进行了描述统计，分析结果见表5-3。

表5-3　大学生成就观汇总分析

成就类型	年　份	频　数	比　例（%）
存在型成就	2015	3 158	51.8
	2017	2 832	46.5
超越型成就	2015	2 939	48.2
	2017	3 259	53.5

从表5-3可以发现，2015年有51.8%的大学生群体选择存在型成就，选择超越型成就的大学生只有48.2%。选择存在型成就的大学生多于选择超越型成就的大学生，说明2015年多数大学生在成就价值取向方面仍然以满足基本生存需求为主。但是，在2017年选择存在型成就的大学生只有46.5%，比2015年降低了5.3%；选择超越型成就的大学生有53.5%，比2015年增加了5.3%。2017年选择存在型成就的大学生比2015年显著减少了，选择超越型成就的大学生相应增加。此外，2017年选择超越型成就的大学生人数首次超过了选择存在型成就的大学生数量，说明越来越多的大学生开始追求超人类价值，大学生在成功方面的追求不再局限于满足基本需求。

（五）成长于特大城市的大学生成就观更加务实

目前学术界对大学生成就观的研究主要是将成就观作为自变量，研究不同的成就观对大学生职业成就的影响，但是，将成就观作为因变量，对大学生成就观的影响因素研究较少。少数已有的研究表明，新媒体、时尚文化以及家庭因素是影响大学生成就观的部分因素。张静（2013）的研究表明，新媒体中充满了娱乐化的文化产品，这些娱乐产品会严重影响大学生的价值判断，使大学生的成功观具有利益驱动性的特点，在精神生活上又会表现出享乐主义、颓废主义、物质主义的价值取向。涂敏霞（2016）也认为，新媒体时代青年价值观的嬗变，青年群体的行为方式及思想观念均深受新媒体的影响。吴文衔（2005）认为，时尚文化对明星的炒作和包装，通过传媒宣传的影响，大学生从成功观到爱情观几乎都会受到潮流文化的影响。

为了分析影响大学生成就观的不同因素，本文将成就观分为存在型成就观与超越型成就观。存在型成就观以满足基本生存需要为主，超越型成就观以满足非物质需要为主。本文将成就观作为因变量，以存在型成就观为参照，构建了二元逻辑回归模型。根据前人的研究以及经验观察，本文将性别、是否独生子女、政治面貌、是否老生、父亲职位、成长地、年龄以及父亲受教育年限作为自变量纳入模型。回归分析结果见表 5－4。

表 5－4　大学生成就观的逻辑回归结果（超越型成就＝1）

	回归系数 （标准差）
性别 男性	-0.11* (0.05)
是否独生子女 独生子女	0.05 (0.06)
政治面貌 党员	0.23* (0.11)
是否老生 老生	-0.01 (0.07)

（续 表）

	回归系数 （标准差）
父亲职位 中高层管理者	0.07 （0.08）
成长地 a 北上广深	−0.30*** （0.08）
成长地 b 农村	−0.08 （0.07）
年龄	0.05** （0.02）
父亲受教育年限	0.03** （0.01）
−2 Log likelihood N	8 084.52 5 757

注：1. 显著性水平：* $p<0.05$，** $p<0.01$，*** $p<0.001$；

2. 性别、是否独生子女、政治面貌、是否老生、父亲职位、成长地 a、成长地 b 的参照组分别为“女性”“非独生子女”“非党员”“新生”“非中高层管理者”“非特大城市地区”和“城市”。

从表 5－4 的回归分析结果可以发现，性别、政治面貌、成长地、年龄以及父亲受教育年限对大学生的成就观具有显著影响，是否独生子女、是否老生、父亲职位对大学生的成就观没有显著影响。性别因素对大学生的成就观具有显著影响，回归系数为−0.11，显著性小于 0.05，女性比男性更有可能持有超越型成就观。政治面貌的回归系数为 0.23，显著性小于 0.05，党员比非党员更有可能持有超越型成就观。成长地对大学生成就观具有显著的影响，回归系数为−0.3，显著性小于 0.001，成长地为北上广深的大学生更有可能持有存在型成就观。年龄对大学生成就观有显著影响，回归系数为 0.05，显著性小于 0.01，年龄越大越有可能持有超越型成就观。父亲受教育年限对大学生成就观有显著影响，回归系数为 0.03，显著性小于 0.01，父亲受教育年限越长，大学生越有可能持有超越型成就观。

（六）结论：非物质成就观的兴起

成就观是个体关于自我发展方向的看法，是个人内在感受与社会外在承认的统一。大学生的成就观预示了大学生的发展方向，对大学生成就观的研究有助于我们把握大学生对自我发展方向的规定。

本文通过描述统计分析了当代大学生成就观的现状以及两年来的变化，通过回归分析探究了影响大学生成就观的人口学因素以及社会经济因素。研究发现，成就感、美满家庭和社会地位是当代大学生最为重视的三项人生成就，金钱、权力以及健康在大学生心目中并不是非常重要，传统的钱、权成就观在大学生群体中已经逐渐淡化。通过对比 2015 年以及 2017 年大学生成就观的变化可以发现，两年来，成就感的重要性迅速上升，美满家庭在大学生成就观中的地位则相对降低。自由、成就感、金钱处在成就观重要性增长的前三位。这与当代大学生的价值观变化特点是相符的。一方面，大学生渴望获得金钱上的成就，实现财务自由；另一方面，金钱并不是大学生追求的终极成就，财务自由只是基础，在财务自由基础上的自由、成就感等非物质成就逐渐成为大学生群体追逐的终极成就。

本文通过对大学生成就观的分类，区别出了存在型成就与超越型成就。存在型成就以满足物质和安全需要为主，超越型成就以满足非物质需要的精神需求为主。研究发现，当代大学生的超越型成就观已经超过了存在型成就观。通过对比两年的变化，笔者发现超越型成就观的重要性处在一个不断上升的过程，而存在型成就观的重要性则相对降低。这说明当代大学生成长在一个物质相对充裕的时代，物质上的追求已经不是大学生群体的主要追求方向，越来越多的大学生开始追逐物质价值之外的精神价值。

最后，通过回归分析发现，性别、政治面貌、成长地、年龄、父亲受教育年限对大学生的成就观存在显著影响。男大学生比女大学生更倾向于赞同存在型成就观。党员比非党员更容易持有超越型成就观，说明党员群体更加注重追求物质成就之外的价值成就。成长地在北上广深的大学生更容易持有存在型成就观，这可能与特大城市的生活成本高昂紧密相连，生存压力迫使这部分大学生追求存在型成就观。父亲受教育年限越长，大学生越容易持有超越型成就观。这可能与家庭文化资本的继承紧密相连，成长于书香门第的大学生更倾向于追求非物质类的人生成就。

总之，我们发现，当代大学生的成就观以超越型成就观为主，大学生已经不再局限于追求物质上的人生成就，非物质成就在大学生的成就观中越来越重要。

三、当代大学生的理想生活：不存在个人主义泛滥

（一）个人主义

根据 Hofstede（1984）的定义，个人主义指的是社会群体中人与人之间比较松散的社会关系，人们会将更多的精力用于关注他们自身的发展，以及他们个人的小家庭。个人主义者倾向于从自我出发界定自身的生活，注重个人的生活与发展，非个人主义者则倾向于从社会出发界定自身的生活。

当前国内学术界对大学生个人主义的研究存在一定程度上的分歧。一部分研究者认为当前大学生存在严重的个人主义倾向。陈锋（2017）认为，90 后大学生已经具备较鲜明的自我意识，偏个人主义，习惯不合群，具有鲜明的个体性。王准（2017）的研究表明，当代大学生多数将个人排在社会之前，忽略了社会理想和个人理想之间的内在联系，更渴望实现个人价值。张玉丹（2017）认为，当代大学生受到个体主义倾向多元文化的冲击，带来了大学生群体的个体主义倾向，以至于失去了对远大理想和崇高信念的追求。

另一部分研究者则否认大学生存在个人主义倾向。潘莉（2016）的实证研究表明，当前大学生集体主义取向明显高于个人主义取向。扈国珍（2002）认为，就大学生群体而言，大多数人有着强烈的社会责任感，他们有理想，有抱负，关心国家的前途，具有较高的综合素质。

虽然当前国内学术界对大学生个人主义的研究有着相当多的文献，但是

理论阐述偏多，实证研究偏少。现有的少量实证研究以小规模的调查为主，没有进行全国大范围的调查，无法从总体上说明当前大学生群体的个人主义倾向问题。本文的研究有助于克服以往研究的不足，帮助我们从整体上研究当前大学生的个人主义倾向。本文对大学生个人主义倾向的研究通过以下问题来测量：

生活是属于个人的，我应该完全按自己的想法生活。

选项分为同意、说不清楚与不同意三种类型。同意该种说法的大学生将其划分为个人主义者，不同意该种说法的将其划分为非个人主义者，选择“说不清楚”的样本将其划分为混合类型。

（二）在个人主义与非个人主义之间徘徊

首先，本文对大学生群体的个人主义者与非个人主义者进行了描述统计，具体分析结果见表5－5。

表5－5　大学生个人主义者分布状况

是否个人主义者	频　数	百分比
个人主义者	1 707	25. 5%
非个人主义者	1 961	29. 3%
混合类型	3 017	45. 1%
合计	6 685	99. 9%

从表5－5可以发现，混合类型的大学生占比最大，达到45. 1%。其次为非个人主义者，在大学生群体中占的比重为29. 3%。个人主义者在大学生群体中占比最少，只有25. 5%。将近半数大学生属于混合类型，说明当前大学生一方面渴望按照自己的想法生活，另一方面又不能摆脱社会的束缚。非个人主义者的比重超过个人主义者，说明当前大学生群体个人主义倾向并不十分严重。总体来看，当前大学生中相当一部分人在个人主义与非个人主义之间徘徊，非个人主义者也占有一定的比例，个人主义者在大学生群体中最少。

（三）成长于特大城市的大学生更容易持有个人主义价值观

目前学术界对大学生个人主义的研究主要以理论探讨为主，还没有学者以实证研究的方式说明影响大学生个人主义的客观因素。已有的理论探讨认为，市场经济、改革开放、西方的个人主义思潮、网络传播媒介对大学生的个人主义都有影响。崔蕤（2017）认为，网络传播媒介中存在大量的歪曲历史、揭露隐私、宣扬个人主义和价值相对主义的价值观，这部分内容对大学生的个人主义有显著影响。杨绪军（1998）认为，随着改革开放和市场经济的发展，个人主义和拜金主义等思想对大学生群体价值观的影响日益严重。李俊（2017）认为，受市场经济和西方个人主义思想的影响，个人主义价值观在大学生中较为盛行。

为了分析影响大学生个人主义价值观的不同因素，本文将大学生的价值观分为个人主义价值观与非个人主义价值观。将大学生价值观作为因变量，以非个人主义价值观为参照，构建了二元逻辑回归模型。根据前人的研究以及经验观察，将性别、是否独生子女、政治面貌、是否老生、父亲职位、成长地、年龄以及父亲受教育年限作为自变量纳入模型。回归分析结果见表5-6。

表5-6　大学生个人主义倾向的逻辑回归结果（个人主义=1）

	回归系数 （标准差）
性别 男性	0.19** （0.06）
是否独生子女 独生子女	0.25*** （0.06）
政治面貌 党员	-0.13 （0.12）
是否老生 老生	0.21** （0.08）

（续 表）

	回归系数 （标准差）
父亲职位 中高层管理者	-0.01 （0.07）
成长地 a 北上广深	0.31*** （0.08）
成长地 b 农村	-0.13 （0.08）
年龄	0.04* （0.02）
父亲受教育年限	0.01 （0.01）
-2 Log likelihood N	7 255.48 6 304

注：1. 显著性水平：* $p<0.05$，** $p<0.01$，*** $p<0.001$；

2. 性别、是否独生子女、政治面貌、是否老生、父亲职位、成长地 a、成长地 b 的参照组分别为“女性”“非独生子女”“非党员”“新生”“非中高层管理者”“非特大城市地区”和“城市”。

从表 5-6 的回归分析结果可以发现，性别、是否独生子女、是否老生、成长地、年龄对大学生的个人主义价值观具有显著影响，政治面貌、父亲职位、父亲受教育年限对大学生的个人主义价值观没有显著影响。性别对大学生的个人主义价值观具有显著影响，回归系数为 0.19，显著性小于 0.01，男性大学生比女性大学生更有可能持有个人主义价值观。是否独生子女对大学生的个人主义价值观具有显著影响，回归系数为 0.25，显著性小于 0.001，独生子女更有可能持有个人主义价值观。是否老生对大学生的个人主义价值观具有显著影响，回归系数为 0.21，显著性小于 0.01，老生比新生更有可能持有个人主义价值观。成长地对大学生的个人主义价值观具有显著影响，回归系数为 0.31，显著性小于 0.001，成长地位于北上广深的大学生更有可能持有个人主义价值观。年龄对大学生的个人主义价值观具有显著影响，回归系数为0.04，显著性小于0.05，年龄越大的大学生越有可能持有个人主义价值观。

（四）结论：不存在个人主义价值观泛滥

个人主义指的是社会群体中人与人之间比较松散的社会关系，人们会将更多的精力用于关注他们自身的发展以及他们个人的小家庭。极端个人主义将会使得大学生专注于个人价值的实现，放弃对社会价值的关注。对大学生个人主义价值观的研究有助于我们把握大学生是如何理解自我与社会的关系的。本文通过描述统计分析了当代大学生个人主义价值观的现状，通过回归分析探究了影响大学生个人主义价值观的人口学因素以及社会经济因素。

研究发现，当代大学生的价值观类型以混合类型为主，大部分大学生既关注个人价值的实现，又注重个体与社会的联系。这部分大学生往往处于徘徊的边缘，一方面渴望按照自己的想法生活，另一方面又不能摆脱社会的束缚。此外，非个人主义者的比重超过个人主义者，说明当前大学生群体个人主义倾向并不十分严重。

最后，本文通过回归分析发现，性别、是否独生子女、是否老生、成长地、年龄对大学生的个人主义价值观具有显著影响。男性大学生比女性大学生更有可能持有个人主义价值观，这可能与传统的男性文化有关。独生子女更有可能持有个人主义价值观。独生子女在成长过程中独享家庭的资源，非独生子女需要平衡与其他兄弟姐妹的关系，独生子女更容易持有个人主义价值观。老生比新生更有可能持有个人主义价值观，可能是因为老生在大学教育中变得越来越独立自主，越来越强调个体的自主性。成长地位于北上广深的大学生更有可能持有个人主义价值观，可能是因为特大城市的生存压力更大，个人主义价值观更有生存空间。

总之，当前大学生群体中不存在个人主义价值观泛滥的现象，大部分大学生在个人主义与非个人主义价值观之间徘徊。

四、大学生眼中的理想社会：务实胜过务虚

（一）社会理想

理想是指人们对未来事物有依据的、合理的想象或期望，是人们的世界观、人生观和价值观在人生奋斗目标上的集中体现，因而可以说是人类精神生活的核心内容（赵仁光，1983）。社会理想是指人们对于未来社会制度、社会结构的预见和追求，包括人们对于未来社会的政治、经济、文化等方面的规划和设想，以及自己所处集团的地位、前途的奋斗方向及价值尺度（董鸿扬，1984）。社会理想集中体现了一定社会集团的利益，反映了一定阶级关于社会正义和社会政治结构的政治观念（谢威士、陈庆华，2014）。

关于大学生社会理想的问题，目前学术界并没有进行深入的探讨。已有的研究仅仅局限于思想政治教育领域，在如何培育大学生社会理想方面取得了众多成果。薛利锋（2010）认为当代大学生在理想教育信念上强调社会理想和政治理想，但是在日常实践中更强调个人理想和职业理想。但是，这部分研究往往是以教育工作为导向的应用型研究，并没有真正把握大学生群体社会理想的现状。此外，目前学术界还有部分研究从直观感受上探讨了当代大学生的社会理想现状。左鹏（2009）认为，大学生群体的社会理想具有多样化的特征。徐霞则认为，大学生呈现出社会理想淡漠、理想虚无的趋势。但是，刘西华（2013）的研究表明，当代大学生的社会理想具有政治立场坚定、功利化的特点。总的来看，学术界对当前大学生社会理想状况的思考大多数趋向负面，多样化、虚无化、功利化是形容大学生社会理想的常用标签。但是，这些结论往往都不是通过实证研究得出的，而是侧重于理论探讨（王东华，2017）。

本文对大学生成就观的研究有助于弥补以往研究的不足，帮助我们从整体上把握大学生群体的社会理想现状。本文对大学生成就观的研究通过以下问题来测量：

在您看来，评价一个社会是否是理想中的社会，最重要的因素是（选择最

重要的一项)？

该问题共包括以下十三个选项：平等、自由、安全、文明、友善、民主、公正、富裕、强大、稳定、舒适、法治、其他。以上选项不仅包含了目前中国社会主流的社会理想观，还通过“其他”选项的设置弥补了可能忽略的其他类型的社会价值观的不足，能够有效地帮助我们研究当代大学生的社会理想价值观现状。

（二）务实的社会理想

首先，为了从整体上描述当代大学生社会理想的分布状况，本文对社会理想的十三种类型进行描述统计，分析结果见表5－7。

表5－7　大学生社会理想分布状况

社会理想	频　数	百分比	累计百分比
稳定	1 011	16.1%	16.1%
文明	999	15.9%	32.0%
安全	676	10.7%	42.7%
平等	638	10.1%	52.8%
自由	463	7.4%	60.2%
舒适	458	7.3%	67.5%
公正	412	6.5%	74.0%
法治	388	6.2%	80.2%
民主	385	6.1%	86.3%
友善	334	5.3%	91.6%
强大	248	3.9%	95.5%
富裕	245	3.9%	99.4%
其他	39	0.6%	100.0%
N	6 296	100%	

从表5－7可以看出，排在当代大学生社会理想前三位的依次是稳定、文明和安全。稳定排在首位，觉得稳定的社会就是理想社会的大学生占16.1%。稳定排在其他社会理想之前，成为当代大学生最重要的社会理想，说明当代大学

生认为稳定是理想社会最重要的特征。觉得文明的社会就是理想社会的大学生占15.9%，文明排在第二位，说明当代大学生对社会的文明程度十分重视。觉得安全的社会就是理想社会的大学生占10.7%，说明安全仍然是当前大学生群体对理想社会的基本追求之一。

值得一提的是，选择自由和民主作为社会理想的大学生占比较小，大学生群体并不像通常所认为的那样存在严重的自由化、民主化倾向。选择自由作为社会理想的大学生只有7.4%，在十三项社会理想中排在第五位，这说明当代大学生虽然在一定程度上追求社会自由，但是对自由的重视程度并没有像通常所认为的那样高。选择民主作为社会理想的大学生占6.1%，排在第九位，说明当代大学生对民主并不十分看重，这些表明了当前大学生群体并不存在严重的自由化倾向。选择自由、民主的大学生总数只有13.5%，但是选择稳定作为社会理想的大学生有16.1%，当代大学生对自由、民主的追求并不激烈，稳定仍然是当前大学生社会理想的首选特征。

（三）两年来的变化：社会理想更加务实

为了分析两年来大学生社会理想的变化情况，本文对大学生社会理想两年来百分比及序次的变化情况进行了描述统计，具体结果见表5-8。

表5-8　两年来大学生社会理想变化情况

社会理想	2015年百分比	2017年百分比	比例变化	序次变化
稳定	13.5%	16.1%	+2.6%	+1
文明	19.4%	15.9%	-3.5%	-1
安全	6.7%	10.7%	+4.0%	+5
平等	9.1%	10.1%	+1.0%	-1
自由	6.3%	7.4%	+1.1%	+4
舒适	8.6%	7.3%	-1.3%	-2
公正	7.4%	6.5%	-0.9%	-1
法治	6.8%	6.2%	-0.6%	-1

（续 表）

社会理想	2015 年百分比	2017 年百分比	比例变化	序次变化
民主	7.6%	6.1%	−1.5%	−4
友善	6.0%	5.3%	−0.7%	0
强大	4.0%	3.9%	−0.1%	+1
富裕	4.1%	3.9%	−0.2%	−1
其他	0.5%	0.6%	+0.1%	0
N	6 144	6 296		

从表 5－8 可以发现，在大学生社会理想中，两年来安全、稳定以及自由处在增长的前三位。2017 年选择安全的大学生群体从 2015 年的 6.7%增长至 10.7%，一共增加了 4.0%，序次提升了五位。在大学生社会理想中，选择安全的大学生群体增长最为显著。从两年来的趋势看，大学生群体对社会安全的重视程度出现了前所未有的提高。这可能是受近两年国内外严峻的安全形势影响。2017 年选择稳定的大学生群体从 2015 年的 13.5%增长至 16.1%，一共增加了 2.6%，序次从 2015 年的第二位变更为第一位。稳定替代文明成为大学生群体最为看重的社会理想。从两年来的趋势看，大学生群体越来越注重社会的稳定。2017 年选择自由的大学生群体从 2015 年的 6.3%增长至 7.4%，一共增加了 1.1%，自由在所有社会理想中序次提升了四位。在大学生社会理想选择中，选择自由的大学生群体增长幅度处在第三位，大学生群体对社会自由的追求呈现出急剧增长的趋势。

在大学生社会理想选择中，两年来文明、民主以及舒适的降幅位列前三。2017 年选择文明的大学生从 2015 年的 19.4%降低为 15.9%，一共减少了 3.5%。从序次的角度来看，文明在 2015 年处于大学生所有社会理想的首位，但是在 2017 年降低为第二位。大学生群体虽然仍然重视社会的文明程度，但是对文明的重视呈现出急剧下降的趋势。2017 年选择民主的大学生群体从 2015 年的 7.6%降低为 6.1%，减少了 1.5%，民主在所有社会理想中的序次降低了四位。民主的跌幅处于所有社会理想的第二位，这说明大学生群体对民主的重视程度有所降低。结合大学生群体越来越注重自由的趋势，可以发现大学生更加注重“自由”而非“民主”。2017 年选择舒适的大学生群体从 2015 年的 8.6%降低为 7.3%，减少了 1.3%。舒适的跌幅处于所有社会理想的第三位，这说明大学生群体对社会舒适的重视程度呈现出降低趋势。

（四）生存理想的复归与幸福理想的衰落

根据英格尔哈特的后现代化理论，各国的价值观可以分为生存价值观和幸福价值观。生存价值观主要是强调经济安全和物质安全，幸福价值观则强调自我表现、主观康乐和生活质量（郭莲，2011）。社会理想也可以视为个体的社会价值观取向，参考英格尔哈特的后现代化理论，本文将大学生群体的社会理想也分为生存理想与幸福理想两类。

生存理想主要强调社会的经济安全和物质安全。在大学生群体十三项社会理想中，安全、公正、富裕、强大、稳定以及法治主要是为了满足必不可少的生存需求，强调的是社会的经济安全与物质安全，因此将这六类成就归类为生存理想。

幸福理想强调自我表现、主观康乐和生活质量。在大学生群体十三项社会理想中，平等、自由、文明、友善、民主、舒适这六项处于基本生存需求之外，超越了人类生存所需价值，因此本文将它们归类为幸福理想。此外，由于选择“其他”选项的大学生群体大多注重超越生存所需的价值，例如“无拘无束”等，因此也将其归类为幸福理想。

为了对大学生群体社会理想以及两年来的变化情况有一个直观的认识，本文对两年来选择生存理想与幸福理想的大学生群体进行了描述统计，分析结果见表 5－9。

表 5－9 大学生社会理想汇总分析

社会理想	年 份	频 数	比 例（%）	变化情况
生存理想	2015	2 611	42.5	+4.8%
	2017	2 978	47.3	
幸福理想	2015	3 533	57.5	-4.8%
	2017	3 318	52.7	

从表5－9可以发现，2015年有42.5%的大学生群体选择生存理想，选择幸福理想的大学生有57.5%。选择幸福理想的大学生远远多于选择生存理想的大学生，说明2015年多数大学生在社会理想方面以追求幸福的社会价值为主。但是，在2017年选择生存理想的大学生有47.3%，比2015年增加了4.8%；选择幸福理想的大学生有52.7%，比2015年降低了4.8%。2017年选择幸福理想的大学生比2015年显著减少，选择生存理想的大学生相应增加。结合大学生群体社会理想的描述统计分析可以发现，对安全、稳定追求的增加，是两年来生存理想增长的具体原因。

（五）成长于特大城市的大学生社会理想更加务实

当前学术界对大学生社会理想的研究主要以应用型研究为主，有大量的研究探讨了如何培养大学生科学的社会理想，但是对大学生社会理想影响因素的研究较少。已有的探讨大学生社会理想影响因素的研究局限于理论探讨，目前还没有对大学生社会理想的影响因素进行实证研究。陈丽（2014）通过对高职院校的大学生研究认为，高职院校的大学生处于形成、确立人生价值观的重要时期，他们缺乏稳定的、成熟的社会意识，他们的社会理想较为容易受到外界因素的影响。

刘文玉（2012）认为，西方社会思潮的传播对大学生的社会理想存在显著影响，其中进步的因素会对大学生产生积极的影响，鼓励大学生为个人理想和崇高目标而积极奋斗，但消极甚至错误的思想则会阻碍大学生的健康成长。赖玉萍（2000）则认为，大学生在实现社会理想的过程中，社会因素、工作因素、个人因素、生活因素等等，都会直接影响他们，使其世界观、人生观、价值观发生变化，此外大学生还处于不成熟阶段，这些因素也会影响他们实现理想的态度，造成其理想出现动摇和怀疑。

为了分析影响大学生社会理想的不同因素，本文将社会理想分为生存理想与幸福理想。生存理想以满足基本生存需要为主，幸福理想以满足非人类基本生存需要为主。本文将社会理想作为因变量，以生存理想为参照，构建了二元逻辑回归模型。根据前人的研究以及经验观察，本文将性别、是否独生子女、政治面貌、是否老生、父亲职位、成长地、年龄以及父亲受教育年限作为自变量纳入模型。回归分析结果见表5-10。

表5-10 大学生社会价值观的逻辑回归结果（幸福理想=1）

	回归系数 (标准差)
性别 男性	0.14** (0.05)
是否独生子女 独生子女	-0.10 (0.06)
政治面貌 党员	0.07 (0.10)
是否老生 老生	-0.09 (0.07)
父亲职位 中高层管理者	-0.02 (0.07)
成长地a 北上广深	-0.28*** (0.07)
成长地b 农村	-0.03 (0.07)
年龄	0.02 (0.02)
父亲受教育年限	0.02 (0.01)
-2 Log likelihood N	8 394.92 5 943

注：1. 显著性水平：$^{*}p<0.05$，$^{**}p<0.01$，$^{***}p<0.001$；

2. 性别、是否独生子女、政治面貌、是否老生、父亲职位、成长地a、成长地b的参照组分别为“女性”“非独生子女”“非党员”“新生”“非中高层管理者”“非特大城市地区”和“城市”。

从表 5－10 的回归分析结果可以发现，性别、成长地对大学生的社会理想具有显著影响，是否独生子女、政治面貌、是否老生、父亲职位、年龄、父亲受教育年限对大学生的社会理想没有显著影响。性别因素对大学生的社会理想具有显著影响，回归系数为 0.14，显著性小于 0.01，男性大学生比女性大学生更有可能持有幸福理想。成长地对大学生的社会理想具有显著影响，回归系数为-0.28，显著性小于 0.001，成长地位于北上广深的大学生更有可能持有生存理想。

（六）结论：社会理想务实胜过务虚

社会理想是指人们对于未来社会制度、社会结构的预见和追求，反映了人们对社会正义和社会政治结构的政治观念，社会理想具有政治性。对大学生社会理想的研究，有助于我们把握大学生心态中的理想社会形态，有助于我们预测中国社会的结构变迁。

本书通过描述统计分析了当代大学生社会理想的现状以及两年来的变化，通过回归分析探究了影响大学生社会理想的人口学因素以及社会经济因素。研究发现，稳定、文明、安全是当代大学生最为看重的社会理想，学术界热炒的自由、民主在大学生的社会理想中并未占据重要地位，当代大学生的社会理想以务实为主。通过对比 2015 年以及 2017 年大学生社会理想的变化发现，安全在两年来的重要性迅速上升，文明在大学生社会理想中的地位则相对降低。

安全、稳定以及自由处在大学生社会理想重要性增长的前三位。安全与稳定的增长程度要高于自由，说明当代大学生社会理想的变化趋势更加务实。自由在大学生社会理想中的重要性出现了增长，这可能与大学生群体开始追求个人自由有关。值得注意的是，两年来民主在大学生社会理想中的重要性逐渐降低，这说明近年来我国的民主政治建设取得了一定成就，大学生对我国的民主政治水平的满意程度有了一定提高。

本文通过对大学生社会理想进行分类，区别出了生存理想与幸福理想两类。生存理想更加重视安全、经济发展等务实价值，幸福理想更加重视个人实现、政治理想等务虚价值。研究发现，当代大学生社会理想中幸福理想的重要性要超过生存理想，但是，两年来幸福理想的重要性在不断降低，生存理想的重要性在不断升高，生存理想的重要性已经逐渐接近幸福理想的重要性。当代大学生的社会理想逐渐变得务实。

最后，本文通过回归分析发现，性别、成长地对大学生的社会理想具有显著影响。男大学生比女大学生更有可能持有幸福型社会理想。成长地在北上广深的大学生更有可能持有生存型社会理想，成长在特大城市的大学生比其他大学生更加务实。

总之，经调研发现当代大学生社会理想中务实的成分要胜过务虚的成分，生存型社会理想的重要性正在不断增长。

五、结论与讨论：务虚的个人追求与务实的社会追求并存

本文通过对当代大学生成就观、个人主义价值观以及社会理想的研究，详细描述了当代大学生价值观的现状。总体来看，当代大学生的价值观呈现出务虚的个人价值追求与务实的社会价值追求并存的特点。

从成就观上来看，当代大学生的个人价值追求不再局限于物质成就。成就观是个体关于自我发展方向的看法，是个人内在感受与社会外在承认的统一。本文通过研究发现，成就感、美满家庭和社会地位是当代大学生最为重视的三项人生成就，金钱、权力以及健康的重要性较低，传统的钱、权成就观在大学生群体中已经逐渐淡化。通过对比 2015 年以及 2017 年的大学生成就观，我们发现，成就感在两年来的重要性迅速上升，美满家庭在大学生成就观中的地位则相对降低，自由、成就感、金钱处在成就观重要性增长的前三位。此外，调研还发现成长地在北上广深的大学生更注重物质性成就，这可能受特大城市生存压力的影响。总之，当代大学生的成就观以超越型成就观为主，大学生已经不再局限于追求物质上的人生成就，非物质成就在大学生的成就观中越来越重要。

在如何看待个体与社会的关系上，本研究发现，当代大学生多数会同时兼顾个体发展与社会价值，个人主义价值观并没有在大学生群体中泛滥。大多数大学生在个人价值与社会价值之间徘徊，一方面渴望按照自己的想法生活，另一方面又不能摆脱社会的束缚。在当代大学生中，非个人主义者的比重超过个人主义者，说明在大学生群体中个人主义倾向并不十分严重。此外，调研发现独生子女与成长地位于北上广深的大学生更有可能持有个人主义价值观。

不同于注重非物质成就的个体价值追求，当代大学生的社会价值追求更加务实。本文通过研究发现，稳定、文明、安全是当代大学生最为看重的社会理想，自由、民主在大学生心目中并未占据重要地位，当代大学生的社会理想以务实为主。通过对比 2015 年以及 2017 年大学生社会理想的变化发现，安全在两年来的重要性增长最快，安全、稳定以及自由的重要性都有所上升。此外，本文还发现成长地在北上广深的大学生更有可能持有务实的社会理想。总之，当代大学生社会理想中务实的成分要胜过务虚的成分。

通过对当代大学生成就观、社会理想以及个人主义价值观的研究发现，当代大学生的价值观呈现出务虚的个人价值追求与务实的社会价值追求并存的特点。一方面，当代大学生的成就观以超越型成就观为主，大学生已经不再局限于追求金钱等物质上的人生成就，社会地位等非物质成就越来越重要。另一方面，当代大学生社会理想中务实的成分要胜过务虚的成分，生存型社会理想的重要性正在不断增长，大学生更强调社会的稳定、安全和秩序。此外，本次调研还发现个人主义价值观并没有在大学生群体中泛滥，多数大学生会同时兼顾个体发展与社会价值。

参考文献

陈丽：《高职生社会主义核心价值观教育探究》，《前沿》，2014 年第 23 期，第 170—171 页。

陈锋、李明令：《90 后农村大学生的家族事务参与研究——以闽南 A 镇农村为例》，《中国青年研究》，2017 年第 7 期，第 82—88 页。

崔葳：《后现代主义思潮对大学生的影响及对策研究述评》，《毛泽东思想研究》，2017 年第 3

期，第 147—150 页。

董鸿扬：《论当代青年对共产主义理想的评价》，《青年研究》，1984 年第 2 期，第 1—6 页。

郭莲：《中国公众近十年价值观的变化——“后现代化理论”的验证研究》，《国家行政学院学报》，2011 年第 3 期，第 27—31 页。

扈国珍：《新时期高校思想政治工作浅谈》，《山东青年政治学院学报》，2002 年第 5 期，第 53—54 页。

黄凯锋：《21 世纪初青年价值观预测》，《当代青年研究》，1999 年第 6 期，第 4—7 页。

赖玉萍：《大学生思想教育新变化浅析》，《成都中医药大学学报（教育科学版）》，2000 年第 1 期，第 71—72 页。

梁永艺：《当代青年的科学成功观》，《湖北经济学院学报（人文社会科学版）》，2009 年第 9 期，第 7—8 页。

刘文玉：《西方社会思潮在大学生中的传播及影响研究》，《兰州学刊》，2012 年第 11 期，第 219—221 页。

刘西华：《“90 后”大学生理想信念现状与教育对策研究》，山东大学，2013 年。

刘宗碧：《中西传统成就观及其社会影响的比较》，《呼兰师专学报》，1998 年第 1 期，第 28—34 页。

李俊：《自媒体时代大学生核心价值观培育与思想政治教育》，《国内高等教育教学研究动态》，2017 年第 5 期，第 16 页。

潘莉、郝丹丹、董梅昊：《当前大学生政治价值取向状况及引导策略研究》，《社会主义核心价值观研究》，2016 年第 3 期，第 76—86 页。

涂敏霞、刘艺非：《新媒体时代青年价值观的嬗变——对广州青年价值观的趋势研究》，《青少年研究与实践》，2016 年第 1 期，第 85—96 页。

王东华、姚本先：《大学生理想的现状调查与分析》，《成都工业学院学报》，2017 年第 3 期，第 22—26 页。

王准：《大学生社会责任意识现状及其教育对策研究》，沈阳农业大学，2017 年。

吴宏伟：《马斯洛的需要层次理论及哲学底蕴》，《哈尔滨市委党校学报》，2006 年第 2 期，第 31—33 页。

吴文衔：《时尚文化与高校思想政治教育研究》，《中国青年研究》，2005 年第 9 期，第 66—68 页。

谢威士、陈庆华：《中学生理想与自我导向性学习的关系研究》，《合肥师范学院学报》，2014 年第 1 期，第 31—35 页。

薛利锋：《大学生择业心理与择业价值观教育》，《东北师大学报（哲学）》，2010 年第 1 期，第 175—178 页。

杨绪军：《重视大学生人生价值观的教育》，《江汉大学学报（社会科学版）》，1998 年第 1 期，第 85—86 页。

张玉丹：《对多元文化潮流冲击下大学生价值观建构的思考》，《文教资料》，2017 年第 9 期，第 93—94 页。

郑安文：《当代大学生成功观问题探析》，《学理论》，2013 年第 9 期，第 184—186 页。

赵仁光、李惠让：《革命理想和共产主义道德》，《学习与探索》，1983 年第 3 期，第 58—60 页。

张静、王欢：《新媒体环境下大学生信息认知的困境》，《重庆邮电大学学报（社会科学版）》，2013 年第 2 期，第 89—93 页。

朱文彬、赵淑文、郭春彦：《当前大学生价值观的调查研究》，《心理科学》，1995 年第 3 期，第 188—189 页。

左鹏：《科学引导大学生树立中国特色社会主义共同理想》，《思想政治教育研究》，2009 年第 4 期，第 33—35 页。

Hofstede，G：*Culture's Consequences*：*International Differences in Work-related Values*，Beverly hills：Sage Publications，1984.

第六章　个人-社会-国家关系：多靠双手，少靠国家

一、引言

个人、国家、社会的关系，是一个经久不衰的议题。在处理和平衡三者之间的关系时，个人主义、集体主义、社群主义等多种价值取向也衍生出来。随着互联网的发展和社会的开放，大学生接触的价值观呈现多元化的趋势，在日常生活中，很多大学生之间也呈现出价值观念的矛盾、冲突甚至对立。当社会事件突发时，当代青年不同的立场和观点反映了他们对国家和社会的不同态度和期待。当代大学生群体作为未来社会发展的中坚力量，他们如何看待个人、国家和社会，如何处理三者之间的关系，这些问题的研究关系到我们能否准确把握大学生群体多元的个人价值观念和行为准则，能否引导大学生树立正确的、符合社会发展要求的价值观和社会观。

首先，大学生如何看待自我价值，他们将个人的成就归因于何处？大学生的成就归因直接影响他们的价值观和社会心态。有基于 CGSS2006 的研究表明，人们对事业成功的内在归因很大程度上反映了人们认为社会是比较公平的、开放的，对当代的社会平等持认可态度（李强，2010）。因此，研究大学生的成就归因，可以从侧面反映他们对社会平等和差异等现状的看法。海德在《人际关系心理学》一书中将人们对行为进行归因所得的原因分为两大类：内部原因和外部原因（Heider，1958）。内部原因是指个人方面的原因，如人格、品质、动机、情绪、心境、态度、能力、努力等；外部原因是指环境方面的原因，如活动者周围的环境气氛、奖赏和惩罚、运气、工作性质等（Heider，1958）。相

应的，人们的归因就有两种倾向：内在归因和外在归因（Heider，1958）。一项心理学研究总结了大学生学业成就归因方式，认为总体倾向于内在归因，重要性由高到低为：努力-能力-运气-情境（张晓宏，2006）。有研究结果表明，大学生倾向于认为学业成就方面的成功与失败更多是与自己的能力和努力密不可分（乔婷婷，2010）。无论是外在归因还是内在归因，心理学界的成就归因主要从个人的心理和情境出发，忽略了成长环境和社会背景的作用。

其次，大学生如何看待国家的角色和责任，他们对国家在不同领域的职责有何期待？有学者认为，当代大学生受西方新自由主义的负面影响，推崇“完全市场经济”“国家职能弱化论”等理论，主张福利个人化即强调保障的责任由国家向个人转移（冉文伟，2007）。新自由主义可能强化大学生个人本位、自私自利和反集体主义的倾向，这一观点无疑引起我们的重视，但是事实真的如此吗？新自由主义在中国当代青年中接受程度如何？这些都需要通过实证研究加以判断。

再次，社会应该按照何种逻辑运行，社会现行的规则是否符合大学生的价值观？当代青年价值观在新的时代背景下凸显为多元化倾向。大部分年轻人的人生价值观趋向生活化和理性化，传统的价值观中“仁、义、礼、智、信”“温、良、恭、俭、让”等价值观和道德已经被个性自由取代，追求自我实现。当代青年往往表现出利己的价值观，他们更加注重自我感觉和个人利益、满足个人欲望（罗亚萍，2011）。有研究指出，大学生群体明显处于一种疏离状态，沉浸于一种小资情结，曾经的集体主义和国家意识式微（张帆、沈旭，2006）。

大学生对自我、国家和社会的态度是否具有连贯性和统一性？其个人观、国家观和社会观是否具有群体内部差异性，这种差异性源于何处，都值得我们探究。

二、大学生对个人、国家、社会的态度取向

（一）大学生个人成就归因多元：倾向于归因自我与家庭，“命定论”仍有市场

个人成就归因分为外在和内在、个人与环境等多个方面，我们通过 5 个指

标进行测量，将“个人成就归因的认同程度”这一变量转化为1—5分的定距变量，其中，“完全不同意”=1，“完全同意”=5。表6-1是有关大学生群体对个人成就归因各指标的描述统计。表6-1显示，大学生更认同将成就归因于个人的努力和把握机会，家庭出身的认同度也比较高，而不太认同将成就归因于运气和命运。

表6-1　大学生群体对个人成就归因各指标描述统计

测量指标	样本数	均值	标准差
X1 个人的成就大部分是靠努力争取的	6 705	4.04	0.84
X2 个人的成就大部分是靠把握机会	6 697	3.91	0.78
X3 个人的成就很大程度上受到家庭出身的影响	6 674	3.47	0.94
X4 个人的成就大部分是靠运气	6 662	2.61	1.27
X5 人生富贵贫贱是命中注定的	6 630	1.91	1.11

为了更清楚地描述大学生群体对个人成就归因的倾向，笔者把大学生群体对“个人成就归因取向”中的“完全不同意”“比较不同意”的观点归纳为“不同意”，“比较同意”“完全同意”的观点归纳为“同意”。表6-2反映了大学生群体对个人成就归因倾向的情况，可以看出，将成就归因于自身努力（82.6%）与归因于家庭出身（58.2%）的比例均超过半数，反映了大学生对个人成就的归因是多元的，认为个人成就受多种因素的影响。此外，仍有14.5%的大学生相信“命定论”。

表6-2　大学生群体对个人成就归因的认同情况

测量指标	不同意（%）	中立（%）	同意（%）	小计
X1 个人的成就大部分是靠努力争取的	6.85	10.60	82.55	6 662
X2 个人的成就大部分是靠把握机会	6.50	13.40	80.00	6 759
X3 个人的成就很大程度上受到家庭出身的影响	18.02	23.74	58.24	6 697
X4 个人的成就大部分是靠运气	52.10	29.50	18.40	6 759
X5 人生富贵贫贱是命中注定的	63.60	21.90	14.50	6 674

为了进一步归纳大学生对个人成就归因的维度，通过因子分析，将5个指标分为三个因子，表6－3是大学生群体对成就归因的因子负荷矩阵，以此为基础，得到大学生的个人成就归因的自我归因（“个人的成就大部分是靠努力争取的”和“个人成就大部分是靠把握机会”）、家庭归因（“个人的成就很大程度上受到家庭出身的影响”）、命运归因（“个人的成就大部分是靠运气”和“人生富贵贫贱是命中注定的”）三个维度。

表6－3　大学生群体对成就归因的因子负荷矩阵

测　量　指　标	自我归因	家庭归因	命运归因
X1 个人的成就大部分是靠努力争取的	**0.80**	0.04	−0.15
X2 个人的成就大部分是靠把握机会	**0.82**	0.06	0.12
X3 个人的成就很大程度上受到家庭出身的影响	0.13	**0.98**	0.18
X4 个人的成就大部分是靠运气	0.14	0.06	**0.82**
X5 人生富贵贫贱是命中注定的	−0.18	0.08	**0.78**

为了更准确地描述大学生个人成就归因的认同度，将“个人成就归因的认同程度”这一变量作为1—5分的定距变量，其中，“完全不同意”＝1，“完全同意”＝5。各分指标的认同程度乘上因子载荷相加后的均值作为三个因子的认同度得分Y1、Y2、Y3：

$$自我归因\ Y1 = (X1\times0.80+X2\times0.82)/2$$

$$家庭归因\ Y2 = X3\times0.98$$

$$命运归因\ Y3 = (X4\times0.82+X5\times0.78)/2$$

表6－4是大学生群体对个人成就归因因子的描述统计，可以看出，大学生群体对于个人成就自我归因的认同度得分为3.22，对家庭归因的认同度得分为3.40，对命运归因的认同度得分为1.81。可以看出，大学生对自我归因和家庭归因的认同度较高，明显高于命运归因，说明大学生中更多地倾向发挥主观能动性而不“信命”，相信家庭出身对个人成就的显著影响，但也相信自我努力

和把握机会取得成就很重要。

表6－4　大学生群体对个人成就归因因子的描述性统计

测量指标	均值	标准差
因子1 自我归因	3.22	0.54
因子2 家庭归因	3.40	0.92
因子3 命运归因	1.81	0.77

（二）大学生对国家角色的期待：要“发展”，更要“托底”

我们将国家角色分为经济调控（“政府应该调控经济的运行”）和社会保障（“国家应该承担更多的责任保障每个人的生活”），国家的社会保障职责属于“托底”，经济调控职责属于“发展”。将大学生群体对“国家角色的期待程度”中的“完全不同意”“比较不同意”的观点归纳为“不同意”，将“比较同意”“完全同意”的观点归纳为“同意”。表6－5反映了大学生群体对国家角色的期待程度。

表6－5　大学生群体对国家角色期待的描述性统计

	不同意（%）	中立（%）	同意（%）	小计
经济调控	10.91	30.68	58.41	6 662
社会保障	10.61	19.44	69.95	6 676

从表6－5可以看出，大部分（70.0%）大学生认为国家应当承担社会保障的责任，但是认为国家应当调控经济运行的大学生比例为58.4%，低于前者。1992年中共十四大提出发展社会主义市场经济，国家经济的发展更加自由、自主和繁荣，诞生于20世纪90年代的当代大学生，大部分人的生活环境处于市场经济背景之下，他们对国家经济调控的职责并没有深刻认识。上述结果表明，在大学生群体的预期中，国家在不同领域的角色和责任不是完全统一和同步的，当代大学生更期望国家承担社会领域的“托底”职责，而在经济领域，更偏向自由和自主地发展。

（三）大学生的社会观：社会责任与个人意识的权衡

大学生对社会运作规则认知的测量分为多个指标，涉及对群体与个人的看法、对富人与穷人的看法、对竞争与平等的看法等。笔者将“大学生社会观”变量作为1—5分的定距变量，其中，“完全不同意”=1，“完全同意”=5。表6-6反映了大学生群体对社会规则认同程度的各指标的描述统计。从表6-6可知，大学生对群体和个人的关系持中立态度，对穷人倾向关怀和支持，总体上态度并无明显偏向。

表6-6　大学生群体社会观各指标的描述性统计

测量指标	样本数	均值	标准差
X6 社会利益不论在何种情况下都高于个人利益	6 639	3.07	1.14
X7 在一个理想的社会中，人们的生活水平不应该有太大差距	6 678	3.60	1.02
X8 富人有责任帮助穷人	6 668	3.16	1.04
X9 社会发展应该完全遵循优胜劣汰、适者生存的规则	6 683	2.90	1.12
X10 脱贫是穷人自己的责任	6 678	2.64	1.08
X11 机会平等比结果平等更重要	6 676	2.90	1.01

为了更清晰地描述大学生对社会规则的看法，笔者将大学生群体对“社会运作规则的认同程度”中的“完全不同意”“比较不同意”的观点归纳为“不同意”，“比较同意”“完全同意”的观点归纳为“同意”。表6-7反映了大学生群体对社会规则认同程度的各指标的描述统计。从表中可以得知，当代大学生对于社会利益与个人利益关系的认知，态度多元，对社会利益和个人利益的关系的认知，仍存在显著差异，相当一部分大学生以个人利益为重，少部分大学生（36.3%）认为社会利益高于个人利益。超过一半的大学生（62.0%）认为社会的贫富差异不宜过大，并且认为不能仅由个人承担脱贫责任（51.3%）。此外，大部分大学生（74.2%）比较认同机会平等而非结果平等。

表6－7 大学生群体对社会运作规则的描述性统计

变量	不同意（%）	中立（%）	同意（%）	小计
X6 社会利益不论在何种情况下都高于个人利益	25.33	38.33	36.34	6 759
X7 在一个理想的社会中，人们的生活水平不应该有太大差距	16.60	21.40	62.00	6 759
X8 富人有责任帮助穷人	27.20	34.10	38.70	6 759
X9 社会发展应该完全遵循优胜劣汰、适者生存的规则	46.40	25.90	27.70	6 759
X10 脱贫是穷人自己的责任	51.30	25.70	23.00	6 759
X11 机会平等比结果平等更重要	8.84	16.99	74.17	6 759

为了进一步归纳大学生社会观的维度，通过因子分析，将6个指标分为三个因子，表6－8是大学生群体对成就归因的因子负荷矩阵，以此为基础，我们将大学生的社会运作规则的态度分为三个维度：社群观（“社会利益不论在何种情况下都高于个人利益”“在一个理想的社会中，人们的生活水平不应该有太大差距”“富人有责任帮助穷人”）、生存观（“社会发展应该完全遵循优胜劣汰、适者生存的规则”“脱贫是穷人自己的责任”）和平等观（“机会平等比结果平等更重要”）。

表6－8 大学生群体社会观的因子负荷矩阵

测量指标	社群观	生存观	平等观
X6 社会利益不论在何种情况下都高于个人利益	**0.60**	0.43	−0.08
X7 在一个理想的社会中，人们的生活水平不应该有太大差距	**0.74**	−0.09	0.20
X8 富人有责任帮助穷人	**0.76**	−0.04	−0.02
X9 社会发展应该完全遵循优胜劣汰、适者生存的规则	0.11	**0.79**	0.03
X10 脱贫是穷人自己的责任	−0.11	**0.80**	0.06
X11 机会平等比结果平等更重要	0.13	0.10	**0.97**

为了更准确地描述大学生的社会观，我们将“大学生社会观”变量作为1—5

分的定距变量，其中，“完全不同意”=1，“完全同意”=5。各分指标的认同程度乘上因子载荷相加后的平均数作为三个因子的认同度得分Y4、Y5、Y6：

社群观 Y4 = （X6×0.60+X7×0.74+ X8×0.76）/3

生存观 Y5 = （X9×0.79+ X10×0.80）/2

平等观 Y6 = X11×0.97

由此得出表6-9，大学生群体的社群观得分为2.30，生存观得分为2.20，平等观得分为3.78。大学生的社群观较弱，说明当代大学生有较强烈的个人主义和自我意识，存在利己主义倾向，但是社会责任意识并没有完全被取代。其次，大学生不太认同社会遵循优胜劣汰原则。此外，大学生的平等观更倾向于机会平等。由于社会的发展和思想的进步，平均主义已经不符合时代发展的潮流，大学生更注重程序公正和机会平等，而非一味追求结果平等，因此，只有程序的公开公平公正成为政策制度实施的原则之一，其结果才更能让大学生信服和认同。

表6-9　大学生群体社会观因子的描述性统计

测量指标	均值	标准差
因子1社群观	2.30	0.52
因子2生存观	2.20	0.72
因子3平等观	3.78	0.98

三、大学生对个人、国家、社会的态度差异

（一）大学生个人成就归因差异：成长背景影响其对自我能力的认知

为了进一步分析大学生群体对个人成就归因的内部差异，将个人成就归因的认同度得分作为解释变量，表6-10反映了大学生群体对于个人成就的自我归因、家庭归因和命运归因的认同度得分的三个解释变量的多元线性回归分析结果。其中，我们选取了性别、政治面貌、培养层次、是否是独生子女、父亲职位、父亲受教育年限、成长地等8个变量纳入模型。

表6－10　关于大学生群体对个人成就归因的多元线性回归模型

	模型1 自我归因	模型2 家庭归因	模型3 命运归因
性别[a] 男性	0.03 (0.03)	0.01 (0.02)	**0.12***** **(0.05)**
政治面貌[b] 党员	−0.06 (0.05)	0.03 (0.04)	**−0.10**** **(0.09)**
培养层次[c] 老生	−0.04 (0.03)	**0.14***** **(0.02)**	**0.06**** **(0.05)**
是否独生[d] 独生子女	0.04 (0.03)	−0.01 (0.02)	**−0.06**** **(0.05)**
父亲职位[e] 中高层管理者	−0.01 (0.03)	−0.02 (0.03)	−0.00 (0.05)
父亲受教育年限	−0.06 (0.15)	0.08 (0.13)	**0.25*** **(0.25)**
成长地1[f] 北上广深	**0.07+** **(0.04)**	0.04 (0.07)	**0.13***** **(0.07)**
成长地2[g] 农村	−0.02 (0.04)	**−0.13***** **(0.03)**	−0.02 (0.06)
常数项	**3.23***** **(0.02)**	**3.33***** **(0.03)**	**0.00***** **(0.03)**
样本数N R^2 调整R^2	6 656 0.00 0.00	6 697 0.01 0.01	6 654 0.02 0.02

注：1. [a]以女性为参照；[b]以非党员为参照；[c]以新生为参照；[d]以非独生子女为参照；[e]以非中高层管理者为参照；[f]以非北上广深地区为参照；[g]以非农村地区为参照。

2. 显著性水平：$^{+}p<0.1$，$^{*}p<0.05$，$^{**}p<0.01$，$^{***}p<0.001$。

根据模型 1 的统计结果，关于个人成就的自我归因的认同度这一变量，可以发现：个人的社会属性对自我归因没有显著影响。在其他条件不变的情况下，出生于北上广深的大学生自我归因得分比其他地区高 0.1 分。生源地是成长背景的体现，成长背景处于优势的大学生，更认同个人成就是通过自身努力获得的。

根据模型 2 的统计结果可知，关于个人成就的家庭归因的认同度这一变量，性别、政治面貌、独生子女、父亲社会经济地位不存在显著影响。相对于新生，老生更倾向于将个人成就归因于家庭，老生比新生对家庭归因的认同得分高 0.1 分。考虑到新生与老生的社会大背景的连贯性，可以将新生与老生看作同一群体的两种连续状态，新生处于新环境下，对自我能力的认知更加积极乐观，更为自信。新生在经历了大学教育后，自我意识发生了变化，即新生进入大学后，接触了更多元的人群、文化、信息，对自我和社会的认识发生了变化，具体表现为更强调家庭背景的作用。此外，与成长地为非农村地区的大学生相比，农村成长的大学生对家庭出身的认同得分低 0.1 分。可以看出，成长环境相对而言处于劣势的大学生，他们不太赞同家庭出身对个人成就的作用。这与模型 1 中有成长背景优势的大学生更认同自我努力对个人成就的作用互补，说明成长环境对个人成就归因有显著影响。

比较模型 3 与模型 1、模型 2 的统计结果，我们发现：性别、政治面貌、培养层次和生源地等个人社会属性对个人成就的命运归因的认同度存在显著影响。男生更认同个人成就的命运归因。相对非党员，党员对命运归因的认同要低 0.1 分。相对于新生，老生更倾向于将个人成就归因于命运，其认同得分高于新生 0.1 分。父亲受教育年限越高，其命运归因得分越高，一种解释是，父亲的教育背景是家庭背景的反映，家庭背景作为一种社会资本，是个人无法决定的，家庭背景处于优势地位的大学生更相信“命定论”。此外，与参照组相比，北上广深的大学生对“命定论”认同度高于其他地区 0.1 分，这一结果与家庭背景相对照，进一步说明了成长环境对个人成就命运归因的影响。总体来说，成长环境优越的大学生、男生、老生对命运归因的认同度更高，这类学生与成长环境处于相对劣势的大学生、女生与新生相比，处于相对优势的社会地位，这种社会地位是否影响了对个人成就归因和“命定论”这一态度值得商榷。

由于家庭归因仅有一个测量指标，考虑其作为定序变量，随机误差项分布可能不符合多元回归模型中正态分布的假设，所以笔者对该原始指标构造有序logit模型，将其结果对比认同度得分的多元回归模型，检验多元回归模型的准确度，结果并无太大差异，因此可以构造家庭归因认同度得分作为解释变量，具体结果见附录表1。

（二）大学生对国家角色期待的差异：北上广深学生倾向国家调控经济发展

为了进一步分析大学生群体对国家角色期待程度的内部差异，我们将“国家角色的期待程度”这一变量转化为1—5分的定距变量，其中，“完全不同意”=1，“完全同意”=5。由此得出，对于国家经济调控的期待程度得分为3.6，对社会保障的期待程度得分为3.8。大学生群体对于国家角色的期待程度偏积极（>2.5），希望国家在经济和社会领域发挥作用、承担责任。

由于大学生对国家角色期待的测量是5分变量，我们对大学生群体对于国家经济调控职责、社会保障职责的期待程度得分三个解释变量进行了有序逻辑回归分析，表6-11反映了经济调控和社会保障职责解释变量的回归分析结果。其中，我们选取了性别、政治面貌、培养层次、是否是独生子女、父亲职位、父亲受教育年限、成长地等8个变量纳入模型。

表6-11　大学生群体对国家经济调控以及对社会保障角色的期待程度的有序逻辑回归模型

	模型1 社会保障	模型2 经济调控
	回归系数 （标准差）	回归系数 （标准差）
性别[a]		
男性	-0.07 （0.05）	**-0.28***** **（0.05）**

（续　表）

	模型 1 社会保障	模型 2 经济调控
	回归系数 （标准差）	回归系数 （标准差）
政治面貌[b]		
党员	**−0.17** * （**0.08**）	−0.13 （0.08）
培养层次[c]		
老生	0.06 （0.05）	−0.04 （0.05）
是否独生[d]		
独生子女	−0.01 （0.05）	**0.11** ** （**0.05**）
父亲职位[e]		
中高层管理者	0.02 （0.05）	**−0.03** $^{+}$ （**0.03**）
父亲受教育年限	0.06 （0.26）	−0.28 （0.26）
成长地 1[f]		
北上广深	−0.05 （0.07）	**0.12** $^{+}$ （**0.07**）
成长地 2[g]		
农村	−0.09 （0.06）	0.08 （0.06）
样本数 N	6 396	6 676
−2 Log likelihood	1 337.36	1 364.56
Deviance	472.55	509.00

注：1. [a] 以女性为参照；[b] 以非党员为参照；[c] 以新生为参照；[d] 以非独生子女为参照；[e] 以非中高层管理者为参照；[f] 以非北上广深地区为参照；[g] 以非农村地区为参照。

2. 显著性水平：$^{+}p<0.1$，$^{*}p<0.05$，$^{**}p<0.01$，$^{***}p<0.001$。

模型1显示，与非党员相比，大学生党员期待国家承担社会保障职责的优势比低0.19（$e^{0.17}-1$）。

根据模型2的统计结果，可以发现：关于大学生对国家经济调控职责的期待程度这一变量，大学生的家庭和成长背景存在显著影响。相比于女生，男生期待国家承担经济职责的优势比要低0.32（$e^{0.28}-1$），女生更偏向国家进行经济调控；独生子女更认同国家行使经济调控职责；父亲是中高层管理者的大学生比较不支持国家经济调控，其优势比要低0.03（$e^{0.03}-1$）；相比于其他城市和农村地区，北上广深城市的大学生期待国家承担经济调控职责的优势比高0.13（$e^{0.12}-1$），比较认同国家采取经济调控。

综上所述，我们可以发现，有关大学生对国家角色的期待，大学生群体认为应该积极发挥国家促进经济发展和社会保障的功能和手段，而不是“放手”。但在经济和社会领域的职责要求有所不同，大学生认为国家应当更多地承担社会保障责任，较少地进行经济调控。在国家的社会保障功能方面，家庭背景和生活环境不影响他们对国家社会保障的期待。而在国家的经济职责方面，女生、独生子女和北上广深的大学生较认同国家采取经济调控，而父亲的社会经济地位高的大学生，不太认同国家指导经济发展。

（三）大学生对社会运作规则看法的差异：个人主义在北上广深生源中最甚

为了进一步分析大学生群体对社会运作规则的认同程度的内部差异，将之前计算出的大学生社会观得分作为解释变量，表6-12反映了大学生群体对于社会运作规则——社群观、生存观、平等观三个解释变量的多元线性回归分析结果。其中，我们选取了性别、政治面貌、培养层次、是否是独生子女、父亲职位、父亲受教育年限、成长地等8个变量纳入模型。

表6-12　关于大学生群体对社会运作规则的多元线性回归模型

	模型1 社群观	模型2 生存观	模型3 平等观
	回归系数 （标准差）	回归系数 （标准差）	回归系数 （标准差）
性别[a] 男性	**0.04**** **（0.01）**	**0.14***** **（0.02）**	0.04 （0.02）
政治面貌[b] 党员	−0.00 （0.02）	**−0.09**** **（0.03）**	0.01 （0.04）
培养层次[c] 老生	−0.02 （0.01）	**0.04**+ **（0.02）**	0.02 （0.03）
是否独生[d] 独生子女	0.01 （0.01）	**−0.04**+ **（0.02）**	**−0.05**+ **（0.03）**
父亲职位[e] 中高层管理者	0.01 （0.01）	**−0.04**+ **（0.02）**	0.04 （0.03）
父亲受教育年限	0.10 （0.07）	0.02 （0.10）	**0.58***** **（0.14）**
成长地1[f] 北上广深	−0.00 （0.02）	**0.09**** **（0.03）**	0.00 （0.04）
成长地2[g] 农村	**0.09***** **（0.02）**	**−0.04*** **（0.02）**	**−0.09**** **（0.03）**
常数项	**−0.5***** **（0.02）**	**2.13***** **（0.02）**	**3.78***** **（0.03）**

（续　表）

	模型 1 社群观	模型 2 生存观	模型 3 平等观
	回归系数 （标准差）	回归系数 （标准差）	回归系数 （标准差）
样本数 N	6 348	6 348	6 348
R^2	0.01	0.02	0.01
调整 R^2	0.01	0.02	0.00

注：1. 显著性水平：$^+p<0.1$，$^*p<0.05$，$^{***}p<0.01$，$^{***}p<0.001$。

2. [a]以女性为参照；[b]以非党员为参照；[c]以新生为参照；[d]以非独生子女为参照；[e]以非中高层管理者为参照；[f]以非北上广深地区为参照；[g]以非农村地区为参照。

根据模型 1 的统计结果，可以发现：关于大学生对社群观的认知，相比于女生，男生更认同社群主义。此外，成长于农村的大学生，对社群主义的认同度得分比其他地区的高 0.1 分。

模型 2 的统计结果表明，围绕大学生对生存观的看法，个人社会属性、家庭背景均有显著影响。相比于女生，男生更偏向优胜劣汰原则，比女生高 0.2 分。党员对优胜劣汰原则的认同度得分低于非党员 0.1 分。类似的，独生子女比非独生子女更不认同优胜劣汰原则，而老生相对于新生更倾向于适者生存原则。此外，父亲的社会地位对子女的社会生存观有显著影响，父亲为中高层管理者的大学生，更不认同优胜劣汰的原则。成长于北上广深的大学生，与其他地区的大学生相比，优胜劣汰原则认同度得分高 0.1 分；相对应的，成长于农村地区的大学生与其他地区的大学生相比，优胜劣汰原则认同度得分低 0.1 分。

根据模型 3 的统计结果可知，关于大学生对平等观的认知，个人的教育背景和特征不存在显著影响，非独生子女更倾向于机会平等，而家庭背景和生活环境不同，其得分有显著差异。具体来看，父亲受教育水平提高一个层次，大学生对机会平等的认同度得分高 0.6 分。成长于农村的大学生，对机会平等的认同度得分比其他地区的低 0.1 分。

综上所述，关于大学生社会观的看法，值得注意的是，成长于北上广深的大学生更倾向于优胜劣汰原则；而成长于农村地区的大学生比较不认同机会平等原则，至少不认为机会平等比结果平等重要，比较认同社群主义，不太认同优胜劣汰原则。也可以说，处于劣势成长背景的大学生不倾向个人主义和优胜劣汰，他们的群体性更强。

由于平等观仅有一个测量指标，考虑其作为定序变量，随机误差项分布可能不符合多元回归模型中正态分布的假设，所以笔者对该原始指标构造有序逻辑模型，将其结果对比认同度得分的多元回归模型，检验多元回归模型的准确度，结果并无太大差异，因此可以构造平等观得分作为解释变量，具体结果见附表 1。

四、结论与讨论

通过数据分析，我们展现了大学生对于个人、国家和社会的态度。个人层次上，大学生群体的个人价值观存在内部差异，新生刚入学对自我能力的认知相对积极乐观，更倾向于个人能力是影响个人成就高低的主要因素；而老生接触了更多元的环境之后，接触了异质性大的人群，对家庭背景和命运对个人成就的影响的认同度提高。自我归因从侧面反映出他们对社会不平等和差异的态度，成就归因于自我的大学生，一方面可能有积极的自我认知，认为个人能力影响或者将会影响自身发展，对社会差异持接受的态度。

相对于自我归因，倾向于家庭归因和命运归因的大学生，无论是成长环境还是社会角色方面，大部分占社会优势地位，这些因素对个人成就认知的影响值得探究。“命定论”在大学生中仍有市场，他们的社会属性是否作为一种社会资本影响其成就归因，成长环境是一种自己不能决定的属性，优势的成长背景是否对其自身能动性产生消极被动的影响，值得进一步探讨。“命定论”作为一种传统儒家伦理观，其核心观点是“生死有命，富贵在天”，它否认人的主观能动性和道德抉择能力，也否认人们的道德责任。相比于过去，在当今社会，个体拥有更多的自主选择的机会和能力，仍有小部分大学生持“命定论”的价值观，这不仅会影响大学生自己的主动性和努力程度，也会影响他们对其他人的认知和价值判断。因此，要指导大学生群体树立正确的价值观，激发他们发挥主观能动性，提高大学生人生发展和社会进步的活力。

国家层次上，市场经济的发展影响着90后大学生对国家经济和社会角色的认知，一方面，他们需要国家提供社会保障，另一方面，他们也需要国家调控经济发展。尽管大学生对两者的态度有明显差异，但是他们大多数并不反对国家经济调控，仍然信任国家行政力量，期待国家履行职责。尤其是大城市成长的大学生，他们更期望国家承担经济角色。

社会层次上，我们认为，在当代社会，随着经济的发展和思想的开放，多数大学生不再一味追求结果平等和平均主义，而是认同机会平等和程序公正，这启发我们在实践过程中，对待大学生需要顺应他们的需求和价值取向，遵循机会平等的原则，避免引起大学生群体的不满和不公平感。多数大学生仍然不倾向社会遵循完全优胜劣汰的原则，显而易见，在大学生看来，“自由”和“平等”的现实满足并不是统一的，在不同领域、不同方面有不同的态度，实现的方式也是多元的。

家庭背景的差异和成长环境的不同，对大学生的社会观有显著影响，成长于北上广深的大学生有较强的个人主义意识，他们比较倾向于优胜劣汰原则，这可能与城市实际的运作逻辑相关。随着城市化的发展，在物质和精神方面都会发生“城市化扩张运动”，城市秉持的价值观念和行为方式也会影响大学生的思想态度，但是，仍有小部分大学生坚持社会利益优先原则，秉持社群主义，说明个人主义意识的觉醒并不意味着自私或者冷漠；不仅如此，随着公民社会的发展，社会责任感和公民意识萌芽，大学生的社会责任是在衰落还是觉醒，需要进一步追踪。但是如何培养大学生的社会责任感以应对个人利益和社会利益的矛盾，需要社会予以重视和指导。

参考文献

李强：《城市居民成就归因倾向及其影响因素研究》，中山大学，2010年。

罗亚萍：《当代青年人生价值观中的个人主义意识分析》，《现代交际》，2011年第9期，第

51—52 页。
乔婷婷：《大学生主观幸福感与学业成就归因、就业压力的关系研究》，华东师范大学，2010 年。
冉文伟：《新自由主义对大学生的消极影响及其原因分析》，《毛泽东邓小平理论研究》，2007 年第 7 期，第 38—42 页，第 84 页。
张晓宏：《大学生学业成就归因与元认知、心理健康关系的研究》，华东师范大学，2006 年。
张帆、沈旭：《当代大学生价值观新动向——后现代语境下的大学校园亚文化》，《中国青年研究》，2006 年第 3 期，第 45—50 页。
Heider. F：*The Psychology of Interpersonal Relations*, New York：Wiley & Sons，1958.

附表 1 大学生群体对家庭归因认同程度以及机会观的取向的有序逻辑回归模型

	模型 1 家庭归因	模型 2 平等观
	回归系数 （标准差）	回归系数 （标准差）
性别[a] 男性	−0.21 （0.05）	**−0.41***** （**0.05**）
政治面貌[b] 党员	−0.05 （0.09）	**0.31***** （**0.08**）
培养层次[c] 老生	**−0.26***** （**0.05**）	−0.06 （0.05）
是否独生[d] 独生子女	0.02 （0.05）	**0.15**** （**0.05**）
父亲职位[e] 中高层管理者	0.04 （0.05）	0.04 （0.05）
父亲受教育年限	0.19 （0.26）	0.06 （0.25）

（续　表）

	模型 1 家庭归因	模型 2 平等观
	回归系数 （标准差）	回归系数 （标准差）
成长地 1[f] 北上广深	−0.08 （0.07）	**−0.19**** （**0.07**）
成长地 2[g] 农村	**0.25**** （**0.06**）	**0.15**** （**0.06**）
样本数 N −2 Log likelihood Deviance	6 513 1 391.17 508.67	6 676 1 501.29 510.44

第七章　社会分配公平观：最低保障下的多劳多得

一、引言

改革开放以来，中国逐步走上了由计划经济向市场经济转型的道路。在经济转型过程中，一方面，中国的经济实现了飞速发展，经济总量迅速增长；另一方面，过分强调经济增速也带来了城乡分割、贫富分化增大等一系列社会问题，其中社会公平问题已经成为当前中国最突出的社会问题之一（怀默霆，2009；Wu，2009；孙明，2009；沈明明，2009；马磊、刘欣，2010；谢宇，2010；李骏、吴晓刚，2012；李路路等，2012；秦广强，2014；刘欣、胡安宁，2016）。

在经济转型过程中，如何正确认识人们对当前分配状态是否合理的评价十分重要（孟天广，2012）。转型社会中，一方面，对分配公平的认知直接决定着公众对经济和政治合法性的认可（孟天广，2012；刘欣、胡安宁，2016）；另一方面，人们对分配公平的理解关系到国家基本的经济、政治和社会制度的设计（Guterbock，1980）。因此，对于转型中的中国民众的公平感研究，不仅有助于从学理上理解当前中国社会的收入公平状况，而且对推进社会治理、促进公平正义的政策出台及实施具有重要参考价值（刘欣、胡安宁，2016）。

虽然社会分配公平问题已经成为当下社会的热门话题，政府近年来的政策导向已从“效率优先、兼顾公平”向“更加注重社会公平”转变（李骏、吴晓刚，2012），学术界也基于社会公平这一主题展开了一系列研究。然而，现有研究对民众的分配公平观是什么，人们分配公平观差异的原因是什么，并未予以足够的重视（孙明，2009）。近年来，学术界逐渐兴起了对分配公平的讨论，国外学术界出现了一系列的社会分配公平观的实证研究文献，但在中国对分配公平还缺乏比较系统的分析（李骏、吴晓刚，2012），对于中国民众的分配公平观尚未形成系统的、清晰的、经验的刻画。

因此，本文将沿着社会公平的经验性研究路径，基于对“大学生社会心态调查（2017）”的数据检验和分析，探究当代大学生的社会分配公平观的内涵、维度和影响因素。大学生作为社会群体的重要组成部分，对社会制度公平和物质分配公平有着自己群体独立的态度（李春艳，2015）。大学生群体是最为活跃的社会群体之一，他们对时事热点高度敏感，参与社会活动的积极性很高（李木柳，2014），因此掌握大学生对于社会分配公平的理解很有必要。

二、文献回顾

（一）社会分配公平观的内涵

社会公平历来是哲学思辨、政治纷争和价值讨论的一个中心议题，本文研究的是分配公平。分配公平观是关于收入应当如何分配的主观判断，是人们对分配是否公平的感受，还包括人们用来判断分配公平的基本原则（孙明，2009）。

目前国内对于社会分配公平观的研究主要集中在如下两个维度。第一，在不同的社会时期或文化情境下，社会公平应该是什么，即外在的、主流的意识形态和公平价值判断。第二，不同的群体，其内在的公平观念是什么，即个体自身的观念和反馈。根据本文的研究内容，此处主要对后者进行详细梳理。已有研究对分配公平观的描述主要可以分为如下两大类。

在第一类分配公平观中，人们对于社会资源的分配，并没有某种或者某几种确切的、稳定的标准或者原则，并不期待或要求社会资源应当按照某种原则来进行分配；取而代之的是对分配结果是否对自己有利这一点的唯一关注，而无关乎分配原则。分配公平的感受取决于个体从分配中所获利益的多少，所获利益越多越倾向于认为分配公平（马磊、刘欣，2010）。

这样的分配公平观与利己主义理论相对应，该理论认为，人们是物质主义导向的（materialistic），通常会以自我为中心，以期望效用最大化为目标来作出选择（Sears & Funk，1991）。人们对分配状况的感受取决于自身所获利益的多少，在现有分配体系中占据优势地位的群体倾向于维护现有分配体制，弱势群体则希望通过平等化政策获得更多资源（Ng & Allen，2005）。刘培伟（2015）在对征地的研究中发现，村民更多关注自身能否从征地结果中受益，而不关注征地的流程、程序是否合理合法。

不过，与刘培伟（2015）的研究发现相矛盾的是，张光等人（2010）基于Tyler的理论，通过对中国村民选举的观察发现，在中国农民的公平观中，程序性因素的重要性高于结果性因素，程序公平高于结果有利。笔者认为，形成这一矛盾的原因可能在于，同一群体对于不同的社会资源，抱有不同的分配原则。

在第二类分配公平观中，人们认为社会资源的分配应该遵循某种分配原则。而到底存在哪些内化的分配原则，目前国内学者主要围绕是否赞成平均分配来探析民众的公平观，具体表现为民众所认同的收入的合理差距的大小。

对于这一分配原则的演变的关注存在其独特的历史和社会原因。改革开放以前，中国的劳动产品遵循平均分配的原则；在改革开放后，中国逐步走上了市场经济的道路，市场经济的按劳分配原则也深入人心。在这种情况下，两种不同的分配原则关联交织在一起，全体人民成果共享、基本生存权利优先和弱势群体保护优先、机会均等和社会开放流动、经济与政治等多领域公平理念的统一等，成为社会主义时期有关公平的重要内涵（张艳丽，2008）。

孙明（2009）对CGSS2005的实证研究发现，史耀疆、崔瑜（2006）运用北京大学中国国情研究中心的调研数据，发现在结果公平评价方面，公民支持收入的合理差距，并不赞成平均分配财富和收入。

但是，市场分配制度的建立并不意味着民众的分配观的集体改变。相关研究表明，老一代人和体制内就业群体深受平均主义分配政策的影响，这部分人更赞同较少程度的不平等（李骏、吴晓刚，2012）。孙明（2009）的研究发现，社会底层群体也更倾向于支持平均原则的分配公平观。

除了对收入不平等的态度的研究，在第二类分配公平观中，还包括对机会公平这一分配原则的研究。史耀疆、崔瑜（2006）运用北京大学中国国情研究中心的调研数据发现，70.13%的公民认为在经济运行的过程中机会获取的公平胜于结果公平，机会公平也是公众另一个重要的关注点。

（二）社会分配公平观的测量

国内文献对于社会分配公平观的实证研究暂时较少，主要通过人们对于收入分配的态度来测量个体的社会公平观，现有的研究大多采用职业收入期望来衡量人们的分配公平观，一个人对地位高低悬殊的职业间的收入差距的期望越大，表明其越倾向于应得原则，反之越倾向于平均原则（孙明，2009；李骏、吴晓刚，2012）。

可见，国内的社会学者对于社会分配公平感的测量目前主要集中于收入分配层面，但事实上，社会资源的分配不仅仅包括社会收入这一种资源，同时也包含权力、地位、声望等资源要素的分配，社会分配公平观是对于多种社会资源要素的分配原则。分配公平的“多样性问题”是未来研究所要关注的议题（马磊、刘欣，2010）。

国外学者对于社会分配公平观的研究相对体系化，对社会分配公平观的测量也较为成熟，其中，以 Sabbagh 等（2003）的社会公平观量表为主，该量表的基本设计逻辑在于社会公平观是对于各种社会资源的各种分配规则的认同程度（Sabbagh et al.，1994），是目前外文文献中测量社会分配公平观使用较多的量表之一。

三、当代大学生的四种社会分配公平观

本研究借鉴 Sabbagh 等（2003）编制的社会公平观量表，保留对社会财富、

社会声望、教育资源、社会权力等社会资源的分配判断的指标，来测量大学生的社会公平观。该量表共包含 10 项指标（见表 7－1），量表中数字从 1 到 5 表示由强烈不同意到强烈同意的不同程度。表 7－1 是社会公平观各项指标的描述统计结果。由表 7－1 可知，大学生对社会公平观各项指标的认同度均介于中立和比较同意之间。其中，对“教育资源应该向那些努力学习的人倾斜”“勤劳的人应当被给予更高的社会声望”的认同度相对最高；对“收入的分配应当尽量平等”的认同度相对最低。

表 7－1 社会公平观各项指标的描述统计结果

测量指标	样本数	均值	标准差
1. 每个人都应当被给予平等的社会声望	6 674	3.26	1.18
2. 收入的分配应当尽量平等	6 665	3.08	1.08
3. 弱势群体应当被给予更大的话语权	6 645	3.19	0.99
4. 教育资源应该向那些缺乏学习机会的人倾斜	6 654	3.47	0.97
5. 勤劳的人应当被给予更高的社会声望	6 644	3.51	0.90
6. 教育资源应该向那些努力学习的人倾斜	6 638	3.58	0.91
7. 有才能的人应该拥有更多影响他人的权力	6 644	3.30	0.95
8. 教育资源应该向那些有特殊天赋的人倾斜	6 641	3.14	0.97
9. 教育资源应该向那些对社会贡献大的人倾斜	6 658	3.24	0.95
10. 那些社会贡献越大的人应该得到更多的财富	6 662	3.37	0.99

为保证该量表的信度和效度，我们对该量表进行了信度和效度检验。信度检验结果表明，信度系数 Cronbach's Alpha 为 0.794，信度可接受。效度检验结果表明，KMO 值为 0.835，Bartlett 的球形检验 p 值小于 0.001，特征值大于 1 的因子有两个，累积方差贡献率为 53.3%，量表的结构效度较好。但是，为了使社会公平观的因子结构更符合理论预期，并提高累积方差贡献率，本研究最终提取四个公因子，因子载荷分布见表 7－2。

根据表 7－2 因子载荷分布可知，“有才能的人应该拥有更多影响他人的权力”“教育资源应该向那些有特殊天赋的人倾斜”“教育资源应该向那些对社会贡献大的人倾斜”“那些社会贡献越大的人应该得到更多的财富”四项指标在因子 1 命名为“竞争主义公平观”，四项指标在因子 1 上的因子载荷较高；“勤劳的人应当被给予更高的社会声望”“教育资源应该向那些努力学习的人倾斜”两项指标在因子 2 上的因子载荷较高；“每个人都应当被给予平等的社会声望”“收入的分配应当尽量平等”在因子 3 上的因子载荷较高；“弱势群体应当被给予更大的话语权”“教育资源应该向那些缺乏学习机会的人倾斜”在因子 4 上的因子载荷较高。

表 7－2　社会公平观各因子的因子载荷分布

	因子 1：竞争主义公平观	因子 2：勉励主义公平观	因子 3：平均主义公平观	因子 4：扶弱主义公平观
1. 每个人都应当被给予平等的社会声望	0.018	0.144	**0.867**	0.083
2. 收入的分配应当尽量平等	0.083	0.059	**0.795**	0.287
3. 弱势群体应当被给予更大的话语权	0.091	0.056	0.339	**0.775**
4. 教育资源应该向那些缺乏学习机会的人倾斜	0.093	0.319	0.082	**0.794**
5. 勤劳的人应当被给予更高的社会声望	0.129	**0.789**	0.207	0.242
6. 教育资源应该向那些努力学习的人倾斜	0.308	**0.764**	0.043	0.152
7. 有才能的人应该拥有更多影响他人的权力	**0.603**	0.417	0.105	-0.019
8. 教育资源应该向那些有特殊天赋的人倾斜	**0.819**	0.079	-0.001	0.150
9. 教育资源应该向那些对社会贡献大的人倾斜	**0.797**	0.185	0.110	0.068
10. 那些社会贡献越大的人应该得到更多的财富	**0.693**	0.232	0.006	0.048
累积方差贡献率	22.9%	38.9%	54.6%	68.9%

据此，我们将因子1命名为“竞争主义公平观”，是指认同社会资源应当根据个人的能力或贡献产出进行分配，即个人需凭借能力或贡献来竞争有限的社会资源；因子2命名为“勉励主义公平观”，是指认同社会资源应当根据个人的劳动投入进行分配，天道酬勤，越是努力的人应当获得越多的社会资源；因子3命名为“平均主义公平观”，是指认同社会资源的分配应该实现人人均等；因子4命名为“扶弱主义公平观”，是指认同社会资源的分配应当向弱势群体倾斜。因子1的方差贡献率为22.9%，因子2的方差贡献率为16.0%，因子3的方差贡献率为15.7%，因子4的方差贡献率为14.3%。四个因子的累积方差贡献率为68.9%。

四、当代大学生社会分配公平观的影响因素分析

通过因子分析，我们得出当代大学生的四种主要的社会分配公平观，即竞争主义公平观、勉励主义公平观、平均主义公平观与扶弱主义公平观，分别以因子得分测量四个主因子。那么，这些不同的社会分配公平观维度主要是受到哪些因素的影响呢？我们将性别、年龄、政治面貌、年级、家庭背景、成长地背景等客观变量引入社会分配公平观影响因素的分析框架中，运用多元线性回归（OLS）分析对影响当代大学生社会分配公平观的相关因素进行分析。

（一）父亲受教育水平较高的独生子家庭的男大学生具有更强的竞争主义公平观

竞争主义公平观是指大学生认为社会资源应当根据个人的能力或贡献产出进行分配，个人需凭借能力或贡献来竞争有限的社会资源。表7-3中模型1是大学生竞争主义公平观的多元线性回归结果。我们发现，性别、家庭背景、家庭结构、主要抚养人等因素对当代大学生的竞争主义公平观有显著影响。

表7-3　大学生社会公平观的影响因素的多元线性回归分析（OLS）

	模型1：竞争主义公平观	模型2：勉励主义公平观	模型3：平均主义公平观	模型4：扶弱主义公平观
性别（女性=0）				
男性	0.173*** (0.026)	0.142*** (0.026)	-0.186*** (0.026)	0.008 (0.026)
年龄	0.008 (0.009)	0.026** (0.009)	0.030*** (0.009)	0.018* (0.009)
政治面貌（非党员=0）				
党员	0.068 (0.052)	0.080 (0.051)	-0.005 (0.051)	-0.048 (0.051)
是否老生（新生=0）				
老生	0.033 (0.035)	-0.019 (0.035)	-0.037 (0.035)	0.032 (0.035)
父亲受教育年限	0.012** (0.004)	0.016 *** (0.004)	-0.017*** (0.004)	-0.015*** (0.004)
父亲职位（非中高层管理者=0）				
中高层管理者	0.057 (0.036)	0.013 (0.036)	-0.164*** (0.036)	-0.063+ (0.036)
是否独生子女（非独生子女=0）				
独生子女	0.058* (0.028)	0.010 (0.028)	0.051+ (0.028)	-0.043 (0.028)
主要成长地是否北上广深（否=0）				
北上广深	0.054 (0.038)	-0.032 (0.037)	0.140*** (0.038)	-0.075* (0.038)
主要成长地是否农村（否=0）				
农村	-0.025 (0.036)	-0.004 (0.036)	0.113** (0.036)	0.075* (0.036)
主要抚养人（父母=0）				
（外）祖父母	-0.064* (0.033)	-0.007 (0.033)	0.027 (0.033)	-0.011 (0.033)
父母和其他亲人一起	-0.057+ (0.033)	-0.014 (0.033)	-0.003 (0.033)	0.008 (0.033)

（续　表）

	模型 1：竞争主义公平观	模型 2：勉励主义公平观	模型 3：平均主义公平观	模型 4：扶弱主义公平观
常数项	-0.429* (0.171)	-0.750*** (0.170)	-0.335* (0.170)	-0.193 (0.170)
N	5 912	5 912	5 912	5 912
R^2	0.02	0.01	0.03	0.01
$adjR^2$	0.01	0.01	0.02	0.01

注：+ p<0.1，* p<0.05，** p<0.01，*** p<0.001。

性别的系数为 0.173，在 0.001 水平上显著，即男生比女生具有更强的竞争主义公平观。这可能是因为男性的竞争意识比女性更强，这与男性所承担的社会角色和社会期望有关（李斌、岑延远，2008）。在家庭背景方面，父亲的受教育年限系数为 0.012，在 0.01 水平上显著，即父亲受教育水平越高，则子女越倾向于具有更强的竞争主义公平观，而父亲的职位类型则没有显著影响。在家庭结构方面，独生子女的系数为 0.058，在 0.05 水平上显著，即独生子女比非独生子女具有更强的竞争主义公平观。在主要抚养人方面，由（外）祖父母抚养的系数为-0.064，在 0.05 水平上显著，即与由父母直接抚养长大的大学生相比，由（外）祖父母抚养长大的大学生的竞争主义公平观更弱。由父母和其他亲人共同抚养的系数为-0.057，在 0.1 水平上显著（边缘显著），同样，相比于直接由父母抚养长大的大学生，由父母和其他亲人共同抚养长大的当代大学生也倾向于具有相对更低水平的竞争主义公平观。这可能是由于竞争意识的代际差别在家庭教养与意识灌输上的作用，相比于父辈家长，祖父辈的竞争意识相对更弱（泉水，1994），所以由祖父辈参与抚养的大学生的竞争意识相对较弱。

（二）父亲受教育水平较高的男大学生具有更强的勉励主义公平观

勉励主义公平观是指大学生认为社会资源应当根据个人的劳动投入进行分配，天道酬勤，越是努力的人应当获得越多的社会资源。表 7－3 中模型 2 是大学生勉励主义公平观的多元线性回归结果。我们发现，性别、年龄、家庭背景等因素对当代大学生的勉励主义公平观有显著影响。

性别的系数为0.142，在0.001水平上显著，即男生比女生具有更强的勉励主义公平观。年龄的系数为0.026，在0.01水平上显著，即年龄越大，则大学生的勉励主义公平观越强。在家庭背景方面，父亲的受教育年限系数为0.016，在0.001水平上显著，父亲的受教育年限越长，子女越倾向于具有更强的勉励主义公平观，而父亲的职位类型则没有显著影响。

（三）父亲受教育水平较低、父亲为非中高层管理者的女大学生具有更强的平均主义公平观

平均主义公平观是指大学生认为各项社会资源的分配应该实现人人均等。表7－3中模型3是大学生平均主义公平观的多元线性回归结果。我们发现，性别、年龄、家庭教育背景、父亲职位、家庭结构、成长地等因素对当代大学生的平均主义的分配公平观均有显著影响。

性别的系数为-0.186，在0.001水平上显著，即男生比女生具有更低水平的平均主义公平观。这与竞争主义公平观的影响因素分析中所得到的结论具有一定的一致性，可能因为男性的竞争意识比女性更强，相反，女性更倾向于认同平均主义的公平观。年龄的系数为0.030，在0.001水平上显著，即年龄越大，大学生的平均主义公平观倾向越强。在家庭背景方面，父亲的受教育年限的系数为-0.017，在0.001水平上显著，即父亲的受教育年限越长，子女越倾向于具有更低水平的平均主义公平观。父亲职位为中高层管理者的系数为-0.164，在0.001水平上显著，即相比于父亲为非中高层管理者的大学生，父亲为中高层管理者的大学生倾向于具有更低水平的平均主义公平观。在成长地方面，成长地为北上广深的系数为0.140，在0.001水平上显著，即与成长地为非北上广深的大学生相比，成长于北上广深的大学生具有更强的平均主义公平观。同时，成长地为农村的系数0.113，在0.01水平上显著，即与成长地为非农村的大学生相比，成长于农村的大学生也倾向于具有更强的平均主义公平观。

（四）父亲受教育水平越低且来自农村的大学生具有更强的扶弱主义公平观

扶弱主义公平观，即认为各项社会资源的分配应该实现人人均等的分配观念。表 7－3 中模型 4 是大学生扶弱主义公平观的多元线性回归结果。我们发现，年龄、家庭教育背景、家庭经济背景、成长地等因素对当代大学生的扶弱主义的分配公平观均有显著影响。

年龄的系数为 0.018，在 0.05 水平上显著，即年龄越大，大学生的扶弱主义公平观倾向越强。在家庭背景方面，父亲的受教育年限系数为－0.015，在 0.001 水平上显著，父亲的受教育年限越长，子女越倾向于具有更低水平的扶弱主义公平观。父亲的职位系数为－0.063，在 0.1 水平上显著（边缘显著），即相比于父亲为非中高层管理者的大学生，父亲为中高层管理者的大学生倾向于具有更低水平的扶弱主义公平观。在成长地方面，成长地为北上广深的系数为－0.075，在 0.05 水平上显著，即与成长地为非北上广深的大学生相比，成长于北上广深的大学生具有更弱的扶弱主义公平观。同时，成长地为农村的系数为 0.075，在 0.05 水平上显著，即与成长地为非农村的大学生相比，成长于农村的大学生倾向于具有更强的扶弱主义公平观。

五、结论与讨论

大学生涯是个人社会观形塑和固化的关键时期，而当代大学生是未来几十年中国社会发展的中流砥柱，所以深入剖析他们的社会观念非常必要。基于本文对我国当代大学生社会分配公平观的探析，可以得到如下结论。

第一，当代大学生的社会公平观是多维度的，并不仅仅聚集在“是否应该平均分配”这一单一维度上，其中包括竞争主义公平观、勉励主义公平观、平均主义公平观、扶弱主义公平观。虽然目前国内的既有文献对民众公平观的关注还停留在对收入平等的态度上，但事实上，观念本身并不是非黑即白的，而是复杂的、多维的，对于社会资源的分配并非只存在一条逻辑。

第二，作为当代大学生的四种主要的社会分配公平观，竞争主义公平观、勉励主义公平观、平均主义公平观和扶弱主义公平观背后分别存在不同的影响因素，不能统一而论。比如，大学生的性别对于竞争主义公平观、勉励主义公平观、平均主义公平观这三种公平观都具有显著影响，而对于扶弱主义公平观并不存在显著影响。而且，即便是对多种公平观均具有显著影响的变量，它对不同类型的公平观的作用方向也可能不同。比如，父亲的受教育年限对四种公平观均具有显著影响，但作用的方向存在差异。

第三，通过分析当代大学生四种主要的社会分配公平观的影响因素，我们可以发现，影响大学生社会分配公平观的客观因素主要集中于性别、年龄、父亲受教育年限、父亲职位以及主要成长地这五个方面。这说明，尽管大学生的社会公平观存在不同的维度，但是性别、年龄、家庭背景、成长背景是影响其社会公平观形成的最重要因素。

第四，当代大学生的分配公平观念中“竞争”与“扶弱”观念并存，即认为社会资源一定程度上应当向弱势群体倾斜，来保障弱势群体基本的资源获得，但同时认同社会资源的竞争性分配。这在一定程度上印证了克兰格和史密斯关于“分层信念”（stratification beliefs）的论述，人们对公平分配存在这样的社会共识：第一，每个社会成员都应该有权获得一定程度的最低收入；第二，很少有人会赞同收入分配上的完全平等，相反，多数人认为在保证每个社会成员都有权获得最低收入的前提下，剩余的社会财富应按个人贡献来分配（Kluegel & Smith，1981）。

参考文献

怀默霆：《中国民众如何看待当前的社会不平等》，《社会学研究》，2009 年第 1 期，第 96—120 页。

李骏、吴晓刚：《收入不平等与公平分配：对转型时期中国城镇居民公平观的一项实证分析》，《中国社会科学》，2012 年第 3 期，第 114—128 页。

李路路、唐丽娜、秦广强：《“患不均，更患不公”——转型期的“公平感”与“冲突感”》，《中国人民大学学报》，2012 年第 4 期，第 80—90 页。

李春艳：《高职院校大学生社会公平观研究》，《中国成人教育》，2015 年第 10 期，第 111—113 页。

李木柳、叶莉英：《大学生政治价值观的内涵及教育引导》，《高教论坛》，2014 年第 5 期，第 15—18 页。

李斌、岑延远：《大学生竞争意识与父母养育方式相关研究》，《中国临床心理学杂志》，2008 年第 2 期，第 192—194 页。

刘培伟：《干部征地何以成功：基于农民“结果至上”观念的视角——以 T 市 N 村为例》，《贵州社会科学》，2015 年第 10 期，第 154—159 页。

刘欣、胡安宁：《中国公众的收入公平感：一种新制度主义社会学的解释》，《社会》，2016 年第 4 期，第 133—156 页。

马磊、刘欣：《中国城市居民的分配公平感研究》，《社会学研究》，2010 年第 5 期，第 31—49 页。

孟天广：《转型期中国公众的分配公平感：结果公平与机会公平》，《社会》，2012 年第 6 期，第 108—134 页。

秦广强：《当代青年的社会不平等认知与社会冲突意识——基于历年“中国综合社会调查”数据分析》，《中国青年研究》，2014 年第 6 期，第 62—66 页。

泉水：《转型时期的社会心态变化》，《社会》，1994 年第 1 期，第 30 页。

史耀疆、崔瑜：《公民公平观及其对社会公平评价和生活满意度影响分析》，《管理世界》，2006 年第 10 期，第 39—49 页。

孙明：《市场转型与民众的分配公平观》，《社会学研究》，2009 年第 3 期，第 78—88 页。

沈明明：《中国公民意识调查数据报告》，社会科学文献出版社，2009 年。

谢宇：《认识中国的不平等》，《社会》，2010 年第 3 期，第 1—20 页。

张光等：《中国农民的公平观念：基于村委会选举调查的实证研究》，《社会学研究》，2010 年第 1 期，第 64—84 页。

张艳丽：《社会公平观在当今中国的转变》，《湖北社会科学》，2008 年第 4 期，第 32—34 页。

Guterbock, T. M. 1980. “The Unchanging Party System.” *Contemporary Sociology* 9 (5):

657 - 659.

Kluegel, J. R., and Smith, E. R. 1981. "Beliefs About Stratification." *Annual Review of Sociology* 7 (1): 29 - 56.

Ng, S. H., and Allen, M. W. 2005. "Perception Of Economic Distributive Justice: Exploring Leading Theories." *Social Behavior and Personality: An International Journal* 33 (5): 435 - 454.

Sabbagh, C., Erik H. Cohen, and Levy, S. 2003. "Styles of Social Justice Judgments as Portrayed by Partial-Order Scalogram Analysis: A Cross-Cultural Example." *Acta Sociologica* 46 (4): 323 - 338.

Sabbagh, C., Dar, Y., and Resh, N. 1994. "The Structure of Social Justice Judgments: A Facet Approach." *Social Psychology Quarterly* 57 (3): 244 - 261.

Sears, D. O., and Funk, C. L. 1991. "The Role of Self-Interest in Social and Political Attitudes." *Advances in Experimental Social Psychology* 24 (1): 1 - 91.

Wu, Xiaogang. 2009. "Economic Transition, School Expansion and Educational Inequality in China, 1990 - 2000." *Society* 28 (1): 91 - 108.

第八章　后物质主义：深刻转型

一、引言

后物质主义价值观首先由美国学者英格尔哈特（2017）在《静悄悄的革命——西方公众变化中的价值观和政治方式》一书中提出。英格尔哈特运用大量的经验证据表明，在西方发达工业国家里，大众的价值观念正在由“物质主义”向“后物质主义”转变。物质主义是指强调经济和物质安全优先性的价值观，后物质主义是指强调自我表现和生活质量的价值观；在后物质主义阶段，人们虽然仍关注社会、经济、政治上安全保障的价值，但他们明显增强了对自由、自我的表达，以及提高了对生活质量等非物质主义方面的要求。

英格尔哈特认为，后物质主义价值观的兴起会极大地改变一个国家的政治参与方式。首先，后物质主义价值观意味着公众的参政态度和方式会发生变化，持有后物质主义价值观的公众对政治有更深的理解与更大的兴趣，将不再满足于单纯的投票，渴望在政策形成过程中发挥重要作用。其次，后物质主义价值观的兴起有可能改变一个国家的政治结构，由于后物质主义更加强调生活质量，这就使得重视生活质量的左派政党将会得到公众的支持，将会在政治生活中扮演越来越重要的角色。后物质主义是当前西方政治文化研究的主要方向，英格尔哈特通过后物质主义理论作出的预测基本上都得到了很好的验证，该理论得到了学术界广泛的认可。

根据英格尔哈特的说法，后物质主义理论的成立依赖于两个假设，一是匮乏假设，二是社会化假设。所谓匮乏假设，人本主义心理学认为，每个个体都渴望自我实现，但是人们首先追求的必然是对自身最为紧迫的需求，只有当人们的生存和安全需求得到满足以后，个体才有可能去关注更深层次的、自我实现的需求。所谓社会化假设，是指个体的价值观形成会经过一个较长的过程，青年时期往往对个体的价值观形成具有重要作用，而个体成年时期的价值观则具有相对的稳定性。根据匮乏假设与社会化假设，随着青年一代逐渐成长起来，将使得一个国家的主流政治文化出现更替。改革开放以来，我国的经济得到了飞速发展，物质财富极大丰富，当代大学生大多出生在2000年前后，可以说并没有经历过物资匮乏的年代。根据匮乏假设，成长在物质充裕时代的大学生更容易持有后物质主义价值观。

后物质主义理论在中国是否适用，目前还没有得到确切的证明。后物质主义理论传入中国以后，很快在中国学术界得到了普遍运用。陶文昭（2008）认为，中国的后物质主义是局部的后物质主义，虽然一些地区的收入达到了很高水平，但是中国生产力发展水平总体上较低，人们的生活还不富裕，因此大量存在的是物质主义价值观；此外，中国后物质主义还存在巨大的代际差距。郭莲（2010）通过对比世界价值观调查和中国公众价值观调查的数据，认为中国公众在价值观上也发生了由“物质主义价值”向“后物质主义价值”的转变，而且这一转变带有明显的“代际差距”特点，验证了英格尔哈特“后物质主义”理论在分析中国的适用性。值得一提的是，英格尔哈特本人曾对中国的后物质主义价值观作出预测，他认为中国近十年内可能不会发生价值观的转型，但长期看还是会走上同其他国家一样的轨道，而这些转变最有可能发生在中国受教育程度比较高、比较年轻的一代人身上（英格尔哈特，2013）。在这种时候，关注大学生的价值观转变模式显得更为重要。

根据英格尔哈特的后物质主义理论，持有后物质主义价值观的个体更倾向于自我表现。在英格尔哈特看来，自我表现价值是一种文化范畴，由于大众的生存得到有效保障，他们不再敌视群体外的人，反而强调重视自己，自我依赖，自我表达，自我创造。英格尔哈特还认为，自我表现价值会随着社会经济的发展而变化，经济的增长会带来日益增长的生存安全，进而导致自我表现价值以及个人主义的日益增长，个体会越来越强调个人自主选择权。

目前，国内学术界对大学生意见表达的研究主要集中在网络领域，对大学生线上意见表达研究较多，但是对大学生线下意见表达研究较少。李冉（2012）认为，大学生参与网络意见表达的过程，在一定程度上是对他们民主参与和现代平等、自由观念的培养。郑舒翔（2017）认为，随着公民权利意识的崛起，大学生群体较之以往更加注重自我意见表达，而利用微博充分表达自我见解亦是其必然的诉求。黄京华（2012）通过对比大学生线上和线下表达频率，认为90后大学生在现实生活中坚持表达自己观点的程度最高。而吕少德（2010）则认为，“80后”大学生对公平与民主的强烈要求及其敢于表达自己意见等特点决定了他们有极强的表达欲望，希望通过意见表达来宣泄对现实的不满和实现自身的民主诉求。

本文对大学生后物质主义价值观的测量沿用英格尔哈特的经典测量方法，具体测量问题为：

下列选项中，哪两项是您最想要的？

选项共有四个：1. 维持国家秩序；2. 让人民在政府决策中有更多发言权；3. 抵制物价上涨；4. 捍卫言论自由。

根据英格尔哈特的测量方法，选择1、3选项的个体更注重安全与经济方面的价值，因此被定义为物质主义者。选择2、4选项的个体更注重自我表达与超物质价值，因此被定义为后物质主义者。选择其他选项组合的个体由于同时包含了物质主义因素与后物质主义因素，因此被定义为混合类型。

本文对大学生意见表达的测量采用以下问题：

Q1. 如果我的意见与周围大多数人不同，我通常会避免表达自己的观点；

Q2. 我只会对要好的朋友或者我特别信任的人表达我的真实想法；

Q3. 我感到很难向意见与我相反的人直接表达自己的观点；

Q4. 我只有觉得真能帮助解决问题时才会表达自己的意见。

每个问题的答案设置为1—5分，其中1分为非常符合，5分为非常不符合，得分越高表示在该问题上的意见表达倾向越强。

在试调查中，本文编制的发展效能感量表的信度和效度都得到了良好的检验。该量表的 Alpha 信度系数为 0. 62，六个问题之间具有较高的一致性，量表信度较好。通过主成分因子分析，本量表提取了 1 个公因子，累积贡献率达到了 54. 8%，能够对大学生发展效能感作出较为准确的测量。

二、985 综合类高校更容易培养后物质主义者

（一）学校类型与后物质主义价值观

根据社会化理论，价值观主要形成于青少年时期，具有相对稳定性。当前大学生大多属于“90 后”甚至“00 后”，不仅成长于物质丰裕的时代，而且大学阶段正是个体价值观形成的关键时期。当代大学生成长起来以后，将逐渐成为国家建设的主力军，当代大学生价值观的现状很有可能代表了社会价值观的未来，对当代大学生价值观的研究意义重大。

关于学校类型与价值观的关系，由于后物质主义价值观研究在中国刚刚兴起，目前还没有学者对这一问题进行过探讨。但是，已有的研究表明，由于不同层次学校在师资力量、办学传统、生源质量上存在差别，学校层次会对大学生的价值观带来一定的影响。吴小云（2012）认为，当代大学生核心职业价值观表现出来的特点可能受到时代、地域、高校类型、专业等影响。石庆新（2017）通过实证研究认为，当前大学生对于历史功绩史实的认知还较为缺乏，在历史功绩认同的特征上表现为重点高校弱于普通高校，大二学生显著弱于其他年级的学生。赵美容（2016）通过研究认为，硕士研究生职业价值观在不同高校类型上存在差别，普通高校的学生和重点高校的学生职业价值取向有一定的差异。因此，我们有理由认为学校类型会对大学生的价值观类型带来影响。

（二）大学生中后物质主义者多于物质主义者

首先，为了对大学生价值观类型有一个直观的认识，本文对大学生群体的物质主义者、后物质主义者与混合类型进行了描述统计，具体分析结果见表 8 - 1。

表 8-1　大学生的价值观类型分布

类　型	频　数	百分比
物质主义者	881	15.5%
后物质主义者	1 062	18.7%
混合类型	3 752	62.7%
合计	5 695	100%

从表 8-1 可以发现，当代大学生的价值观类型以混合类型为主，占比 62.7%，说明当代大学生群体还没有大规模成为后物质主义者。其次为后物质主义者，占比为 18.7%，说明已经有小部分的大学生群体转变成为后物质主义者。在此次调查中，占比最少的是物质主义者，只有 15.5%，少于后物质主义者，说明后物质主义理论在中国具有一定的适用性。在物质充裕年代成长起来的大学生越来越不注重以经济和安全为取向的物质价值。

其次，由于研究的是不同的大学类型对大学生价值观的影响，因此本文对不同的大学样本进行分类描述统计。根据目前国内教育界比较通用的大学分类标准，本文将国内的高校分为 985 综合类高校、985 非综合类高校、一般综合类高校与一般非综合类高校四种。在此基础上，本文对此次调查的样本进行分类描述统计，具体结果见表 8-2。

表 8-2　样本学校类型分布

学校类型	频　数	百分比
985 综合类高校	1 415	20.9%
985 非综合类高校	345	5.1%
一般综合类高校	1 494	22.1%
一般非综合类高校	3 505	51.9%

从表 8-2 可以发现，此次调查的大学生样本最多的为一般非综合类高校，共有 51.9% 的样本来自此类高校。其次为一般综合类高校，共有 22.1% 的样本来自此类高校。再次为 985 综合类高校，共有 20.9% 的样本来自此类高校。样

本数最少的为985非综合类高校，只有5.1%的样本来自此类高校。本次调查的样本结构符合当前国内的高校学生结构，说明样本具有很好的代表性。

（三）985综合类高校更容易培养后物质主义者

后物质主义价值观研究在国内学术界兴起以后，有不少学者都对后物质主义价值观的影响因素进行了探究。已有的研究认为，经济发展、对外开放、福利国家以及独生子女都是影响后物质主义价值观的重要因素。

姜祚（2009）认为，后物质主义价值观与经济发展水平之间具有正相关联系，越富裕的国家后物质主义价值观所占的比例越高，中国的人均国民收入在2006年就已达到2010美元，依惯例已超过后物质主义的临界点，从理论上讲后物质主义价值观早已在中国出现。任军锋（2003）认为，福利国家政策使公众不必为市场波动、经济周期给自身的生存可能带来的损失而忧虑，增强了人们心理上的安全感，改变了人们在政治议题上的价值取向，使人们有可能将更多的注意力集中在后物质主义的议题上。

陶文昭（2008）认为，中国实行计划生育政策，城市家庭基本只生育一个孩子，父母供养孩子的减少进一步提高了孩子的生活水平，使得他们表现出更多的对各种非物质因素的追求，此外，中国的对外开放使得中国受到全球化社会价值观的影响，城市青年人处在一个前所未有的开放环境中，更容易受到后物质主义价值观的影响。

为了分析影响大学生后物质主义价值观的不同因素，本文以非后物质主义的价值观作为参照，构建了非后物质主义价值观与后物质主义价值观的二元逻辑回归模型。根据前人的研究以及经验观察，本文将性别、是否独生子女、政治面貌、是否老生、父亲职位、成长地、年龄以及父亲受教育年限作为控制变量，将高校类型作为关键自变量纳入模型。回归分析结果见表8－3。

从表8－3的回归分析结果可以发现，政治面貌、是否老生、成长地以及高校类型对大学生的后物质主义价值观有显著影响。

表8－3　学校类型与后物质主义价值观逻辑回归结果（后物质主义价值观=1）

	系数 （标准差）
控制变量	
性别 男性	−0.09 (0.07)
是否独生子女 独生子女	0.00 (0.74)
政治面貌 党员	−0.37* (0.15)
是否老生 老生	0.27** (0.10)
父亲职位 中高层管理者	−0.08 (0.09)
成长地a 北上广深	−0.08 (0.10)
成长地b 农村	−0.27** (0.10)
年龄	−0.02 (0.02)
父亲受教育年限	−0.05 (0.02)
解释变量	
学校类型 985综合类高校	0.20* (0.09)
985非综合类高校	−0.11 (0.17)

（续　表）

	系数 （标准差）
一般综合类高校	0.11 （0.09）
-2 Log likelihood	5 260.23
N	4 817

注：1. 显著性水平：* p<0.05，* p<0.01，*** p<0.001；

2. 性别、是否独生子女、政治面貌、是否老生、父亲职位、成长地 a、成长地 b、学校类型的参照组分别为“女性”“非独生子女”“非党员”“新生”“非中高层管理者”“非特大城市地区”“城市”和“一般非综合类高校”。

相对于非后物质主义价值观，政治面貌对大学生后物质主义价值观有显著影响，回归系数为-0.37，显著性小于0.05，党员更不容易成为后物质主义者。是否老生对大学生后物质主义价值观有显著影响，回归系数为0.27，显著性小于0.01，老生更有可能成为后物质主义者。成长地对大学生后物质主义价值观有显著影响，回归系数为-0.27，显著性小于0.01，相对于城市来说，成长地是农村的大学生更不容易成为后物质主义者。学校类型对大学生后物质主义价值观有显著影响，相对于一般非综合类高校，985综合类高校的回归系数为0.2，显著性小于0.05，说明985综合类高校的大学生更有可能成为后物质主义者。985非综合类高校、一般综合类高校对学生后物质主义价值观的影响与一般非综合类高校没有显著区别。

（四）结论：985综合类高校更容易培养后物质主义者

后物质主义价值观是英格尔哈特提出来的一个重要概念，它指的是人们强调自我表现和生活质量的价值观。伴随着一国经济的发展，后物质主义价值观将逐渐替代传统的强调经济和安全的物质主义价值观，进而推动一国政治文化的转型以及政治生活的变迁（Inglehart，2013：1-7）。

当代大学生大多出生在20世纪90年代末，他们大多成长在改革开放后物质财富相对充裕的年代。根据英格尔哈特的理论，在当代大学生身上将发生深刻的价值观转型，进而影响到我国的政治文化以及政治生活的变迁。本文通过对当代大学生的描述统计以及回归分析，研究了当代大学生的价值观类型及其影响因素。

研究发现，当代大学生的价值观处于深刻的转型阶段。混合类型是当代大学生价值观的主要类型，这部分大学生既强调物质主义价值观，又强调非物质主义价值观，他们既没有放弃对物质主义价值的追求，也对非物质主义价值充满渴望。此外，在此次调查中，本文发现当代大学生中的后物质主义者已经远远超过了物质主义者，后物质主义价值观已经在大学生群体中逐渐普及开来。当代大学生已经逐渐开始脱离追求物质主义价值的阶段，转而追求非物质主义的价值。可见，英格尔哈特的后物质主义理论在中国存在一定程度的适用性，在物质充裕年代成长起来的大学生已经逐渐转向追求后物质主义价值观。

此外，本文还分析了高校类型对大学生后物质主义价值观的影响。研究发现，控制变量中的政治面貌、是否老生以及成长地对大学生的后物质主义价值观存在显著影响，解释变量中的高校类型对大学生的后物质主义价值观存在影响。党员比非党员更不容易持有后物质主义价值观，党员大学生比非党员大学生在价值追求层面更加“务实”。

老生比新生更容易持有后物质主义价值观，说明高校在培养学生后物质主义价值观方面存在明显效果。在农村成长的大学生更不容易持有后物质主义价值观。农村的经济条件相对于城市而言普遍较差，成长地在农村的大学生更不容易持有后物质主义价值观，该发现验证了英格尔哈特的后物质主义理论。

此外，关键自变量中的高校类型对后物质主义价值观存在显著影响，985综合类高校的学生比一般非综合类高校的学生更容易持有后物质主义价值观，985 综合类高校在培养大学生后物质主义价值观方面存在优势。

综上，老生比新生更容易持有后物质主义价值观，我们认为高校在培养学生非物质主义价值观方面存在一定效果。985 高校的大学生更容易持有后物质主义价值观，可能是与这部分高校的思想环境更加自由、活跃、开放与多元有关，在其中耳濡目染的大学生因此更容易持有后物质主义价值观。

三、持有后物质主义价值观的大学生表达意愿更强

（一）后物质主义价值观与大学生意见表达

大学生意见表达是指大学生在与他人交往以及公共生活中公开表达自己意见的行为。有研究者指出，意见表达与舆论紧密相连，既关乎民众的利益诉求，也关乎国家的和谐发展以及民主化进程，民众充分的意见表达可以促进社会问题的解决，推动社会进步（廖圣清，2010）。由于意见表达在公共生活的地位非常重要，学术界对意见表达的研究也一直长盛不衰，其中最有影响力的理论要数诺依曼的“沉默的螺旋”理论，以及英格尔哈特的自我表现价值理论。

诺艾尔-诺依曼（2010）认为，人们因为害怕被孤立，发表意见的时候，会努力地去了解大多数人所持的意见；如果自己的意见和大多数人的意见不一致，为了避免由于意见冲突所带来的被孤立，会选择不发表自己的意见。如果自己的意见跟大多数人的意见相一致，会积极地发表意见，以显示自己和大家是一致的。人们越是如此估计意见的趋势并调整自己的看法，某一派的观点则越显得占尽风头，而其他派别的观点则越是走下坡路。因此，一派大声喧嚣而其他派沉默寡言的趋势演变成一个螺旋过程，并且不断地将前者推成主流观点（诺依曼，2010）。廖圣清（2010）也认为，大学生出于归属的需要和对孤独的恐惧，他们往往会不断评估周边的同学接受什么样的观点，从而选择自己的意见表达方式。

除了“沉默的螺旋”理论，英格尔哈特的自我表现理论是研究意见表达的另一个重要理论。在英格尔哈特（2017）看来，自我表现价值是一种文化范畴，由于大众的生存得到有效保障，他们不再敌视群体外的人，反而强调重视自己，强调自我依赖、自我表达、自我创造。英格尔哈特（2017）还认为，自我表现价值会随着社会经济的发展而变化，经济的增长会带来日益增长的生存安全，进而导致自我表现价值以及个人主义的日益增长，个体会越来越强调个人自主选择权。

本小节将以“沉默的螺旋”理论以及自我表现价值观理论为参考，探索大学生后物质主义价值观与现实意见表达的关系。

（二）当代大学生表达意愿整体较强

首先，为了从整体上描述当代大学生意见表达倾向的状况，本文首先对意见表达倾向的四个指标分别进行描述统计，分析结果见表 8-4。

表 8-4　大学生表达倾向描述统计

变　量	有效样本	均　值	标准差
Q1	6 657	2.97	1.06
Q2	6 643	2.31	1.10
Q3	6 632	2.85	1.21
Q4	6 635	2.46	1.07

从表 8-4 的统计结果可以发现，90 后大学生群体表达倾向在整体上处于中等水平。其中，第一个指标的均值最高，得分为 2.97，说明大多数大学生在意见表达时容易受到他人影响。均值最低的是第二个指标，得分为 2.31，说明大学生群体更倾向于在自己熟悉的小圈子内表达意见。总体来看，当代大学生意见表达倾向水平一般，易受到他人意见的影响。

为了对大学生发展效能感进行深入的研究，本文将大学生意见表达倾向量表的四个指标综合为意见表达倾向指数。具体操作分为三步。首先，对意见表达倾向量表进行主成分因子分析，算出每个指标的因子载荷。第二，将每个指标的因子载荷作为权重，对每个个案的六个指标进行加权。第三，对加权后的指标得分进行加总，求出每个个案在意见表达倾向指数上的得分。

为了求出每个指标对意见表达倾向指数的贡献度，本文首先对意见表达倾向量表进行了主成分因子分析，因子分析结果见表 8-5。

通过对意见表达倾向量表的主成分因子分析，本文提取了一个公因子，这说明发展效能感量表具有良好的效度。该公因子累积解释了 54.8%的方差，本文将其命名为意见表达倾向因子，量表的信度效度较好，能够对大学生的意见表达倾向作出有效测量。

表8－5 因子分析结果

变 量	因子载荷
Q1	0.71
Q2	0.71
Q3	0.72
Q4	0.72

本文通过因子分析求出了每个指标的因子载荷，接下来根据因子载荷对每个指标进行了加权，通过对加权后的分数求和，计算出了每个个案的意见表达倾向得分，得出了意见表达倾向指数。对大学生意见表达倾向指数的描述统计结果见表8－6。

表8－6 大学生表达倾向指数

变 量	有效样本	均 值	标准差
大学生表达倾向指数	6 603	7.57	2.22

从表8－6可以发现，当代大学生意见表达倾向指数的均值为7.57，标准差为2.22，说明当代大学生意见表达倾向水平总体一般，大学生群体的意见表达容易受到外界环境的影响。

（三）持有后物质主义价值观的大学生表达倾向更强

目前学术界对影响大学生意见表达的因素研究较多，已有的研究表明，学校因素、家庭因素、人口学因素、社会资本因素都会对大学生的意见表达产生影响。胡子祥（2006）的研究表明，专业、年级和学习成绩等个人基本属性会影响大学生的意见表达。廖圣清（2010）的研究表明，性别、文理分科、年级、月消费水平、电脑以及手机使用会影响大学生对国家政治问题和民生问题发表意见。虞鑫（2014）的研究表明，大学生桥梁式社会资本越高，公开表达意愿越强，纽带式社会资本越高，公开表达意愿越弱，大学生在现实生活和社交网络中的意见表达，受到自我审查意愿的影响。此外，根据英格尔哈特的后物质主义理论，自我表现价值观的转变与经济高度繁荣有关，经济的发展会带来大学生自我表现价值观的发展。

为了分析影响大学生意见表达倾向的不同因素，本文将大学生意见表达倾向指数作为因变量构建线性回归模型。根据前人的研究以及经验观察，本文将性别、是否独生子女、政治面貌、是否老生、父亲职位、成长地、年龄以及父亲受教育年限作为控制变量，将大学生的价值观类型作为解释变量纳入模型。回归分析结果见表 8－7。

表 8－7　后物质主义与大学生表达倾向的多元线性回归分析（OLS）

	模型 1	**模型 2**
控制变量		
性别 男性	−0.11 (0.06)	−0.10 (0.07)
是否独生子女 独生子女	0.14* (0.07)	0.13* (0.07)
政治面貌 党员	0.17 (0.12)	0.22 (0.13)
是否老生 老生	−0.33*** (0.08)	−0.37*** (0.09)
父亲职位 中高层管理者	0.01 (0.08)	0.03 (0.09)
成长地 a 北上广深	−0.06 (0.09)	−0.06 (0.10)

（续　表）

	模型 1	模型 2
成长地 b 农村	0.02 (0.08)	0.01 (0.09)
年龄	-0.01 (0.02)	-0.01 (0.02)
父亲受教育年限	-0.02 (0.01)	-0.02 (0.01)
解释变量		
价值观类型 后物质主义 物质主义		0.17* (0.07) -0.30** (0.09)
截距	9.30*** (0.43)	9.28*** (0.46)
N R^2 $adjR^2$	5 857 0.005 0.003	5 021 0.009 0.007

注：1. 显著性水平：* $p<0.05$，** $p<0.01$，*** $p<0.001$；

2. 性别、是否独生子女、政治面貌、是否老生、父亲职位、成长地 a、成长地 b、价值观类型的参照组分别为“女性”“非独生子女”“非党员”“新生”“非中高层管理者”“非特大城市地区”“城市”和“混合类型”。

从表 8－7 的回归分析结果可以发现，在所有控制变量中，是否独生子女、是否老生对大学生的意见表达倾向具有显著影响，性别、政治面貌、父亲职位、成长地、年龄、父亲受教育年限对大学生的意见表达倾向没有显著影响。是否独生子女对大学生的意见表达倾向具有显著影响，回归系数为 0.13，显著性小于 0.05，独生子女比非独生子女有更强的意见表达倾向。是否老生对大学生的意见表达倾向具有显著影响，回归系数为-0.37，显著性小于 0.001，新生比老生有更强的意见表达倾向。关键解释变量价值观类型对大学生意见表达倾向具有显著影响，持有后物质主义价值观的大学生比持有混合类型价值观的大学生有更强的意见表达倾向，回归系数为0.17，显著性小于0.05。持有物质主义价值观的大学生比持有混合类型价值观的大学生意见表达倾向更弱，回归系数为-0.3，显著性小于0.01。英格尔哈特的自我表现价值观理论得到了证实。

（四）结论：后物质主义者表达倾向更强

大学生意见表达是指大学生在日常生活中向他人公开表达自己意见的行为，意见表达既关乎民众利益诉求，又关乎国家的和谐发展与政治发展。“沉默的螺旋”理论认为，大学生意见表达会受到主流意见的影响，大学生的意见表达会受到从众心理的影响。自我表现价值理论认为，持有后物质主义价值观的大学生更加注重独立自主，更倾向于表达自身的意见。

本文通过构建大学生意见表达倾向指数，探索了当代大学生意见表达倾向的现状，同时通过回归分析研究了影响大学生意见表达倾向的因素。研究发现，当代大学生的意见表达倾向水平中等。当代大学生在表达自我意见方面并不十分积极，容易受到他人意见以及主流舆论的影响，“沉默的螺旋”理论在当代大学生群体当中存在一定程度的适用性。

此外，通过回归分析发现控制变量中的是否独生子女、是否老生对大学生的意见表达倾向存在显著影响。独生子女比非独生子女有更高的意见表达水平。独生子女在家庭成长过程中有着更高的独立性，在意见表达过程中没有兄弟姐妹的制约，可能比非独生子女有更高的意见表达倾向。老生比新生的意见表达水平更低，说明随着高校教学进程的深入，大学生开始逐渐审慎地对待自己的观点，更不容易表达自己的观点。

价值观类型对大学生的意见表达倾向存在显著影响。持有后物质主义价值观的大学生意见表达倾向水平更高，持有物质主义价值观的大学生意见表达倾向水平更低，该发现验证了后物质主义价值观理论。持有后物质主义价值观的大学生更加独立自主，更加重视自身的意见表达。

四、结论与讨论：大学生后物质主义价值观的兴起

本文通过对当代大学生后物质主义价值观以及表达倾向的研究，详细描述了当代大学生后物质主义价值观的现状，检验了后物质主义价值观与大学生表达倾向之间的关系。总体来看，当代大学生群体中后物质主义者超过物质主义者，持有后物质主义价值观的大学生表达倾向更强。

通过对当代大学生后物质主义价值观的研究发现，当代大学生的价值观处于深刻的转型阶段。混合类型是当代大学生价值观的主要类型，这部分大学生既强调物质主义价值观，又强调非物质主义价值观，他们既没有放弃对物质价值的追求，也对非物质主义价值充满渴望。从物质主义者与后物质主义者的对比上来看，当代大学生中的后物质主义者的数量已经远远超过了物质主义者，后物质主义价值观已经在大学生群体中逐渐普及开来。此外，本文还发现 985 高校的大学生更容易持有后物质主义价值观，这可能与 985 高校的思想环境更加自由、活跃、开放与多元有关，在其中耳濡目染的大学生因此更容易持有后物质主义价值观。英格尔哈特的后物质主义理论在中国存在一定程度的适用性，在物质充裕年代成长起来的大学生已经逐渐转向追求后物质主义价值观。

根据英格尔哈特的后物质主义理论，后物质主义者比物质主义者拥有更强的表达倾向，本书检验了大学生群体中后物质主义价值观与表达倾向之间的关系。研究发现，当代大学生的意见表达倾向总体较强。价值观类型对大学生的意见表达倾向存在显著影响。持有后物质主义价值观的大学生意见表达倾向更强，持有物质主义价值观的大学生意见表达倾向更弱。持有后物质主义价值观的大学生更加独立自主，更加重视自身的意见表达，该发现验证了后物质主义价值观理论。

通过对当代大学生群体后物质主义价值观的研究，本文发现当代大学生群体中后物质主义者的数量已经超过物质主义者。虽然当代大学生的价值观仍然以混合类型为主，但是大学生群体的价值观已经处于深刻的转型之中。当代大

学生大多是 90 后与 00 后，普遍成长于物质充裕的年代，物质条件上的安定无忧使得他们不再强调物质主义价值观。此外，由于生存环境良好，当代大学生更加强调自我实现的价值，持有后物质主义价值观的大学生表达倾向更强。

参考文献

郭莲：《中国公众近年价值观的变化——由“物质主义价值”向“后物质主义价值”转变》，《学习论坛》，2010 年第 10 期，第 61—64 页。

黄京华、赵晓初、钟活灵：《九零后大学生的网络认知定势对其微博应用的影响》，《中国传媒大学学报》，2012 年第 4 期，第 99—104 页。

胡子祥：《当代大学生社会参与意识的实证研究》，《中国青年研究》，2006 年第 5 期，第 35—39 页。

姜祚：《浅析“80 后”的后物质主义价值观取向》，《潍坊工程职业学院学报》，2009 年第 4 期，第 17—18 页。

廖圣清：《上海市民的意见表达及其影响因素研究》，《新闻大学》，2010 年第 2 期，第 41—49 页。

李冉：《对大学生网络舆论参与能力的思考》，《教育与职业》，2012 年第 2 期，第 48—50 页。

吕少德：《“80 后”大学生民主诉求初探——以赴四川某市“西部计划”志愿服务队为例》，《广东青年职业学院学报》，2010 年第 4 期，第 14—16 页。

任军锋：《后工业・后物质・政党——以北欧五国政治文化变迁为中心》，《欧洲研究》，2003 年第 6 期，第 45—62 页。

石庆新：《当代大学生政党认同研究》，中国地质大学，2017 年。

陶文昭：《后物质主义及其在中国的发轫》，《毛泽东邓小平理论研究》，2008 年第 6 期，第 81—83 页。

吴小云：《兴趣、发展与收入：当代大学生核心职业价值观》，《经济导刊》，2012 年第 1 期，第 48—49 页。

虞鑫、王义鹏：《社交网络环境下的大学生公开意见表达影响因素研究》，《中国青年研究》，2014 年第 10 期，第 97—104 页。

英格尔哈特：《静悄悄的革命》，上海人民出版社，2017年。

英格尔哈特：《中国尚未进入后物质主义价值观阶段》，《人民论坛》，2013年第27期，第50—51页。

英格尔哈特：《现代化与后现代化》，社会科学文献出版社，2013年。

赵美容：《硕士研究生职业价值观的初步研究》，西南大学，2016年。

郑舒翔：《新媒体视域下微博对大学生价值观培育的路径探析》，《教育评论》，2017年第4期，第102—105页。

Noelle-Neumann E. 2010. "The Spiral of Silence A Theory of Public Opinion". *Journal of Communication* 24（2）：43－51.

第四编　青年人的社会感受

第九章　发展效能感：未来可期

一、引言

发展效能感是自我效能感在生涯发展方面的体现，是指个体对梦想和希望的看法，以及对自身未来发展状况的预期（邢婷婷、侯邵勋，2015）。发展效能感影响个体对自我发展的预期，会对个体当前的心态和努力程度带来影响。对大学生发展效能感的研究有重要的现实意义和理论意义，本文认为，把握发展效能感必须把握三点。第一，发展效能感是自我效能感的一种，是自我效能感在生涯发展预期方面的具体反映。第二，生涯信心是理解发展效能感的关键，发展效能感本质上是生涯信心的外在表现。第三，发展效能感是面向未来的效能感，不是对当前或者过去的归因，而是对未来的一种预期。

发展效能感是自我效能感的一种。自我效能感是班杜拉在 1977 年提出的概念，他认为人们对其能力的判断在其自我调节系统中起主要作用，并由此提出自我效能感这一概念，自我效能感是指人们对自己实现特定领域行为目标所需能力的信心或信念（班杜拉，2002）。自我效能感提出以后，这一概念被心理学、组织行为学广泛引用。国内外众多研究证明，自我效能感对于提高工作绩效、增强工作动机、改善工作态度有重要意义（陈海峰，2013）。一般自我效能感提出以后，由于个体面临的行动情景不同，研究者因此提出了一系列的效能感概念，例如学业自我效能感、管理自我效能感、政治效能感等。发展效能感作为自我效能感的一种，是自我效能感在生涯发展预期领域的具体应用。

生涯自信是理解发展效能感的第二个关键。所谓生涯自信，是大学生对自身职业生涯的信心。对大学生生涯自信的研究目前主要集中在大学生生涯适应力方面，最早见于台湾学者吴淑琬编制的大学生生涯适应力问卷，该问卷涵盖了生涯关注、生涯控制、生涯好奇和生涯自信四个维度（吴淑琬，2008）。根据凌斌的定义，生涯自信指的是成功获得职业目标，克服挫折和问题的信念。该文认为，生涯自信是大学生发展效能感的内涵，发展效能感本质上是生涯自信的外在表现（凌斌，2017）。

对大学生发展效能感的研究有重要的现实意义和理论意义。第一，大学生发展效能感决定了大学生对学业活动的选择以及对该活动的坚持性。第二，大学生发展效能感影响大学生在面对生涯困境时的态度。第三，大学生发展效能感影响大学生学业和职业新行为的习得。第四，大学生发展效能感影响大学生在从事学业活动和职业活动时的情绪。

目前学术界对发展效能感的研究还相对薄弱，还没有相应的量表对发展效能感进行测量。结合一般自我效能感量表与大学生生涯适应量表，本研究编制了大学生发展效能感量表。该量表由以下六个描述构成。

Q1. 长远看来，努力工作通常能够带来更好的生活。

Q2. 我完全可以选择和掌握自己的生活。

Q3. 我预期未来会有令自己满意的经济收入。

Q4. 我觉得完全有可能实现自己的奋斗目标。

Q5. 我的未来充满希望，我确信事情会朝好的方向发展。

Q6. 社会环境为我实现梦想提供了良好的条件。

被访者根据同意程度对每种说法进行打分，分数区间为 1 到 5 分，1 分为强烈不同意，5 分为强烈同意，分数越高，发展效能感越高。

在试调查中，本文编制的发展效能感量表的信度和效度都得到了良好的检验。该量表的 Alpha 信度系数为 0.86，六个问题之间具有较高的一致性，量表信度较好。通过主成分因子分析，本量表提取了 1 个公因子，累积贡献率达到了 61.34%，该量表的效度较好，能够对大学生发展效能感作出较为准确的测量。

二、发展效能感小幅增长

（一）满怀憧憬的当代大学生

首先，为了从整体上描述当代大学生发展效能感的状况，本文首先对发展效能感的六个指标分别进行描述统计，分析结果见表9－1。

表9－1　大学生发展效能感描述统计

变　　量	有效样本	均　值	标准差
努力工作能带来好生活	6 669	4.01	0.86
我可以掌握自己的生活	6 659	3.54	0.93
我预期会有满意的收入	6 649	3.70	0.86
我可以实现奋斗目标	6 652	3.75	0.85
我的未来充满希望	6 662	3.91	0.83
社会环境提供了良好条件	6 659	3.63	0.91

从表9－1中可以发现，当代大学生的发展效能感水平总体较高，每一个指标的均值都超过3.5分（总分为5分），这说明当代大学生总体上对自己的未来充满信心。其中均值最高的是第一个指标，为4.01，说明多数大学生相信努力工作能够带来更好的生活。得分最低的是第二个指标，为3.54分，说明虽然大多数的大学生感到能够完全掌握自己的生活，但是仍然有少部分大学生对自己的生活产生了一定程度的无力感。总体来说，当代大学生发展效能感水平较高，大学生群体对自身的发展充满信心。

（二）大学生发展效能感小幅增长

为了分析两年来大学生发展效能感的变化情况，本文对大学生发展效能感各个指标两年来均值的变化情况进行了独立样本T检验，具体结果见表9－2。

表 9-2　两年来大学生发展效能感变化情况

变　　量	2015 年均值	2017 年均值	均值变化	T　值
努力工作能带来好生活	3.95	4.01	+0.06	-4.11***
我可以掌握自己的生活	3.34	3.54	+0.20	-12.10***
我预期会有满意的收入	3.66	3.70	+0.04	-2.42*
我可以实现奋斗目标	3.72	3.75	+0.03	-2.2*
我的未来充满希望	3.91	3.91	—	0.54
社会环境提供了良好条件	3.40	3.63	+0.23	-14.31***

注：显著性水平：* $p<0.05$，** $p<0.01$，*** $p<0.001$。

从表 9-2 可以发现，2017 年大学生发展效能感除了第五个指标“我的未来充满希望”均值与 2015 年持平外，其他所有指标的均值都实现了不同程度的增长。变化最大的是第六个指标，均值增长了 0.23，T 检验的显著性小于 0.001，说明越来越多的大学生相信外部发展环境越来越好，能够为自身的发展提供良好的条件。其次增长最快的是第二个指标，均值增加了 0.2，显著性小于 0.001，说明越来越多的大学生觉得能有效掌控自己的生活。五个指标的均值同时实现了不同程度的增长，这说明两年来大学生发展效能感水平在不断地提高，大学生对自身的未来发展越来越有信心。

（三）发展效能感指数

为了对大学生发展效能感进行深入的研究，本文将大学生发展效能感量表的六个指标综合为发展效能感指数。具体操作分为三步。首先，本文对发展效能感量表进行主成分因子分析，算出每个指标的因子载荷。第二，将每个指标的因子载荷作为权重，对每个个案的六个指标进行加权。第三，对加权后的指标得分进行加总，求出每个个案在发展效能感指数上的得分。

为了求出每个指标对发展效能感指数的贡献度，本文首先对发展效能感量表进行了主成分因子分析，因子分析结果见表 9-3。

表9-3　因子分析结果

变　　量	因子载荷
努力工作能带来好生活	0.52
我可以掌握自己的生活	0.65
我预期会有满意的收入	0.78
我可以实现奋斗目标	0.82
我的未来充满希望	0.80
社会环境提供了良好条件	0.66

通过对发展效能感量表的主成分因子分析，本文提取了一个公因子，这说明发展效能感量表具有良好的效度。该公因子累积解释了58.1%的方差，本文将其命名为发展效能感因子，量表的信度效度较好，能够对大学生的发展效能感作出有效测量。

通过因子分析求出了每个指标的因子载荷，接下来根据因子载荷对每个指标进行了加权，通过对加权后的分数求和，计算出了每个个案的发展效能感得分，得出了发展效能感指数。对大学生发展效能感指数的描述统计结果见表9-4。

表9-4　大学生发展效能感指数

变　量	有效样本	均　值	标准差
发展效能感指数	6 582	15.89	2.83

从表9-4可以发现，当代大学生发展效能感指数的均值为15.89，标准差为2.83，说明当代大学生发展效能感水平总体较高，大学生群体基本上对自身的未来发展充满信心。

三、家庭社会经济地位更高的大学生发展效能感更强

由于学术界目前对大学生发展效能感的研究还不够深入，目前还没有研究

指明影响大学生发展效能感的相关因素。但是，发展效能感作为一般自我效能感的一种，本文有理由认为影响一般自我效能感的因素同样会对发展效能感带来影响。已有的研究表明，性别、年级、学校层次、互联网使用都会对大学生的一般自我效能感带来影响。陈俐的研究表明，男大学生的一般自我效能感要优于女大学生。韩力争（2011）的研究表明，年级越高的学生自我效能感越强。陈俐（2004）的研究表明，重点高校的大学生自我效能感要优于普通高校的大学生。林良华的研究表明，病态使用互联网会对大学生的一般自我效能感带来负面影响（林良华，2009）。

为了分析影响大学生发展效能感的不同因素，本文将发展效能感指数作为因变量构建了多元线性回归模型。根据前人的研究以及经验观察，本书将性别、是否独生子女、政治面貌、是否老生、父亲职位、成长地、年龄以及父亲受教育年限作为自变量纳入模型。回归分析结果见表9－5。

表9－5　大学生发展效能感影响因素的多元线性回归分析

	回归系数 （标准差）
性别 男性	0.19** （0.07）
是否独生子女 独生子女	−0.07 （0.07）
政治面貌 党员	0.39** （0.14）
是否老生 老生	−0.49*** （0.09）
父亲职位 中高层管理者	0.22* （0.10）

（续　表）

	回归系数 （标准差）
成长地 a 北上广深	−0.06 （0.10）
成长地 b 农村	0.01 （0.10）
年龄	0.13*** （0.02）
父亲受教育年限	0.03** （0.01）
常数项	13.48*** （0.46）
N	6 218
R^2	0.014
$adjR^2$	0.013

注：1. 显著性水平：* $p<0.05$，** $p<0.01$，*** $p<0.001$；

2. 性别、是否独生子女、政治面貌、是否老生、父亲职位、成长地 a、成长地 b 的参照组分别为“女性”“非独生子女”“非党员”“新生”“非中高层管理者”“非特大城市地区”和“城市”。

从表 9－5 的回归分析结果可以发现，性别、政治面貌、是否老生、父亲职位、年龄以及父亲受教育年限对大学生的发展效能感具有显著影响，是否独生子女、成长地对大学生的发展效能感没有显著影响。

性别因素对大学生的发展效能感具有显著影响，回归系数为 0.19，显著性小于 0.01，男性比女性有更强的发展效能感。政治面貌对大学生发展效能感具有显著影响，回归系数为 0.39，显著性小于 0.01，这表明党员比非党员具有更强的发展效能感。是否老生对大学生的发展效能感有显著的影响，回归系数为 −0.49，显著性小于 0.001，新生比老生有更强的发展效能感。父亲职位对大学生的发展效能感具有显著影响，回归系数为 0.22，显著性小于 0.05，说明父亲为中高层管理者的大学生有更强的发展效能感，家庭的社会资本在大学生心理层面得到了传递。年龄对大学生发展效能感有显著影响，回归系数为0.13，显著性小于0.001，年龄越大，发展效能感越强。父亲受教育年限对大学生发展效能感有显著影响，回归系数为0.03，显著性小于0.01，父亲受教育年限越长的大学生发展效能感越强。

四、结论与讨论：踌躇满志的当代大学生

大学生的发展效能感是指大学生对自身未来发展的自信程度。发展效能感会影响大学生对待当前学业活动的态度，影响大学生的学业和职业发展进程，对大学生发展效能感的研究具有重要的现实意义与理论意义。

本文通过对大学生发展效能感的描述统计以及回归分析，分别探讨了当前大学生发展效能感的现状、两年来大学生发展效能感的变化情况，以及大学生发展效能感的影响因素。

研究发现，当前大学生的发展效能感水平总体较高，大学生群体对自身的未来发展普遍充满信心。其中，大学生对努力工作能够带来美好生活的信心最为强烈，说明我国按劳分配、多劳多得、少劳少得的分配原则在大学生群体中深入人心，大学生群体普遍相信通过自身的努力劳动能够带来美好的生活。其次，在发展效能感的各项指标中，大学生对自己生活的掌控能力以及对社会外在环境的评价相对较低，说明大学生普遍认识到制约自身发展的两方面因素。一方面，大学生对自己的主观能力怀有相当强的信心，另一方面，大学生群体普遍认识到自身的发展依赖于社会环境，正是这一部分外在因素相对制约了大学生群体对自身发展的憧憬。大学生群体对自身发展的想象是一幅既充满信心，又不断雕刻自身向社会环境靠拢的图景。

通过对2015年、2017年两年来大学生发展效能感各项指标的比较分析发现，大学生群体的发展效能感呈现出不断增长的趋势。2017年除了个别指标与2015年持平外，其余指标均实现了不同程度的增长。我国的大学生群体对自身的发展越来越充满自信。其中，增长最快的指标是对外部环境的信任，我国整

体欣欣向荣的发展态势带来的正面影响也在大学生群体的心态中得到体现，越来越多的大学生相信外部环境能够为自身提供一个好的发展条件。大学生群体充分认识到了自身发展与国家发展的休戚与共。

最后，本文通过构建发展效能感指数，探究了人口学因素、家庭因素以及社会环境因素对大学生发展效能感的影响。研究发现，性别、政治面貌、是否老生、父亲职位、年龄、父亲受教育年限对大学生的发展效能感存在显著影响。男大学生比女大学生有更强的发展效能感，说明大学生群体中男生对自己的发展更有信心。由于本研究的局限性，无法探究到底是不同的性别认知，还是对社会性别文化的不同认知导致了这种差异性。

党员对自身的发展更有信心。一种可能的解释是，成为党员的大学生都是群体中的先进分子，这部分群体本身拥有更高的发展效能感。另一种解释是，党员身份有助于增加这部分大学生对自身未来发展的信心。此外，社会资本因素能够显著增加大学生群体的发展效能感。无论是父亲职位还是父亲的受教育年限，都能够显著地增加大学生群体的发展效能感。家庭社会资本在大学生群体中得到了传递，方式之一是影响大学生的发展效能感。值得一提的是，老生比新生的发展效能感更低，说明刚上大学的新生对自身的未来充满憧憬，认为考上大学即是鲤鱼跃龙门的心态仍然存在。但是，随着年级的增长，在日常的学习生活中，大学生不断认识到自身的发展不仅受到内在因素的制约，还受到外部社会环境的制约，从憧憬中被拉回现实，故而老生比新生的发展效能感低。

参考文献

阿尔伯特·班杜拉著，皮连生校：《思想和行动的社会基础》，华东师范大学出版社，2002 年。

陈海峰：《体育教学中提高学生自我效能感的方法探讨》，《中学时代》，2013 年第 21 期，第 183 页。

陈俐：《大学生自我效能感与毕业取向的关系研究》，南京师范大学，2004 年。

韩力争：《大学生创业自我效能感结构研究》，南京师范大学，2011 年。

林良华、李亘吉：《大学生自我效能感与 PIU 的相关研究》，《中国科教创新导刊》，2009 年第 35 期，第 32 页。

凌斌、孙丽君、樊传浩：《生涯适应力如何影响职业成功：一项调节中介分析》，《心理技术与应用》，2017 年第 5 期，第 728—735 页。

吴淑琬：《大学生生涯适应力量表编制及其相关研究》，台湾嘉义大学辅导与咨商研究所，2008 年。

邢婷婷、侯劭勋：《“90 后”大学生物质至上？这说法不靠谱》，《解放日报》，2015 年。

第十章　公平感、安全感与信任感：忻乐太平

一、引言

在绵延近四十年的社会大转型下，民众的“中国体验”之间满是城乡、阶层、代际之间分化的痕迹（周晓虹，2012）。面对结构性的宏观变迁，不同群体的“中国体验”不尽相同。从代际的角度来看，与革故鼎新相伴而行的80后“足用一代”面对的是一个前所未有的新环境。作为第一代独生子女，他们享受着前几代人无法比拟的物质条件。这个承前启后、快速变迁的发展阶段所形成的张力，为80后在满足与发展之间创造了巨大的空间。相比成长于20世纪80年代的青年人，充分享受高速经济增长成果的90后“丰裕一代”，他们的价值观念建立在丰衣足食的基础上，生存状态更加个体化，思维方式更具个人主义精神。他们正处于摆脱依赖而独立地走向社会的阶段，精力充沛，思想活跃，行动力强。随着越来越多的90后步入社会，在社会生活的各个领域发挥越来越重要的作用，其价值观念也将会产生越来越广泛的影响。因此，了解他们对社会不平等、社会进步与稳定等问题的态度与感受，不仅对于把握青年群体的社会容忍、社会信心乃至更大范围内的社会政治态度与行为倾向等问题具有重要的参考价值，同时对于回应青年群体的社会期待与利益诉求具有重要的启示意义。

有鉴于此，本报告将以青年群体中规模庞大且更为纯粹的大学生群体作为研究对象，旨在厘清具有鲜明群体特征的大学生群体的社会感受及其社会后果。

在这里，我们主要从三个方面探讨大学生对整体社会的基本感受，即三个表征社会进步与和谐的社会政治心理——公平感、安全感与信任感。基于中国大学生社会心态调查（2015 & 2017）的数据，我们将分别对上述三种类型的社会感受进行整体描述和比较，并进一步分析这些社会感受与家庭背景、成长环境、教育背景等客观现实属性之间的关联。

二、公平感、安全感与信任感：社会发展的三重面向

一直以来，不论是学界还是政府和相关机构都将公平、安全与信任作为社会发展的重要评价性指标（周怡，2015），以此表征一个国家或社会的进步、繁荣和文明。

就公平感而言，它作为连接个人与社会的中介变量，对个体和社会的发展都尤为重要。在经济高速发展、国民收入普遍提高的背景下，权力寻租、腐败等负面现象通过影响人们对公平的感知，导致民众的幸福感大大降低（李静、郭永玉，2011）。更为重要的是，公平感意味着公众对当下社会分配机制和分配格局的认可程度，即对不平等的正当性、合法性的评价，这对社会的平稳发展起着决定性作用。在公平感的影响下，碎片化的社会态度更易形成阶层对立意识（翁定军，2010）。社会不公平感和社会冲突意识之间也有着直接、紧密的正向关联（李路路等，2012）。从宏观层面来看，近几年中国的一些研究表明，尽管改革开放以来中国的经济发展引发了明显的社会阶层化和不平等的资源分配差距，但中国人普遍在观点意识上没有产生强烈的不公平感，相反表现出对不平等的容忍（Xie，2012；赵鼎新，2013；Whyte，2014）。那么，深入不同的社会子群体中，这种稳定的公平感是否保持了一致性，还是存在不同的实情，仍是一个值得探究的问题。

同样，信任是一种发生在人际之间、群际之间或人际与非人际之间的依赖关系（周怡，2013）。因而，信任被区别为人际信任与系统信任（N. Luhmann，1979）。在人际信任中，超越熟人关系而面向一般社会成员的信任又被称为

“一般信任”（Glanville and Paxton，2007），并成为衡量社会发展水平的一个重要指标；在系统信任中，当人对群体或机构组织的依赖关系进入政治活动领域就成为政治信任，反映公民基于理性思考、实践感知、心理预期等对于政治制度、政府及政策、公职人员行为的信念或信心（熊美娟，2010）。在研究范畴层次的意义上，对政治信任的研究与一般信任和信任文化的讨论有很大不同，并不能简单地与一般人际信任进行类推（沃伦，2006）。在宏观层面上，就人际信任而言，不论是以往有关中国一般信任问题的研究（韦伯，1920；福山，1998），还是近期的一些研究（胡荣、李静雅，2006；周怡，2015），均表明中国社会是一个低度信任的社会，即中国人缺乏对社会成员的普遍信任。其次，就政治信任而言，已有研究表明中国大陆地区的政治信任仍然处于相当高的水平（马得勇，2007），公民对政府的信任呈现“央强地弱”的差序格局（肖唐镖，2005；胡荣，2007；胡荣等，2011）。对不同的社会子群体来说，这种低度的人际信任和高水平且存在层级差异的政治信任是否保持了一致性，值得进一步讨论。

现有对青年群体的研究重点关注分配公平感、社会冲突感和政治态度等方面（王沛沛，2016）。王沛沛（2016）对当代青年群体的社会态度的分析认为，社会公平、社会稳定和社会安全是目前的基本共识，且不同代际的青年的社会态度逐渐出现差异，“90 后”青年的社会冲突感更加强烈。周兵、刘成斌（2015）研究发现青年的收入分配公平感受局部比较的影响，既包括自身的历史比较，也包括与同龄人的横向比较。秦广强（2014）的研究发现，青年群体更为激进，他们的社会公平感和冲突感受到社会经济地位、相对剥夺、地位上升预期等主客观因素的影响。范雷（2012）从代际比较视角对“80 后”的政治态度进行研究，他发现年龄对政治态度起着决定性作用。王向民（2009）研究了当代青年学生的政治信任状况，发现这一群体的政治信任呈现出 U 形结构的特征，即在抽象的国家政府方面政治信任水平较高，在具体的制度运行、官员行为方面信任水平较低，而在政治绩效方面再一次呈现出较高的信任水平。王正祥（2009）对影响大学生政治信任和社会信任的传媒因素进行分析，认为印刷媒体的总体性使用对其政治信任有积极影响，但网络媒体的总体性使用对其社会和政治信任的影响却是消极的。

由此可见，对本报告所关注的大学生群体来说，目前国内针对大学生群体的公平感、安全感和信任感的研究还不多，并且不少被置于更为广泛的青年群体研究中，因而在准确性和全面性方面还有进一步探讨的余地。

三、对整体社会的基本感受：社会公平、安全和值得信任

关于对整体社会的基本感受的测量，我们依循现有研究传统，分别将公平感、安全感、信任感三个概念操作化定义为以下问题，即：

社会公平：“总的来说，您认为当今的社会是不是公平的?”

社会安全：“总的来说，您认为当今的社会是否安全?”

人际信任：“一般来说，您认为大多数人是可以信任的，还是和人相处要越小心越好?”

系统信任：“您对下面这些组织（新闻媒体、警察、法院及司法系统、中央政府、地方政府）的信任程度如何?”

表 10 - 1 至表 10 - 4 分别反映了 2015 年和 2017 年大学生群体对社会公平、社会安全、人际信任和系统信任的感知程度。

（一）中度而稳定的社会公平感

从表 10 - 1 可以看出，相比 2015 年，认为当前社会是公平的大学生群体比例略有上升，从 29. 3%上升到 33. 8%；与此相应，认为当前社会不公平的群体比例有所下降，从 28. 8%下降到 25. 0%；同时，仍有 41. 2%的大学生持有温和的中间态度。在此基础上，我们将这一变量转化为 1—5 分的定距变量，其中，“完全不公平” =1，“比较不公平” =2，“居中” =3，“比较公平” =4，“完全公平” =5。由此，可以得出，2015 年和 2017 年大学生群体对社会公平的总体感知得分分别为 3. 0 和 3. 1，说明大学生群体对当前社会整体公平性

的判断处于中等水平。总体而言，大学生群体呈现出“中度而稳定的社会公平感”特征。

表 10－1　社会公平感变量的描述性统计

取　值	2015（N=6 294）		2017（N=6 652）	
	有效样本	有效百分比（%）	有效样本	有效百分比（%）
完全公平	48	0.8	58	0.9
比较公平	1 791	28.5	2 189	32.9
居中	2 643	42.0	2 740	41.2
比较不公平	1 620	25.7	1 532	23.0
完全不公平	192	3.1	133	2.0
Chi-square（df）	45.79（4）***			

注：显著性水平：* $p < 0.05$，** $p < 0.01$，*** $p < 0.001$。

（二）普遍且持续上升的社会安全感

从表 10－2 可以看出，相比 2015 年，认为当前社会是安全的大学生群体比例大有提升，从 50.3%上升到 66.0%；与此相应，认为当前社会不安全的群体比例从 14.6%下降到只有 7.3%。在此基础上，我们将这一变量同样转化为 1—5 分的定距变量，其中，“非常不安全” =1，“比较不安全” =2，“一般” =3，“比较安全” =4，“非常安全” =5。由此，可以得出，2015 年和 2017 年大学生群体对社会安全的总体感知得分分别为 3.4 和 3.6，说明大学生群体对当前社会整体安全性的判断处于中等偏上水平。总体而言，大学生群体呈现出“普遍且持续上升的社会公平感”特征。

表 10－2　社会安全感变量的描述性统计

取　值	2015（N=6 289）		2017（N=6 654）	
	有效样本	有效百分比（%）	有效样本	有效百分比（%）
非常安全	133	2.1	422	6.3
比较安全	3 033	48.2	3 972	59.7

（续　表）

取　值	2015（N=6 289）		2017（N=6 654）	
	有效样本	有效百分比（%）	有效样本	有效百分比（%）
一般	2 200	35.0	1 774	26.7
比较不安全	814	12.9	427	6.4
非常不安全	109	1.7	59	0.9
Chi-square（df）	447.65（4）***			

注：显著性水平：* $p < 0.05$，** $p < 0.01$，*** $p < 0.001$。

（三）普遍但有所下降的人际信任

从表 10－3 可以看出，相比 2015 年，对一般社会成员信任的大学生群体比例有一定程度的下降，从 71.6%下降到 58.6%。与此相应，对人与人之间的信任关系持谨慎小心态度的群体比例有一定程度的上升，从 23.3%上升到 33.5%，同时持不确定态度的比例也略有提高，从 5.2%上升到 7.8%。总体而言，多数大学生对一般社会成员持信任态度，但比例有所下降，呈现出“普遍但有所下降的人际信任”特征。

表 10－3　人际信任变量的描述性统计

取　值	2015（N=5 814）		2017（N=6 630）	
	有效样本	有效百分比（%）	有效样本	有效百分比（%）
大多数人是可以信任的	4 162	71.6	3 888	58.6
要越小心越好	1 352	23.3	2 224	33.5
不知道	300	5.2	518	7.8
Chi-square（df）	227.53（2）***			

注：显著性水平：* $p < 0.05$，** $p < 0.01$，*** $p < 0.001$。

（四）中度而有所下降的新闻媒体信任，普遍且稳定的司法系统信任和政府信任

从表 10－4 可以看出，首先，相比 2015 年，信任新闻媒体的大学生群体比

表 10－4　系统信任相关变量的描述性统计

变　量	2015		2017		Chi-square（df）
	有效样本	有效百分比（%）	有效样本	有效百分比（%）	
新闻媒体					162.52（5）***
很信任	270	4.3	381	5.7	
信任	1 596	25.4	1 235	18.6	
一般	3 333	53.0	3 397	51.2	
不太信任	914	14.5	1 359	20.5	
根本不信任	160	2.5	244	3.7	
警察					101.65（5）***
很信任	657	10.5	1 061	16.0	
信任	2 912	46.4	2 957	44.6	
一般	2 140	34.1	1 991	30.0	
不太信任	478	7.6	481	7.2	
根本不信任	80	1.3	124	1.9	
法院及司法系统					120.02（5）***
很信任	786	12.5	1 251	18.9	
信任	3 123	49.7	2 998	45.2	
一般	1 929	30.7	1 865	28.1	
不太信任	357	5.7	378	5.7	
根本不信任	53	0.8	107	1.6	
中央政府					113.35（5）***
很信任	1 205	19.2	1 726	26.0	
信任	3 152	50.2	2 904	43.8	
一般	1 589	25.3	1 557	23.5	
不太信任	257	4.1	311	4.7	
根本不信任	57	0.9	99	1.5	
地方政府					67.69（5）***
很信任	496	7.9	774	11.7	
信任	2 178	34.6	2 236	33.7	
一般	2 640	42.0	2 647	39.9	
不太信任	775	12.3	720	10.8	
根本不信任	173	2.8	210	3.2	

注：显著性水平：* $p < 0.05$，** $p < 0.01$，*** $p < 0.001$。

例有所下降，从29.7%下降到24.3%；与此相应，不信任新闻媒体的群体比例有所上升，从17.0%上升到24.2%；同时，仍有半数（51.2%）的大学生持有温和的中间态度。在此基础上，我们将这一变量转化为1—5分的定距变量，其中，“根本不信任”=1，“不太信任”=2，“一般”=3，“信任”=4，“很信任”=5。由此，可以得出，2015年和2017年大学生群体对新闻媒体的总体信任得分分别为3.1和3.0，说明大学生群体对新闻媒体的信任水平处于中等水平。总体而言，大学生群体对新闻媒体呈现出“中度而有所下降的信任感”特征。

其次，相比2015年，信任警察的大学生群体比例有所上升，从56.9%上升到60.6%。除30.0%的大学生表示温和的中间态度以外，只有9.1%的大学生对警察表达出不信任的态度。与此类似，相比2015年，信任法院及司法系统的大学生群体比例略有上升，从62.2%上升到64.1%。除28.1%的大学生表示温和的中间态度以外，只有7.3%的大学生对法院及司法系统表达出不信任的态度。由此可以看出，大学生群体对司法系统呈现出“普遍且稳定的信任感”特征。

最后，相比2015年，信任中央政府的大学生群体比例趋于稳定，为69.8%。除23.5%的大学生表示温和的中间态度以外，仅6.2%的大学生对中央政府表达出不信任的态度。另一方面，信任地方政府的大学生群体比例略有上升，从42.5%上升到45.4%。除39.9%的大学生表示温和的中间态度外，只有14.0%的大学生对地方政府表达出不信任的态度。总体而言，大学生对政府呈现出“普遍且稳定的信任感”特征，其中对中央政府的信任程度高于对地方政府。

综上所述，大学生群体对整体社会的基本认知以“中度而稳定的社会公平感，普遍且持续上升的社会安全感，普遍但有所下降的人际信任，中度而有所下降的新闻媒体信任，普遍且稳定的司法系统信任和政府信任”为主要特征。

四、大学生群体社会感受的不同面向

基于前文对大学生群体的三种社会感受的描述性分析，我们关心的另一个问题是：基于中国大学生社会心态调查（2017）的数据，大学生群体的三种社会感受有哪些特征？是否在内部不同子群体中存在某种差异？我们是否有可能借助一系列指标描摹大学生群体社会感受的不同面向？因此，我们将性别、年龄、政治面貌、家庭背景、成长背景、教育背景等客观现实变量纳入分析框架中，运用有序逻辑回归分析（Ordinal Logistic Regression）或二元逻辑回归分析（Binary Logistic Regression）对影响大学生公平感、安全感和信任感的相关因素进行分析。对样本数据的描述性统计见表 10－5。

表 10－5　样本数据的描述性统计（N=6 572）

变　量	取　值	百分比/均　值	变　量	取　值	百分比
性别	男	48.6	主要成长地是否农村	是	19.3
	女	50.8		否	80.2
年龄		20.0	学校层次	985 类	26.0
政治面貌	党员	8.1		211 类	20.2
	非党员	91.6		非 211 类本科院校	33.6
父亲受教育年限		11.5		专科院校	20.2
父亲是否中高层管理者	是	18.7	学科类别	人文社科类	50.9
	否	81.3		理工农医类	49.1
是否独生子女	是	50.0	是否老生	是	73.9
	否	50.0		否	23.4
主要成长地是否北上广深	是	14.8			
	否	84.7			

（一）211 类高校、理工科背景的男大学生社会公平感更高

表 10－6 中的模型 1 反映了大学生社会公平感的有序逻辑回归模型的估计结果，可以看出：性别、父亲职位、是否独生子女、主要成长地、学校层次、专业类别以及是否老生等因素对社会公平感均有显著影响。首先，就性别的影响而言，相比于女性，男性认为当前社会是公平的可能性高出 13.2%（1－

$e^{0.124}$）。这或许与女性因性别身份在就业时所遭受的不公平待遇等直接相关。其次，就家庭背景的影响而言，相比于父亲职位为非中高层管理者的大学生，父亲职位为中高层管理者的大学生支持社会公平观点的可能性高出 11.6%（$1-e^{0.110}$）。这或许表明在不平等的社会环境下，个体的处境会因家庭背景条件的不同而存在差异，家庭背景好的个体可能从机会不平等中获益，因而具有更低的社会不公平感。最后，教育背景的影响主要体现在学校层次和教育本身影响着大学生群体感知社会的方式和程度。相比于 985 类高校，211 类院校的学生支持社会公平观点的可能性高出 18.2%（$1-e^{0.167}$）。相比于人文社科类专业，理工农医类专业的学生支持社会公平观点的可能性高出 28.3%（$1-e^{0.249}$）。这可能与人文社科类专业注重培养批判思维，使得这类学生群体对社会现实抱有更大的批判态度密切相关。而相比于新生，接受了更多学校教育、对社会现实有更深的感知和思考的老生支持社会公平观点的可能性为前者的 80.6%（$e^{-0.216}$）。总体而言，家庭背景优越、211 类高校、理工科背景的男性大学生对社会公平性更可能抱有正向评价，女性大学生和独生子女的群体处境则需要予以关注。

（二）非 211 类本科和专科院校的女大学生社会安全感更低

表 10－6 中的模型 2 反映了大学生社会安全感的有序逻辑回归模型的估计结果，可以看出：性别、政治面貌、主要成长地以及学校层次等因素对社会安全感均有显著影响。其中，相比于参照组，男性、党员、主要成长地为北上广深的大学生支持社会安全观点的可能性更高；同时值得注意的是，相比于 985 类高校，非 211 类本科院校和专科院校的学生认为社会是安全的可能性分别仅为 58.9%（$e^{-0.530}$）和 44.3%（$e^{-0.814}$）。总体而言，成长于治安环境好的大城市的学生群体的确更可能表现出较高的社会安全感，而女性大学生和非 211 类本科院校及专科院校的学生群体则需要予以关注。

表 10-6　大学生社会公平感和安全感的影响因素的有序逻辑回归模型的估计结果

	模型 1 社会公平感	模型 2 社会安全感
性别		
男性	0.124* (0.051)	0.482*** (0.055)
年龄	0.014 (0.016)	0.017 (0.018)
政治面貌		
党员	0.130 (0.093)	0.224* (0.103)
父亲受教育年限	0.011 (0.008)	0.006 (0.009)
父亲职位		
中高层管理者	0.110+ (0.066)	0.118 (0.073)
是独生子女	-0.174** (0.052)	0.026 (0.056)
主要成长地		
北上广深	-0.052 (0.070)	0.311*** (0.077)
农村	0.122+ (0.066)	0.021 (0.070)
学校层次		
211 类	0.167* (0.070)	-0.059 (0.078)
非 211 类本科院校	0.002 (0.065)	-0.530*** (0.071)
专科院校	0.117 (0.079)	-0.814*** (0.086)

（续　表）

	模型 1 社会公平感	模型 2 社会安全感
专业类别 理工农医类	0.249*** (0.053)	0.063 (0.057)
老生	−0.216** (0.066)	−0.012 (0.071)
−2Log likelihood	14 556.494	12 711.086
LR chi-square（df）	100.79（13）***	277.05（13）***
Pseudo R^2	0.007	0.021
N	6 186	6 188

注：1. 显著性水平：$^{+}p<0.1$，$^{*}p<0.05$，$^{**}p<0.01$，$^{***}p<0.001$；
2. 学校层次和专业类别的参照组分别为“985 类高校”和“人文社科类”。

（三）985 类高校、理工科背景的女大学生人际信任感更高

表 10－7 反映了大学生人际信任的二元逻辑回归模型的估计结果。从模型 1 来看，性别、年龄、父亲受教育年限、学校层次、专业类别以及是否老生对于人际信任均有显著影响。其中，男性愿意信任陌生人的可能性低于女性，大约是其的 81.7%（$e^{-0.202}$）。随着大学生年龄的增长，大学生愿意信任陌生人的可能性增加。而父亲的受教育年限越高，大学生愿意信任陌生人的可能性越低。非 211 类本科院校和专科院校的学生愿意信任陌生人的可能性低于 985 类高校的学生，分别是 985 类高校的 77.9%（$e^{-0.250}$）和 56.7%（$e^{-0.568}$）。理工农医类专业的学生愿意信任陌生人的可能性高于人文社科类专业的学生，大约高出 10.8%（$1-e^{0.103}$）。老生愿意信任陌生人的可能性低于新生，大约是其的 81.1%（$e^{-0.210}$）。总体而言，985 类高校、理工科背景的女大学生表现出更高的信任陌生人的可能性。

表 10-7　大学生人际信任的影响因素的二元逻辑回归模型的估计结果

	模型 1 人际信任
性别 　男性	-0.202*** (0.056)
年龄	0.037* (0.018)
政治面貌 　党员	0.041 (0.106)
父亲受教育年限	-0.026** (0.009)
父亲职位 　中高层管理者	-0.018 (0.073)
是独生子女	-0.041 (0.057)
主要成长地 　北上广深	-0.075 (0.077)
农村	0.059 (0.073)
学校层次 　211 类	-0.056 (0.079)
非 211 类本科院校	-0.250** (0.073)
专科院校	-0.568*** (0.088)
专业类别 　理工农医类	0.103+ (0.059)
老生	-0.210** (0.073)

（续 表）

	模型 1 人际信任
截距	0.360（0.380）
−2Log likelihood	8 237.982
N	6 166

注：1. 显著性水平：$^{+}p<0.1$，$^{*}p<0.05$，$^{**}p<0.01$，$^{***}p<0.001$；
2. 学校层次和专业类别的参照组分别为“985 类高校”和“人文社科类”。

（四）系统信任

1. 新闻媒体信任：优等生信任感更低

表 10－8 的模型 1 反映了大学生新闻媒体信任的有序逻辑回归模型的估计结果，可以看出：性别、主要成长地、学校层次以及是否老生等因素对新闻媒体信任均有显著影响。首先，就性别的影响而言，相比于女性，男性信任新闻媒体的可能性为其的 83.5%（$e^{-0.180}$）。这可能是因为男性对时事、社会新闻等有着较高的关注和较多的思考。其次，就成长背景的影响而言，相比成长于城镇的大学生，成长于农村的大学生信任新闻媒体的可能性高出 17.5%（$1-e^{0.161}$）。这或许与成长于城镇的大学生从小的信息接触渠道更加多元和广泛有关。最后，就教育背景的影响而言，相比于 985 类高校，211 类、非 211 类本科院校和专科院校的学生均表现出更高的信任新闻媒体的可能性，分别高出 27.3%（$1-e^{0.241}$）、41.1%（$1-e^{0.344}$）和 35.1%（$1-e^{0.301}$）。这可能因为 985 类高校聚集了国内最优秀且思想最为活跃的青年群体，对获得的各种资讯和信息有着更强的反思、批判意识。类似地，相比于新生，接受了更多学校教育、具有更强的信息获取和判断能力的老生信任新闻媒体的可能性为其的 70.5%（$e^{-0.349}$）。总体而言，成长背景和教育背景优越的大学生表现出更低的信任新闻媒体的可能性。

2. 司法系统信任：农村生源、理工科背景的大学生信任感更高

表 10－8 的模型 2 和模型 3 反映了大学生司法系统信任的有序逻辑回归模型

的估计结果，可以看出：性别、年龄、主要成长地、学校层次、专业类别和是否老生等因素对警察信任、法院及司法系统信任均有显著影响。首先，就性别的影响而言，相比于女性，男性信任警察、法院及司法系统的可能性分别为其的76.4%（$e^{-0.269}$）和80.0%（$e^{-0.236}$）。其次，就成长背景的影响而言，相比成长于城镇的大学生，成长于农村的大学生表现出更高的信任警察、法院及司法系统的可能性，分别高出14.3%（$1-e^{0.134}$）和17.0%（$1-e^{0.157}$）；相比成长于非北上广深的大学生，成长于北上广深的大学生信任警察的可能性高出19.5%（$1-e^{0.178}$）。最后，就教育背景的影响而言，相比于985类高校，211类院校的学生信任警察的可能性高出12.4%（$1-e^{0.117}$），专科院校的学生信任警察、法院及司法系统的可能性分别为其的68.2%（$e^{-0.383}$）和76.2%（$e^{-0.272}$）；相比于人文社科类专业，理工农医类专业的学生信任警察、法院及司法系统的可能性分别高出18.9%（$1-e^{0.173}$）和12.3%（$1-e^{0.116}$）；相比于新生，老生信任警察、法院及司法系统的可能性分别为其的73.1%（$e^{-0.314}$）和74.1%（$e^{-0.300}$）。总体而言，农村生源、理工科背景的大学生表现出更高的信任警察、法院及司法系统的可能性。

3. 政府信任：党员、211类高校学生信任感更高

表10-8的模型4和模型5反映了大学生政府信任的有序逻辑回归模型的估计结果，可以看出：性别、年龄、政治面貌、父亲受教育年限、主要成长地、学校层次、专业类别和是否老生等因素对政府信任均有显著影响。首先，就性别和政治面貌的影响而言，相比于女性，男性信任地方政府的可能性为其的81.5%（$e^{-0.205}$）；相比于非党员，党员信任中央和地方政府的可能性分别高出34.4%（$1-e^{0.296}$）和34.2%（$1-e^{0.294}$）。其次，就成长背景的影响而言，相比成长于非北上广深的大学生，成长于北上广深的大学生信任地方政府的可能性高出19.2%（$1-e^{0.176}$）；相比成长于城镇的大学生，成长于农村的大学生信任中央政府的可能性高出17.0%（$1-e^{0.157}$）。最后，就教育背景的影响而言，相比于985类高校的大学生，211类高校的大学生表现出更高的信任中央和地方政府的可能性，分别高出18.3%（$1-e^{0.168}$）和30.6%（$1-e^{0.267}$），而专科院校的学生信任中央政府的可能性为其的79.5%（$e^{-0.230}$）；相比于新生，老生信任

中央和地方政府的可能性分别为其的69.9%（$e^{-0.358}$）和76.1%（$e^{-0.273}$）。总体而言，党员和211类高校的大学生表现出更高的政府信任的可能性。

表10-8　大学生系统信任的影响因素的有序逻辑回归模型的估计结果

	模型1 新闻媒体	模型2 警　察	模型3 法院及 司法系统	模型4 中央政府	模型5 地方政府
性别					
男性	−0.180**	−0.269***	−0.236***	0.001	−0.205***
	(0.052)	(0.051)	(0.051)	(0.051)	(0.051)
年龄	0.027	−0.045**	−0.032*	0.032+	−0.021
	(0.017)	(0.016)	(0.016)	(0.016)	(0.016)
政治面貌					
党员	0.027	0.052	0.136	0.296**	0.294**
	(0.095)	(0.093)	(0.093)	(0.094)	(0.093)
父亲受教育年限	0.009	0.009	−0.009	−0.014+	0.013+
	(0.008)	(0.008)	(0.008)	(0.008)	(0.008)
父亲职位					
中高层管理者	−0.011	0.011	0.079	0.040	0.013
	(0.068)	(0.066)	(0.067)	(0.066)	(0.066)
是独生子女	−0.037	−0.048	−0.029	−0.017	0.101+
	(0.053)	(0.052)	(0.052)	(0.052)	(0.052)
主要成长地					
北上广深	−0.057	0.178*	0.074	−0.076	0.176*
	(0.072)	(0.071)	(0.071)	(0.071)	(0.071)
农村	0.161*	0.160*	0.134*	0.157*	0.063
	(0.067)	(0.066)	(0.066)	(0.066)	(0.066)
学校层次					
211类	0.241**	0.117+	0.106	0.168*	0.267***
	(0.072)	(0.070)	(0.070)	(0.070)	(0.070)
非211类本科院校	0.344***	−0.049	−0.003	0.006	0.103
	(0.066)	(0.065)	(0.065)	(0.064)	(0.064)
专科院校	0.301***	−0.383***	−0.272**	−0.230**	0.069
	(0.081)	(0.080)	(0.081)	(0.081)	(0.080)

（续　表）

	模型 1 新闻媒体	模型 2 警　察	模型 3 法院及 司法系统	模型 4 中央政府	模型 5 地方政府
专业类别 　理工农医类	0.027 (0.054)	0.173** (0.053)	0.116* (0.053)	0.088+ (0.053)	0.076 (0.053)
老生	−0.349*** (0.068)	−0.314*** (0.067)	−0.300*** (0.068)	−0.358*** (0.067)	−0.273*** (0.066)
−2Log likelihood	15 450.616	15 532.792	15 289.417	15 220.811	16 170.721
LR chi-square (df)	86.43(13)***	123.01(13)***	82.11(13)***	84.46(13)***	90.77(13)***
Pseudo R^2	0.006	0.008	0.005	0.006	0.006
N	6 153	6 153	6 139	6 137	6 124

注：1. 显著性水平：+ $p<0.1$，* $p<0.05$，** $p<0.01$，*** $p<0.001$；
2. 学校层次和专业类别的参照组分别为“985 类高校”和“人文社科类”。

五、结论与讨论

通过对大学生群体公平感、安全感和信任感的研究，我们可以将大学生群体的社会感受作出如下概括和讨论。

首先，大学生群体对当前社会公平性的感知处于一种中度而稳定的状态，他们的确对社会的一些不平等现象存在不满情绪，但仍然属于可以接受的范围，不满情绪并不至于达到“鼎沸”。与学术界和社会上更多关注分配公平或收入公平相比，大学生作为即将步入但还未步入社会的群体，就业公平和教育公平问题可能是体验更为深刻和获得普遍关注的热点。近些年来不容乐观的大学生就业问题，影响着他们对高等教育的信任、对向上流动的信心以及对社会公平的感知。积极推动大学生就业，弱化和淡化他们因就业的挫败感而产生的心理失衡问题，无疑是消除大学生不公平感的重要方向。其中，女大学生的群体处境需要予以关注，因性别身份所遭遇的不公平待遇问题，使她们的社会公平感显著低于男大学生。同时，与结构主义和利己主义理论相一致，家庭背景优越的大学生具有更低的社会不公平感，也就是说社会经济地位较高的个体更容易在社会不平等中获益，因而更加认可当前的分配秩序。此外，与注重结果平等相比，大学生群体更为看重机会平等。在大学生社会心态调查（2015）中，15.1%的大学生选择了“结果平等优先”，50.6%选择了“机会平等优先”，34.3%选择了“同等重要”。也就是说，他们对平等和公平的理解是认可人与人之间的禀赋差异，与诉诸某种外部权威或者再分配机制实现绝对的结果公平相比，他们更愿意通过程序公平和机会公平，保证人与人之间的差异是基于禀赋差异而造成的。因此，对正处于人生起步和即将进入职业打拼阶段的大学生群体而言，在就业与职业发展、机会公平等方面对其予以照顾和支持，缓解他们从高等教育中无法获得相应收入、地位回报的落差感，将显著有利于其公平感的提高。

其次，大学生群体高度认可当前社会的安全性，并且认可的比例持续上升。这与他们对中国社会整体局势和自身所处小环境的稳定与安全的判断直接相关。尽管处于社会转型期的中国社会问题逐渐显现，但极少发生跨区域、大规模的系统性冲突，也极少有性质恶劣的犯罪违法活动被曝光，因而中国社会虽然存在问题但依然相对稳定。同时，近几年西方国家和区域发生的恐怖袭击、持枪犯罪、留学生遇害等新闻频频出现，这种对比在一定程度上加深了大学生群体对中国社会安全的感知。校园内部是一个比校园外部更为纯粹和安全的社会空间，因而长时间生活在校园中的大学生群体面临极低的人身安全威胁等风险。依循这种对所处环境的安全感知逻辑，我们就不难理解成长于北上广深的大学生对社会安全的感知水平高于非北上广深的大学生，而非211类本科院校和专科院校的大学生对社会安全的感知水平低于985类高校的大学生。

再次，多数大学生群体表达了对一般社会成员的信任，但信任的比例有持续下降的趋势。一方面，一般信任同社会道德相联系。近几年频频出现类似“瘦肉精”“地沟油”“老人摔倒讹人”“乞讨行骗”等信任危机现象，并在新闻媒体的传播下引起热议，加深了社会成员对社会、对陌生人的怀疑和不信任。

另一方面，一般信任通常反映了一种乐观主义价值观，即人性是善良的。价值观的形成往往与不同背景中的个体思维模式密切相关。正如数据显示，家庭教育背景更好的大学生有着更低的人际信任水平，人文社科背景的大学生的人际信任水平低于理工科背景的大学生。这可能与上述两类大学生群体在人性本质、社会本质等问题上有着更为多元、复杂而非一元、单一的思维逻辑相关。

然后，大学生群体的系统信任呈现出“中度而有所下降的新闻媒体信任，普遍且稳定的警察、法院及司法系统和政府信任”特征。这种系统信任特征与接触概念直接相关。大学生群体作为在信息爆炸的互联网时代中成长起来的一代，面对多元的信息渠道、虚假和失真的新闻报道，容易对新闻媒体持有谨慎和怀疑的态度。依循信息接触渠道、信息甄别和批判意识的差异性逻辑，我们就不难理解男性对新闻媒体的信任低于女性，成长于城镇的学生对新闻媒体的信任低于成长于农村的学生，985 类高校的学生对新闻媒体的信任低于非 985 类本科院校和专科院校，老生对新闻媒体的信任低于新生。而值得我们以后进一步关注的是，大学生群体对不同类型的新闻媒体（比如官方和非官方、国内和国外等）具有何种态度以及缘由为何。然而，与对新闻媒体的日常接触不同的是，大学生群体极少与警察、法院及司法系统和政府有直接接触。他们对这几个系统的普遍信任更像是一种自发的、朴素的情感。这种情感会随着实际的接触、阅历、思想熏陶等具有偶然性、零散性的因素而产生变化。因此，我们会看到专科院校的学生对警察、法院及司法系统的信任低于 985 类高校的学生。从概率上来说，他们更有可能与警察、法院及司法系统发生接触。

除上述论述外，我们发现大学生群体还呈现出以下两个特征：第一，大学教育对大学生群体具有明显的启蒙主义性质。综合大学生群体社会感受的回归分析，我们不难发现老生和新生在公平感和信任感的认识上都存在显著差异。总体而言，相对于新生，老生有着更低的社会公平感、更低的人际信任水平和更低的系统信任水平。这是因为与刚刚经历高考进入大学校园的新生相比，老生接受了更多的大学通识教育，对社会现实有更深的感知和思考，并抱有更大的批判态度。第二，专业类别差异所体现的思维方式分化，带来了大学生群体的社会认知差异。相比人文社科背景，理工科背景的大学生有着更高的社会公平感、更高的人际信任感，以及更高的警察、法院及司法系统信任和中央政府信任。这可能与人文社科类专业注重培养学生批判思维与人文关怀有关。

参考文献

范雷：《“80后”的政治态度：目前中国人政治态度的代际比较》，《江苏社会科学》，2012年第3期，第54—62页。

福山：《信任：社会德性与繁荣的创造》，台湾立绪文化事业有限公司，1998年。

胡荣、胡康、温莹莹：《社会资本、政府绩效与城市居民对政府的信任》，《社会学研究》，2011年第1期，第96—117页。

胡荣、李静雅：《城市居民信任的构成及影响因素》，《社会》，2006年第6期，第45—61页。

胡荣：《农民上访与政治信任的流失》，《社会学研究》，2007年第3期，第39—55页。

李静、郭永玉：《如何破解中国的“幸福悖论”》，《华中师范大学学报（人文社会科学版）》，2011年第6期，第155—160页。

李路路、唐丽娜、秦广强：《“患不均，更患不公”——转型期的“公平感”与冲突感》，《中国人民大学学报》，2012年第4期，第80—90页。

马得勇：《政治信任及其起源：对亚洲8个国家和地区的比较研究》，《经济社会体制比较》，2007年第5期，第79—86页。

马克·沃伦：《民主与信任》，华夏出版社，2004年。

秦广强：《当代青年的社会不平等认知与社会冲突——基于历年“中国综合社会调查”数据分析》，《中国青年研究》，2014年第6期，第62—66页。

王沛沛：《当代青年群体的社会态度及影响因素》，《青年研究》，2016年第5期，第47—56页。

王向民：《“U”型分布：当前中国政治信任的结构性分布》，《中国浦东干部学院学报》，2009年第4期，第69—72页。

王正祥：《传媒对大学生政治信任和社会信任的影响研究》，《青年研究》，2009年第2期，第64—74页。

韦伯：《儒教与道教》，商务印书馆，1995 年。

翁定军：《阶级或阶层意识中的心理因素：公平感和态度倾向》，《社会学研究》，2010 年第 1 期，第 85—110 页。

肖唐镖：《从农民心态看农村政治稳定状况——一个分析框架及其应用》，《华中师范大学学报（人文社会科学版）》，2005 年第 5 期，第 10—17 页。

熊美娟：《政治信任研究的理论综述》，《公共行政评论》，2010 年第 6 期，第 153—180 页。

周兵、刘成斌：《中国青年的收入分配公平感研究》，《中国青年研究》，2015 年第 4 期，第 48—53 页。

周晓虹：《中国体验的现实性与独特性》，《江苏行政学院学报》，2012 年第 5 期，第 61—64 页。

周怡：《信任模式与市场经济秩序——制度主义的解释路径》，《社会科学》，2013 年第 6 期，第 58—69 页。

周怡：《信任与公平：发展语境下的两个中国现实》，《江苏社会科学》，2015 年第 3 期，第 87—96 页。

Glanville, Jennifer L. and Pamela Paxton. 2007. "How Do We Learn to Trust? A Confirmatory Tetrad Analysis of the Sources of Generalized Trust." *Social Psychology Quarterly* 70 (3): 230 - 242.

Luhmann, Niklas. 1979. *Trust and Power*. Chichester: John Wiley and Sons Ltd.

Whyte, Martin King and Dong-Kyun Im. 2014. "Is the Social Volcano Still Dormant? Trends in Chinese Attitudes Toward inequality." *Social Science Research* 48 (4): 62 - 76.

Xie, Yu, Arland Thornton, Guangzhou Wang and Qing Lai. 2012. "Societal Projection: Beliefs Concerning the Relationship Between Development and Inequality in China." *Social Science Research* 41 (5): 1069 - 1084.

第五编　青年人的社会认知

第十一章　群际认知：不嫌贫不仇富

一、引言

改革开放以来中国社会发生的急剧变迁，不仅使宏观经济与社会结构发生了极大的变化，同时也带来了人们微观的价值观念和社会心态的嬗变。人们究竟在“想什么”，如何看待自身的生活处境，如何看待“我群”之外的“他群”，如何看待国家与社会等，这些关于思想观念、意识形态、社会思潮等人心层面的研究无疑是理解中国社会的重要窗口。如何从结构层面深入到人心层面来系统描述和解释中国人所关注的问题、所思考的内容以及所倾向的行动，不仅关系到我们能否准确地把握中国社会已经发生和正在经历的各种变化，而且对于预判未来可能的发展走向提供了可靠且有力的参考。

社会转型与变迁催生无数群体，在特定的社会语境中，每个人都被分类，被纳入确切的群体之中，例如年龄、性别、民族、职业、身份等，因此也就具有了多重的群体身份或成员资格，并占有确定的社会位置。一直以来，不论是在法律、制度和政策等宏观环境领域，还是在个人与群体的日常生活的微观语境中，群际关系因其在现实生活中的重要意义而成为一个备受关注的议题。群际认知作为洞悉群际关系的重要线索，不仅是一种群体描述，更是一种认知结构，具有塑造人们的思想、情感和行为的能力。不论是种族歧视问题（例如有色人种），还是族群偏见问题，抑或是对边缘群体（例如“LGBT”群体）、弱势群体（例如农民工及其子女）、疾病群体（例如残障人士、艾滋病人、乙肝病毒携带者）、权势群体（例如“官”“富”“警”）、职业群体（例如明星艺人的“戏子说”）以及地域群体（例如内地人和香港人、南方人和北方人）的刻板印象问题等，都是群际认识主题下的重要问题。例如，社会底层总是被聚合在一起被评价，被补偿性地赋予某些积极特征，如勤劳、朴实等。这种评价往往基于一种同情基础，一是对那些收入不公平的底层群体提供社会感情方面的支持，二是对不平等的状态在感情上实现平衡（Lukes and Scull，1984）。还有一些群体被社会高度负面评价，他们成为被污名的群体（管健，2007），贬义性的群体标签成为一种共享信念和社会共识，对一个群体“打包”式的批判会带来不少的负面后果。因此，对中国人群体评价的研究应当得到重视。

目前，鲜有研究考察大学生群体对主要社群的评价和态度。本报告将围绕全国性数据探讨这一问题，旨在研究大学生群体对主要社群是否存在偏见、对立情绪，对特定社会群体及其成员是否形成了固定化或模式化的看法，并进一步研究大学生群体对当前社会运行规则的基本判断。基于中国大学生社会心态调查（2015 & 2017）的数据，我们将对以群体印象为核心的、影响社群稳定的群际认知以及对当前社会本质的认识进行整体描述和比较，并进一步分析这些社会认知与家庭背景、成长环境、教育背景等客观现实属性之间的关联。

二、大学生群体的群际认知

（一）群体印象正面积极，群体平等意识凸显

关于群际认知的测量，我们将其操作化定义为以下问题，即“您对以下群体（党政军群体、高资产人士、底层群体、专业技术人员、知识分子）的总体印象如何?”表 11 - 1 反映了 2015 年和 2017 年大学生群体对这几类主要社群的评价水平。

从表 11 - 1 可以看出，首先，相比 2015 年，大学生对党政军群体持正面态度的比例有所上升，从 61.8%上升到 69%；与此相应，对党政军群体持负面印象的比例有所下降，从 9.2%下降到只有 5.3%。在此基础上，我们将这一变量

表 11－1　群际认知相关变量的描述性统计

变　量	2015		2017		Chi-square（df）
	有效样本	有效百分比（%）	有效样本	有效百分比（%）	
党政军群体					202.39（4）***
非常正面	981	15.6	1 603	24.1	
比较正面	2 902	46.2	2 981	44.9	
一般	1 823	29.0	1 704	25.7	
比较负面	501	8.0	291	4.4	
非常负面	77	1.2	62	0.9	
高资产人士					85.91（4）***
非常正面	245	3.9	375	5.7	
比较正面	1 938	30.8	2 261	34.1	
一般	3 392	54.0	3 510	52.9	
比较负面	640	10.2	432	6.5	
非常负面	69	1.1	58	0.9	
底层群体					18.68（4）***
非常正面	471	7.5	524	7.9	
比较正面	2 238	35.7	2 142	32.3	
一般	2 945	46.9	3 316	50.0	
比较负面	574	9.1	591	8.9	
非常负面	46	0.7	58	0.9	
专业技术人员					40.17（4）***
非常正面	841	13.4	1 118	16.8	
比较正面	3 558	56.7	3 531	53.2	
一般	1 758	28.0	1 815	27.3	
比较负面	98	1.6	147	2.2	
非常负面	25	0.4	27	0.4	
知识分子					21.65（4）***
非常正面	844	13.4	1 073	16.2	
比较正面	3 441	54.8	3 508	52.8	
一般	1 778	28.3	1 803	27.2	
比较负面	173	2.8	199	3.0	
非常负面	44	0.7	57	0.9	

注：显著性水平：* $p < 0.05$，** $p < 0.01$，*** $p < 0.001$。

转化为1—5分的定距变量，其中，“非常负面”=1，“比较负面”=2，“一般”=3，“比较正面”=4，“完全正面”=5。由此，可以得出，2015年和2017年大学生对党政军群体的总体印象得分分别为3.7和3.8，说明大学生对党政军群体的评价处于较高水平。总体而言，大学生对党政军群体保持了较好的整体印象，不存在对立情绪。

其次，相比2015年，大学生对高资产人士持正面态度的比例有所上升，从34.7%上升到39.8%；与此相应，对高资产人士持负面印象的比例有所下降，从11.3%下降到只有7.4%。同时，仍有52.9%的大学生对高资产人士持有温和的中间态度。在此基础上，我们将这一变量转化为1—5分的定距变量，得出2015年和2017年大学生对高资产人士的总体印象得分分别为3.3和3.4，说明大学生对高资产人士的评价处于中等偏上水平。总体而言，大学生对高资产人士呈现出“中等偏上且有所上升的评价水平”特征。

再次，相比2015年，大学生对底层群体持正面态度的比例略有下降，从43.2%下降到40.2%。仅有9.8%的大学生对底层群体持有负面印象。在此基础上，我们将这一变量转化为1—5分的定距变量，得出2015年和2017年大学生对底层群体的总体印象得分均为3.4，说明大学生对底层群体的评价处于中等偏上水平。总体而言，大学生对底层群体呈现出“中等偏上但略有下降的评价水平”特征。

最后，相比2015年，大学生对专业技术人员持正面态度的比例趋于稳定，为70%。仅有2.6%的大学生对专业技术人员持有负面印象。与此同时，相比2015年，大学生对知识分子持正面态度的比例也趋于稳定，为69%。仅有3.9%的大学生对知识分子持有负面印象。总体而言，大学生对专业技术人员和知识分子呈现出“较高且稳定的评价水平”特征。

由此可知，大学生群体对主要社群的印象以“总体正面积极，无偏见和对立情绪，对党政军群体、专业技术人员和知识分子的整体印象较好且稳定，对高资产人士和底层群体的整体印象稍次之”为主要特征。

为了考察大学生对各层级群体应得到国家支持力度的态度，我们以政策倾斜偏好为核心指标，并将其操作化定义为以下问题，即“您认为国家政策应该向哪一群体倾斜？”表 11－2 反映了 2015 年和 2017 年大学生群体的政策倾斜偏好程度。

表 11－2　政策倾斜偏好变量的描述性统计

取　值	2015（N=6 279）		2017（N=6 587）	
	有效样本	有效百分比（%）	有效样本	有效百分比（%）
底层群体	2 041	32.5	1 495	22.7
中间群体	2 033	32.4	1 858	28.2
上层群体	202	3.2	265	4.0
同等对待	2 003	31.9	2 969	45.1
Chi-square（df）	281.15（3）***			

注：显著性水平：* $p < 0.05$，** $p < 0.01$，*** $p < 0.001$。

从表 11－2 可以看出，在 2015 年，认为国家政策应该向底层群体或中间群体倾斜或同等对待的大学生比例大致相当，约为 32.0%；而到了 2017 年，认为国家政策应该向底层群体和中间群体倾斜的比例分别下降为 22.7% 和 28.2%，而认为应该同等对待的比例上升至 45.1%。与此同时，认为应该向上层群体倾斜的比例一直很低，维持在 3.0% 至 4.0%。不难发现，大学生的平等、公平意识逐渐凸显出来。

（二）整体认同竞争机制和分层机制

关于对社会运行规则认知的测量，我们以竞争机制和分层机制为核心指标，并将其操作化定义为以下两个问题，即“您在多大程度上同意现在的社会本质上是一个优胜劣汰的社会？”以及“您在多大程度上同意在当前的社会中，人仍然是有高低贵贱之分的？”优胜劣汰是竞争的结果，因而该指标反映了大学生是否认同竞争是当前中国社会的运行机制，是否认同只要通过个人的努力或才能，就会有向上流动的可能性和空间。另一方面，高低贵贱是等级观念的折射，是“生而平等”的对立思想，因而该指标反映了大学生是否认同分层是当前中国社会的运行机制，是否认同当前社会是等级或层级分明的社会。此外，需要强调的是，我们考察的是大学生对社会运行规则的“实然”状态的认知，而非“应然”状态。

表11－3反映了2017年大学生群体对当前社会本质的认识。从中可以看出，首先，59%的大学生同意现在的社会本质上是一个优胜劣汰的社会，仅有9.2%的大学生持不同意态度，另外有31.8%的大学生持不确定态度。其次，51.4%的大学生同意在当前的社会中，人仍然有高低贵贱之分，仅有17.7%的大学生持不同意态度，另外有30.8%的大学生持不确定态度。上述结果说明，多数的大学生认同竞争机制和分层机制是当前社会的运行规则。

表11－3　社会运行规则认知变量的描述性统计

变　量		有效样本	有效百分比（%）
现在的社会本质上是一个优胜劣汰的社会	同意	3 944	59.0
	说不清楚	2 123	31.8
	不同意	616	9.2
在当前的社会中，人仍然有高低贵贱之分	同意	3 433	51.4
	说不清楚	2 060	30.8
	不同意	1 185	17.7

注：显著性水平：* $p < 0.05$，** $p < 0.01$，*** $p < 0.001$。

三、大学生群际认知的不同面向

基于前文对大学生的群际认知的描述性分析，我们关心的另一个问题是：基于中国大学生社会心态调查（2017）的数据，大学生的群际认知有哪些特征？是否在内部不同子群体中存在某种差异？我们是否有可能借助一系列指标描摹大学生群际认知的不同面向？因此，我们将性别、年龄、政治面貌、家庭背景、成长背景、教育背景等客观现实变量纳入分析框架中，运用有序逻辑回归分析（Ordinal Logistic Regression）或二元逻辑回归分析（Binary Logistic Regression）对影响大学生群体评价以及对社会运行规则的认知的相关因素进行分析。对样本数据的描述性统计见表 11－4。

表 11－4　样本数据的描述性统计（N=6 572）

变　量	取　值	百分比/均　值	变　量	取　值	百分比
性别	男	48.6	主要成长地是否农村	是	19.3
	女	50.8		否	80.2
年龄		20.0	学校层次	985 类	26.0
政治面貌	党员	8.1		211 类	20.2
	非党员	91.6		非 211 类本科院校	33.6
父亲受教育年限		11.5		专科院校	20.2
父亲是否中高层管理者	是	18.7	学科类别	人文社科类	50.9
	否	81.3		理工农医类	49.1
是否独生子女	是	50.0	是否老生	是	73.9
	否	50.0		否	23.4
主要成长地是否北上广深	是	14.8			
	否	84.7			

（一）对党政军群体的态度：党员、农村生源和非 985 类本科院校学生更正面

表 11－5 中的模型 1 反映了大学生对党政军群体态度的有序逻辑回归模型的估计结果，可以看出：性别、年龄、政治面貌、主要成长地、学校层次等因素对于党政军群体的总体印象均有显著影响。首先，就性别和政治面貌的影响而言，相比于女性，男性对党政军群体持正向态度的可能性为其的 79.1%（$e^{-0.234}$）；相比于非党员，党员对党政军群体抱有积极态度的可能性高出 32.3%（$1-e^{0.280}$）。其次，就成长背景而言，相比成长于城镇的大学生，成长于农村的大学生对党政军群体持有正面印象的可能性高出 28.7%（$1-e^{0.252}$）。最后，就

教育背景而言，相比于985类高校，211类和非211类本科院校的学生对党政军群体持正向态度的可能性分别高出29.6%（$1-e^{0.259}$）和30.1%（$1-e^{0.263}$）。总体而言，党员、农村生源和非985类本科院校的学生对党政军群体表现出更高的积极评价的可能性。

（二）对高资产人士的态度：家庭背景优越的大学生更正面

表11-5中的模型2反映了大学生对高资产人士态度的有序逻辑回归模型的估计结果，可以看出：性别、政治面貌、父亲受教育年限、主要成长地、学校层次以及专业类别等因素对于高资产人士的总体印象均有显著影响。首先，就性别和政治面貌的影响而言，相比于女性，男性对高资产人士持有正向评价的可能性为其的83.4%（$e^{-0.181}$）；相比于非党员，党员对高资产人士抱有积极态度的可能性高出32.0%（$1-e^{0.278}$）。其次，就家庭背景的影响而言，父亲受教育年限越长，大学生越可能对高资产人士持有正面印象。再次，就成长背景的影响而言，相比成长于非北上广深的大学生，成长于北上广深的大学生对高资产人士抱有积极态度的可能性高出27.3%（$1-e^{0.241}$）；相比成长于城镇的大学生，成长于农村的大学生对高资产人士持有正面印象的可能性高出14.9%（$1-e^{0.139}$）。最后，就教育背景的影响而言，相比于985类高校的大学生，专科院校的大学生对高资产人士持有正向评价的可能性为其的83.9%（$e^{-0.176}$）。总体而言，家庭背景优越的大学生对高资产人士表现出更高的积极评价的可能性。

（三）对底层群体的态度：农村生源、非985类院校的学生更正面

表11-5中的模型3反映了大学生对底层群体态度的有序逻辑回归模型的估计结果，可以看出：年龄、父亲职位、是否独生子女、主要成长地是否农村、学校层次以及是否老生等因素对于底层群体的总体印象均有显著影响。首先，就家庭背景的影响而言，相比于父亲职位为非中高层管理者的学生，父亲职位为中高层管理者的学生对底层群体持有正向态度的可能性为其84.4%（$e^{-0.170}$）。

其次，就成长背景的影响而言，相比成长于城镇的大学生，成长于农村的大学生对底层群体抱有正面印象的可能性高出34.3%（$1-e^{0.295}$）。最后，就教育背景的影响而言，相比于985类高校的大学生，211类、非211类本科院校和专科院校的学生对底层群体均表现出更高的积极评价的可能性，分别高出14.0%（$1-e^{0.131}$）、19.2%（$1-e^{0.176}$）和32.4%（$1-e^{0.281}$）；相比于新生，老生对底层群体持有正向态度的可能性为其的78.0%（$e^{-0.249}$）。总体而言，农村生源和非985类高校的学生对底层群体表现出更高的积极评价的可能性。

（四）对专业技术人员和知识分子的态度：优等生更正面

表11－5中的模型4和5反映了大学生对专业技术人员和知识分子态度的有序逻辑回归模型的估计结果，可以看出：政治面貌、父亲受教育年限、主要成长地、学校层次以及是否老生等因素对于专业技术人员和知识分子的总体印象有显著影响。首先，就政治面貌的影响而言，相比于党员，非党员对专业技术人员和知识分子持有正向态度的可能性分别高出30.9%（$1-e^{0.269}$）和18.2%（$1-e^{0.167}$）。其次，就家庭背景的影响而言，父亲受教育年限越长，大学生越可能对专业技术人员和知识分子抱有正面印象。再次，就成长背景的影响而言，相比成长于非北上广深的大学生，成长于北上广深的大学生对专业技术人员和知识分子持有积极态度的可能性分别高出22.0%（$1-e^{0.199}$）和36.8%（$1-e^{0.313}$）。最后，就教育背景的影响而言，相比于985类高校的大学生，211类、非211类本科院校和专科院校的学生对专业技术人员表现出正向态度的可能性分别为其的85.6%（$e^{-0.155}$）、62.1%（$e^{-0.477}$）和42.8%（$e^{-0.848}$）；类似地，对知识分子表现出正向态度的可能性分别为其的87.7%（$e^{-0.131}$）、62.4%（$e^{-0.471}$）和42.0%（$e^{-0.868}$）。相比于新生，老生对专业技术人员和知识分子持有正面印象的可能性分别为其的88.6%（$e^{-0.121}$）和80.5%（$e^{-0.217}$）。总体而言，家庭背景优越、成长于北上广深和教育背景优越的学生对专业技术人员和知识分子表现出更高的积极评价的可能性。

表 11-5　大学生群体评价的影响因素的有序逻辑回归模型的估计结果

	模型 1 党政军群体	模型 2 高资产人士	模型 3 底层群体	模型 4 专业技术人员	模型 5 知识分子
性别					
男性	-0.234*** (0.051)	-0.181** (0.053)	-0.016 (0.052)	-0.040 (0.053)	-0.211*** (0.053)
年龄	-0.038* (0.016)	0.002 (0.017)	0.048** (0.017)	0.019 (0.017)	0.012 (0.017)
政治面貌					
党员	0.280** (0.094)	0.278** (0.096)	0.014 (0.096)	0.269** (0.097)	0.167+ (0.097)
父亲受教育年限	0.004 (0.008)	0.029** (0.008)	-0.008 (0.008)	0.029** (0.008)	0.022** (0.008)
父亲职位					
中高层管理者	0.007 (0.067)	0.098 (0.068)	-0.170* (0.069)	0.091 (0.069)	0.056 (0.069)
是独生子女	-0.069 (0.052)	-0.060 (0.054)	-0.184** (0.053)	0.173** (0.054)	-0.012 (0.054)
主要成长地					
北上广深	-0.036 (0.071)	0.241** (0.074)	0.020 (0.073)	0.199** (0.074)	0.313*** (0.074)
农村	0.252*** (0.066)	0.139* (0.069)	0.295*** (0.067)	0.028 (0.068)	0.109 (0.068)
学校层次					
211 类	0.259*** (0.070)	-0.012 (0.073)	0.131+ (0.072)	-0.155* (0.073)	-0.131+ (0.073)
非 211 类本科院校	0.263*** (0.065)	-0.013 (0.067)	0.176** (0.067)	-0.477*** (0.067)	-0.471*** (0.068)
专科院校	0.107 (0.080)	-0.176* (0.084)	0.281** (0.082)	-0.848*** (0.084)	-0.868*** (0.083)
专业类别					
理工农医类	0.043 (0.053)	0.095+ (0.055)	-0.059 (0.054)	0.046 (0.055)	0.004 (0.055)

（续　表）

	模型 1 党政军群体	模型 2 高资产人士	模型 3 底层群体	模型 4 专业技术人员	模型 5 知识分子
是老生	−0.090 (0.067)	−0.056 (0.069)	−0.249*** (0.068)	−0.121+ (0.069)	−0.217** (0.069)
−2Log likelihood	15 043.093	13 283.873	14 273.757	13 165.382	13 617.302
LR chi-square (df)	85.90(13)***	67.44(13)***	126.02(13)***	259.74(13)***	227.21(13)***
Pseudo R^2	0.006	0.005	0.009	0.019	0.016
N	6 176	6 171	6 167	6 174	6 175

注：1. 显著性水平：+p<0.1，*p < 0.05，**p < 0.01，***p < 0.001；
2. 学校层次和专业类别的参照组分别为“985 类高校”和“人文社科类”。

（五）群体平等意识：一线城市生源、理工科背景的大学生更强

表 11－6 反映了大学生政策倾斜偏好的二元逻辑回归模型的估计结果。从模型 1 来看，性别、是否独生子女、主要成长地、学校层次、专业类别以及是否老生等因素对于同等对待偏好有显著影响。其中，男性认为国家政策应该同等对待各个社群的可能性低于女性，大约是其的 75.4%（$e^{-0.283}$）；独生子女认为国家政策应该同等对待各个社群的可能性高于非独生子女，大约高出 12.6%（$1-e^{0.119}$）；成长于北上广深的大学生认为国家政策应该同等对待各个社群的可能性高于非北上广深的学生，大约高出 23.1%（$1-e^{0.208}$）。非 211 类本科院校的学生认为国家政策应该同等对待各个社群的可能性高于 985 类高校的学生，大约高出 16.6%（$1-e^{0.154}$）。理工农医类专业的大学生认为国家政策应该同等对待各个社群的可能性高于人文社科类专业的学生，大约高出 18.3%（$1-e^{0.168}$）。老生认为国家政策应该同等对待各个社群的可能性高于新生，大约高出 15.8%（$1-e^{0.147}$）。总而言之，成长于北上广深、非 211 类本科院校以及理工科背景的老生表现出更高的偏好政策应同等对待各个社群的可能性。

（六）底层群体关怀意识：农村生源、人文社科背景的大学生更强

从表 11－6 中的模型 2 来看，父亲受教育年限、父亲职位、是否独生子女、

主要成长地、学校层次以及专业类别等因素对于向底层群体倾斜的偏好有显著影响。其中，随着父亲教育年限的增加，大学生认为国家政策应该向底层群体倾斜的可能性降低。父亲职位是中高层管理者的学生认为国家政策应该向底层群体倾斜的可能性低于父亲职位为非中高层管理者的学生，大约是其的 72.3%（$e^{-0.325}$）。独生子女认为国家政策应该向底层群体倾斜的可能性低于非独生子女，大约是其的 76.6%（$e^{-0.267}$）。成长于北上广深的大学生认为国家政策应该向底层群体倾斜的可能性低于非北上广深的大学生，大约是其的 76.3%（$e^{-0.270}$）。而成长于农村的大学生认为国家政策应该向底层群体倾斜的可能性高于非农村的大学生，大约高出 34.3%（$1-e^{0.295}$）。非 211 类本科院校的大学生认为国家政策应该向底层群体倾斜的可能性低于 985 类高校的大学生，大约是其的 86.4%（$e^{-0.146}$）。理工农医类专业的大学生认为国家政策应该向底层群体倾斜的可能性低于人文社科类专业的大学生，大约是其的 85.1%（$e^{-0.161}$）。总而言之，农村生源、人文社科背景的学生表现出更高的偏好国家政策向底层群体倾斜的可能性。

表 11－6　大学生政策倾斜偏好的影响因素的二元逻辑回归模型的估计结果

	模型 1 同等对待	模型 2 向底层群体倾斜
性别 　男性	−0.283*** (0.059)	0.064 (0.066)
年龄	−0.019 (0.018)	0.024 (0.021)
政治面貌 　党员	0.012 (0.103)	0.087 (0.118)
父亲受教育年限	0.014 (0.009)	−0.052*** (0.010)
父亲职位 　中高层管理者	0.021 (0.072)	−0.325** (0.098)

（续　表）

	模型 1 同等对待	模型 2 向底层群体倾斜
是独生子女	0.119* (0.057)	−0.267*** (0.068)
主要成长地		
北上广深	0.208** (0.077)	−0.270** (0.102)
农村	−0.118 (0.073)	0.295*** (0.079)
学校层次		
211 类	−0.060 (0.077)	−0.128 (0.093)
非 211 类本科院校	0.154* (0.071)	−0.146+ (0.086)
专科院校	0.028 (0.087)	−0.010 (0.102)
专业类别		
理工农医类	0.168** (0.058)	−0.161* (0.070)
是老生	0.147* (0.073)	−0.106 (0.087)
截距	−0.136 (0.373)	−0.748 (0.435)+
−2Log likelihood	8 361.951	6 424.909
N	6 126	6 126

注：1. 显著性水平：+ $p<0.1$，* $p<0.05$，** $p<0.01$，*** $p<0.001$；
2. 学校层次和专业类别的参照组分别为“985 类高校”和“人文社科类”。

（七）对竞争和分层机制的认知：优等生更认可

表 11－7 反映了大学生社会运行规则认知的二元逻辑回归模型的估计结果。从模型 1 来看，性别、是否独生子女、主要成长地、学校层次以及是否老生等因素对竞争机制的认知有显著影响。其中，男性同意现在的社会本质上是一个

优胜劣汰的社会的可能性低于女性，大约是其的 79.9%（$e^{-0.224}$）；独生子女同意现在的社会本质上是一个优胜劣汰的社会的可能性高于非独生子女，大约高出 10.4%（$e^{0.099}$）；成长于农村的学生同意现在的社会本质上是一个优胜劣汰的社会的可能性低于非农村的学生，大约是其的 83.4%（$e^{-0.181}$）；专科院校的学生同意现在的社会本质上是一个优胜劣汰的社会的可能性低于 985 类高校的学生，大约是其的 81.2%（$e^{-0.208}$）；老生同意现在的社会本质上是一个优胜劣汰的社会的可能性高于新生，大约高出 30.2%（$1-e^{0.264}$）。总而言之，成长于城镇、985 类高校的老生表现出更高的同意竞争为当前社会机制的可能性。

从模型 2 来看，是否独生子女、主要成长地和学校层次等因素对分层机制的认知有显著影响。其中，独生子女同意人有高低贵贱之分的可能性高于非独生子女，大约高出 22.5%（$1-e^{0.203}$）。成长于北上广深的学生同意人有高低贵贱之分的可能性高于非北上广深的学生，大约高出 23.4%（$1-e^{0.210}$）。非 211 类本科院校和专科院校的学生同意人有高低贵贱之分的可能性低于 985 类高校的学生，分别是 985 类高校学生的 82.7%（$e^{-0.190}$）和 60.0%（$e^{-0.511}$）。总而言之，成长于北上广深的 985 类高校学生表现出更高的同意当前社会为分层社会的可能性。

表 11－7　大学生社会运行规则认知的影响因素的二元逻辑回归模型的估计结果

	模型 1 竞争机制	模型 2 分层机制
性别		
男性	-0.224*** (0.056)	-0.015 (0.055)
年龄	-0.005 (0.018)	0.014 (0.018)
政治面貌		
党员	0.008 (0.104)	-0.167 (0.102)

（续　表）

	模型 1 竞争机制	**模型 2 分层机制**
父亲受教育年限	−0.008 (0.009)	0.001 (0.009)
父亲职位 　中高层管理者	0.039 (0.074)	−0.017 (0.072)
是独生子女	0.099⁺ (0.057)	0.203*** (0.056)
主要成长地 　北上广深	0.039 (0.077)	0.210** (0.076)
农村	−0.181* (0.072)	−0.022 (0.071)
学校层次 　211 类	0.108 (0.078)	−0.103 (0.076)
非 211 类本科院校	0.009 (0.072)	−0.190** (0.071)
专科院校	−0.208* (0.087)	−0.511*** (0.086)
专业类别 　理工农医类	0.012 (0.058)	0.055 (0.057)
是老生	0.264*** (0.072)	0.048 (0.072)
截距	0.456（0.374）	−0.203（0.368）
−2Log likelihood	8 317.451	8 521.833
N	6 215	6 210

注：1. 显著性水平：$^{+}p<0.1$，$*p<0.05$，$^{**}p<0.01$，$^{***}p<0.001$；
　　2. 学校层次和专业类别的参照组分别为“985 类高校”和“人文社科类”。

四、结论与讨论

通过对大学生的群际认知的研究，我们可以作出如下概括和讨论。

大学生群体对几个主要社群的总体印象正面积极，无偏见和对立情绪，对党政军群体、专业技术人员和知识分子的整体印象较好且稳定，对高资产人士和底层群体的整体印象次之，同时偏好国家政策应该同等对待各个群体的意识越发凸显。这表明他们在思想上相对不偏执，有理性的一面，对不同社会群体的评价相对冷静、客观，呈现出一种“理性中间派”的特征，倾向于遵循就事论事原则，同时也意味着存在更大的对话、谈判与妥协空间，甚至是诱导空间。需要注意的是，大学生对底层群体的看法已经在发生微妙的转变，50.0%的大学生对底层群体的印象“一般”，认为国家政策应该向底层群体倾斜的大学生比例从32.5%下降到22.7%。这是否意味着大学生对底层群体的少量负面行为更为敏感，还是从个人奋斗归因层面把底层群体归结于个体不够努力层面而非制度或国家政策层面，还需要更多的证据支持。

从对社会运行规则的认知表现中，我们发现当下的大学生群体认同竞争和分层是当前中国社会的运行机制。当前的大学生群体倾向于采取一种个人主义的视角看待共同体以及个人与共同体之间的关系，倾向于将自我实现看作是衡量人生成功与否最重要的（有时也是唯一的）标准。大学生群体拥有较高的文化教育水平，个人主义往往会促使他们拥抱和认可包括自由、平等、理性、竞争等一系列个人本位的价值观念。因而，社会流动与分层的主导机制是依据个人才干优胜劣汰的竞争，而不是既有资源与地位的垄断再生产，对他们而言是相对公平且更有利的机制。这种社会运行规则认知是一种有利于社会稳定的心态，因为相信个人能力与个人收益之间密切相连的理念，本质上是去政治化的。从这种“进化论”式的社会哲学、个人主义式成功观出发，我们也许更能理解大学生群体对机会平等的强调，对国家政策应该同等对待各个群体的期许。

参考文献

管健：《污名的概念发展与多维度模型建构》，《南开学报（哲学社会科学版）》，2007 年第 5 期，第 126—134 页。

Lukes, Steven and Andrew Scull (eds.). 1984. *Durkheim and the Law*. Oxford: Basil Blackwell Publisher.

第十二章　争议性议题认知：和而不同

引言

争议性公共议题由于内在涉及的公共利益、价值观、伦理道德等，以及外在的冲击力、冲突性、争议性甚至是故事性等因素，使其具有高聚焦性和强大的社会动员能力（陈刚，2011）。在争议性公共议题的研究中，个人态度的形成与群体意见的构建始终是学者关注的主流议题（陈怀林、杨柳，2015）。公众对于争议性议题的态度不仅受到个体层次因素的影响（Price，1989），而且反映出群体性的观念结构和价值取向。

本书选取了转基因、中医、安乐死、同性恋、婚前同居、抵制日货等 6 个争议性公共话题作为研究对象，通过探讨当代大学生群体对于上述议题的接受程度，以及专业教育如何影响看待争议性话题的态度，尝试把握身处社会转型期的青年大学生在观念、价值以及社会规范的变迁与趋势。

自 20 世纪 90 年代以来，伴随着转基因作物的大规模商业化种植，关于转基因技术在伦理与安全方面的争议从未停止（Frewer et al.，2002；Finucane & Holup，2005）。内尔金（Nelkin，1995）认为，伴随着科学技术的进步，公众对于科技威胁社会、道德、宗教、环境的担忧，对于新技术导致的健康风险，以及对于自相矛盾的科学家与公共机构的信任度的下降，共同导致了公共领域大量的科学争议话题。近年来，由于转基因作物对于我国以大豆产业为代表的传统农业的持续冲击（郭于华，2005）以及“转基因主粮商业化”引起的广泛争议（童小溪，2010；姜萍，2012；方益昉、江晓原，2014），转基因已经成为当前引起最广泛讨论和争议的科学公共议题，转基因技术在公众中所引起的争议与分歧也逐渐超越了科学范畴，而糅合了包括政治、经济、观念等在内的多方面因素。最近的经验研究显示，支持推广转基因技术的比例不足半数（何光喜等，2015），相较于2002年前后65%以上的公众接受度有明显的降低（黄季焜等，2006）。

与转基因技术不同，与中医有关的争议主要集中在其科学性（郑言、张培富，2017）。以方舟子（2007）为代表，反对中医一派认为中医理论不具备经验上的可证伪性，与现代科学思想、方法、理论、体系格格不入，也缺乏确定的疗效以及药理毒性测试，因此坚持主张“废医验药”。与之相对的是，支持中医的一派则认为，中医的科学性建立在整体论的哲学基础之上，不能以近代科学意义上的科学来判定其是否科学（夏劲、张弘政，2004），反而应该警惕近代科学的还原主义倾向（倪培民，2010）。此外，关于中医的讨论也不可避免地与民族主义情感相联系（邓文初，2003；李晓涛，2012），这使得中医作为争议性公共议题唤起了更加广泛的关注和辩论。

安乐死议题的争议性主要集中在伦理学和法学领域，争议的焦点在于安乐死合法化（李惠，2004a）。其中，反对安乐死合法化的一派观点认为，安乐死与中国传统的伦理道德、医德及人道主义原则相违背。而支持安乐死合法化的观点则认为安乐死是一种优化的死亡状态，实行安乐死符合现代人道主义，是对患者的尊重，并不影响现代医学的发展，不是对社会责任的否认，具有现代社会价值（李惠，2004b）。早在1987年，国内学术界就已经开始围绕安乐死争议进行讨论（王红漫，2001），近年“两会”期间也有代表提交关于安乐死合法化的建议①，这些都使得关于安乐死合法化的争议保持着较高的关注度。已有的经验研究表明，大学生群体对于安乐死的接受程度保持在60%左右（何

① 新浪网：《李培根代表：建议考虑“安乐死”立法》，2016年3月11日，资料来源：http：//news. sina. com. cn/c/2016-03-11/doc-ifxqhnev5743341. shtml；浙江日报：《一位代表的发言引发共鸣：安乐死，让死亡也有尊严》，2017年3月9日，资料来源：http：//zjrb. zjol. com. cn/html/2017-03/09/content_3041389. htm。

农、单盈，2009；马俊艳等，2014）。进一步的研究也表明，大学生群体对于安乐死的接受度明显高于其他年龄和教育程度群体（孔维佳，2003）。

国内对于同性恋议题的研究可以追溯至20世纪90年代（李银河、王小波，1994）。早期对于同性恋议题的研究大多集中在同性恋成因及行为方面（李银河，1998），尽管这些研究提供同性恋社群的第一手资料，但是同性恋仍然是以“他者”的形象出现的（王晴锋，2011）。进入21世纪以来，伴随着同性恋的非病理化、非罪化、非道德化（王晴锋，2012），同性恋议题得以通过大众媒体进入公众的视野，社会可见性逐渐提高（魏伟，2010），学界对于同性恋议题的研究也开始越来越多地采取建构主义的理论视角（魏伟，2007；魏伟、蔡思庆，2012），越来越多学者“以‘局内人’的身份积极介入同性恋研究”，避免了研究对象客体化的困境（王晴锋，2011）。然而，有关同性恋的争议从未停止，类似“同性恋者状告治疗机构”的新闻也时常见诸报端①。胡珍和吴银涛（2013）基于2010年数据的经验研究发现尽管认同比例有明显提升，但是仍然有一半左右的在校大学生认为同性恋是一种变态的、不道德的、罪恶的行为。这些证据都表明，同性恋在当今中国社会仍然是一个充满争议性的话题。

公众（特别是在校大学生群体）对于婚前同居议题的态度在过去四十年时间里发生了很大的变化。20世纪90年代，在对北京市高校大学生进行的三次问卷调查中，发生婚前性行为的比例始终维持在10%左右（潘绥铭、曾静，2000）。王文静、李卫红（2002）在2002年对上海大学生的问卷调查显示，有28.6%的大学生可以接受婚前同居。到了2010年，34.6%的80后在结婚前有过同居经历（袁浩等，2016）。类似地，於嘉和谢宇（2017）的研究也表明，在最近结婚的人群当中，婚前同居的比例达到了1/3。西方发达国家在第二次世界大战结束以后经历了以生育率、结婚率下降，同居率、离婚率上升为标志的第二次人口转变（蒋耒文，2002）。经验研究表明，发达国家婚前同居的比例

① 新京报：《同性恋男子“被精神病”：医院二审撤诉》，2017年9月20日，资料来源：http：//www.bjnews.com.cn/inside/2017/09/20/458626.html；凤凰网：《中国首例同性恋者状告机构“矫正同性恋”案开庭》，2014年8月10日，资料来源：http：//news.ifeng.com/a/20140801/41406823_0.shtml。

大体上在 50%左右，个别国家可能超过 80%（Heuveline et al.，2004）。因此，了解以 95 后为主的在校大学生群体看待婚前同居的态度对于预测中国社会家庭模型与亲密关系的变化趋势有着特殊的意义。

近年来，越来越多研究者开始注意到广泛存在于当代中国青年群体中间的民族主义思潮（Hyun et al.，2014）。其中，在涉日议题上（例如参拜靖国神社、钓鱼岛争端等），民族主义思潮集中表现为“抵制日货”运动（王坤，2013）。在 2005 年和 2012 年，国内曾经爆发过两次大规模抵制日货的抗议行动①，并引发公共舆论关于“爱国”与“爱国贼”的激烈讨论。尽管中日双边近几年总体呈现平稳态度，但是有关“抵制日货”的报道仍然屡见不鲜②。青年学生往往是最容易受到极端民族主义情绪煽动的群体，因此，考察在校大学生对于抵制日货的认可程度无疑将有助于我们更好地把握未来这一议题在中国社会的走向。

以上我们简要回顾了本文所关注的 6 个公共议题在当前中国社会所面临的争议。正如贾鹤鹏、闫隽（2015）在对于科学争议的研究中所指出的那样，公众对于某一项技术或者某一个议题的抵制并非是因为知识的匮乏，而是由于价值、信任等因素，恰恰是这些因素构成了人们筛选信息形成知识的认知程序。因此，本文在考察青年大学生对于争议性公共议题接受度的基础上，将专业教育作为理解不同群体态度差异的核心变量。

很多经验研究已经证明，专业（Academic Major）教育对于青年群体的价值观念存在显著的影响（Becher，1981；Huber，1990；Potts et al.，2010；Ylijoki，2000；Guimond et al.，1996a；1996b）。Guimond（1997）研究发现，技术工程类专业的大学生在大学期间变得更倾向于保守，他们对于犯罪的态度更加严厉，将诸如失业、贫困等社会议题更多地归因于个体而非社会结构，而人文社科类的学生则没有呈现出明显的观念变化。类似地，Ylijoki（2000）的研究还发现，

---

① 中国网：《媒体盘点近年几次中国民众抵制日货的“爱国行动”》，2016 年 7 月 19 日，资料来源：http：//news. china. com/domestic/945/20160719/23092118_ all. html。

② 凤凰网：《日本机构调查：仍有六成中国民众抵制日货》，2015 年 2 月 23 日，资料来源：http：//news. ifeng. com/a/20150223/43211271_ 0. shtml。

社会科学的学生对于社会问题的归因往往采取一种结构主义的视角，相反，那些修读商科和自然科学的学生，则更愿意采取一种个人主义的归因逻辑。这些研究都表明，专业教育可能对于青年大学生群体看待争议性公共议题的态度产生重要影响。

本文将按照下面的顺序展开：第一部分，描述当代青年大学生群体对于上述6个争议性公共议题的态度；第二部分，考察专业教育如何影响看待争议性话题的态度；第三部分，对于前面两个部分的数据分析结果进行总结与讨论。

一、当代青年大学生如何看待争议性公共议题

表12-1反映了大学生对转基因、中医、安乐死、同性恋、婚前同居、抵制日货等6个争议性公共话题的接受度。可以看到，在上述6个争议性公共议题中，接受度最高的是中医，接受度最低的是抵制日货。

表12-1　青年大学生对于争议性公共议题的接受度（N=6 588）

	接　受（%）	不接受（%）	没法说（%）
转基因	49.3	25.9	24.8
中医	87.8	5.3	6.9
安乐死	67.0	15.8	17.2
同性恋	56.2	25.5	18.3
婚前同居	65.8	15.6	18.7
抵制日货	28.2	40.6	31.3

具体来说，将近半数（49.3%）大学生对于转基因表示接受，这一结果与何光喜等（2015）对北京、兰州、成都等六城市居民转基因接受度的调查结果相吻合。另外，有25.9%的大学生不接受转基因，还有24.8%的大学生认为没法说。除去抵制日货这一话题，转基因的接受度是最低的，表示“不接受”和“没法说”的比例也仅次于抵制日货。这些结果都表明转基因议题在我国社会未来一段时间内仍将是一个充满争议的话题，转基因技术以及转基因作物的推

广还会面临着不小的挑战。

对于中医议题，87.8%的大学生表示接受中医，只有5.3%和6.9%的大学生表示“不接受”或者“没法说”，这表明中医在我国仍然具有非常高的接受度，即使是在受教育程度较高的大学生群体中间，也不例外。

对于安乐死议题，67.0%的大学生表示可以接受，这一比例与已有研究也大体接近（何农、单盈，2009；马俊艳等，2014）。另外，15.8%和17.2%的大学生对于安乐死议题表示“不接受”或者“没法说”。总体上看，三分之二的被访大学生对于安乐死持有开放的态度。

对于同性恋议题，56.2%的大学生抱以接受的态度，25.5%的大学生表示不能接受，还有18.3%的大学生认为“没法说”。从整体上而言，当前在校大学生对于同性恋议题的接受度略高于2010年的调查结果（胡珍、吴银涛，2013），青年群体对于同性恋群体呈现出更加开放的态度。同时，我们也注意到，有四分之一的大学生表示了明确的反对态度，这一比例与反对转基因的比例非常接近，表明同性恋议题仍然是一个饱受争议的公共话题。

值得关注的是，对于婚前同居议题，65.8%的大学生都表达了积极的态度，认为可以接受，认为“不接受”或者“没法说”的人则分别占到了15.6%和18.7%。尽管态度层面的接受与实际的婚前同居行为之间确实存在着一定的距离，但是我们仍然有理由推测，考虑到高等教育的普及、初婚年龄的推迟，伴随着95后大学生离开校园进入社会，在未来五到十年时间内，我国青年群体婚前同居的比例可能会超过三分之一，甚至达到二分之一，接近发达国家经历第二次人口转变之后的水平。

最后，对于抵制日货议题，只有28.2%的大学生表示接受，另外40.6%的大学生表示不接受，31.3%的大学生则持保留态度。在全部6个争议性公共议题中，抵制日货是接受度最低的话题，表示“不接受”和“没法说”的比例均远高于其他争议性话题。这一结果表明多数在校大学生对于该类型的极端民族主义行为持否定态度。

二、专业教育如何影响青年大学生看待争议性公共议题的态度

在考察上述6个争议性公共议题总体接受度的基础上，本书希望进一步探讨专业教育如何影响青年大学生看待争议性公共议题的态度。

在研究策略上，我们将样本分成两部分，一部分是2017年9月入学的新生，另一部分是2016年以及更早入学的老生。本次调查进行的时间从2017年9月至12月，这意味着在调查进行时，2017年9月入学的新生刚刚进入大学不超过3个月，可以认为基本没有接受过专业教育，因此在控制了其他变量的前提下，理论上不同专业的新生在对于争议性公共议题的态度上不应该存在明显的差异。而对于那些2016年以及更早入学的老生，在调查进行时，他们已经接受过至少一年的专业教育，不同专业的学习内容以及潜在的价值观念取向将会影响他们看待特定争议性公共议题的态度。因此，借助入学时间将样本分为2017级新生和非2017级新生两个子样本，将有助于我们控制其他变量的干扰，更好地考察专业教育的影响。

在变量设计上，本文的因变量为6个争议性公共议题的接受度。具体来说，我们将“不接受”和“没法说”编码为0，将“接受”编码为1。本文的解释变量为专业，根据问卷题目设计，我们将全部专业重新编码为“理工类”“人文类”“社科类”“医学类”等4个类别。此外，我们还纳入了性别、年龄、政治面貌、父亲受教育年限、14岁时父亲职位、是否独生子女、主要成长地等控制变量。

在模型选择上，考虑到数据在抽样过程中存在的“学校-班级”嵌套结构，以及不同院校由于规模、专业结构、文化氛围等因素对于学生的价值观念可能产生的影响，本文选择了多层次逻辑回归模型，对于学校间的差异进行了控制。由于学校层次的影响不是本文关注的重点，因此我们没有在学校层次纳入更多的变量。

以下将分别反映6个争议性公共议题的多层次逻辑回归模型的估计结果。

表 12－2 反映了关于转基因态度的多层次逻辑回归模型的估计结果。首先，在学校层面，无论是对于一年级新生，还是高年级老生，学校之间都存在显著差异，这也表明使用多层次逻辑回归模型是有必要的。其次，在个人层面，性别和年龄对于转基因接受度有显著影响。在模型 6 中，男性接受转基因的发生比相较于女性高出了 39.1%（$e^{0.330}-1$），同时年龄每增长 1 岁，接受转基因的发生比相应降低 7.5%（$1-e^{-0.078}$）。此外，对于高年级学生，14 岁时父亲是中高层管理者的学生也表现出对于转基因更高的接受度，相对于参照组，接受转基因的发生比高出了 18.9%（$e^{0.173}-1$）。对于本文关注的解释变量，我们发现，在一年级新生中间，不同专业背景的学生对于转基因议题的接受度并没有表现出明显差异，但是对于高年级学生，也就是接受过专业教育的学生而言，理工和医科类对于转基因的接受度明显高于人文和社科类。具体而言，相对于作为参照组的理工类学生，人文类专业学生接受转基因的发生比低了 23.7%（$1-e^{-0.270}$），社科类专业学生接受转基因的发生比则低了 16.8%（$1-e^{-0.184}$），相反，医学类专业学生接受转基因的发生比相较于理工类还要高出 36.8%（$e^{0.313}-1$）。这也就是说，理工类与医学类专业的教育提升了相应专业学生对于转基因议题的接受度，而人文类和社会科学类专业的教育则降低了大学生在这一议题上的接受度。

表 12－2　专业教育如何影响青年大学生对于转基因议题的接受度

	新　生			老　生		
	模型 1	模型 2	模型 3	模型 4	模型 5	模型 6
个体层次						
性别						
男性		0.275* (0.12)	0.209+ (0.12)		0.364*** (0.06)	0.330*** (0.07)
年龄		−0.111+ (0.06)	−0.109+ (0.06)		−0.087*** (0.02)	−0.078*** (0.02)
政治面貌						
党员		−0.083 (0.58)	−0.118 (0.58)		−0.047 (0.11)	−0.075 (0.11)

（续　表）

	新生			老生		
	模型 1	模型 2	模型 3	模型 4	模型 5	模型 6
父亲受教育年限		0.021 (0.02)	0.021 (0.02)		0.008 (0.01)	0.011 (0.01)
14 岁时父亲职位 中高层管理者		0.087 (0.16)	0.079 (0.16)		0.160+ (0.08)	0.173* (0.09)
是否独生子女 独生子女		0.117 (0.12)	0.135 (0.12)		0.086 (0.07)	0.112 (0.07)
主要成长地 北上广深		−0.027 (0.15)	−0.015 (0.16)		−0.036 (0.10)	−0.005 (0.11)
农村		−0.168 (0.15)	−0.191 (0.16)		0.084 (0.08)	0.082 (0.08)
专业 人文类			−0.330 (0.27)			−0.270* (0.12)
社科类			−0.239 (0.19)			−0.184* (0.08)
医学类			0.292 (0.41)			0.313+ (0.17)
截距	−0.020 (0.13)	1.637 (1.17)	1.732 (1.19)	−0.065 (0.07)	1.370** (0.44)	1.272** (0.44)
学校层次						
方差	0.505***	0.414***	0.405***	0.375***	0.395***	0.391***
N	1 551	1 501	1 455	4 859	4 714	4 601
−2LL.	2 091.4	2 015.4	1 950.2	6 642.8	6 387.4	6 215.8
BIC.	2 106.1	2 088.5	2 045.0	6 659.8	6 471.9	6 325.4

注：显著性水平：+ $p<0.1$，* $p<0.05$，** $p<0.01$，*** $p<0.001$。

表 12－3 反映了关于中医态度的多层次逻辑回归模型的估计结果。类似地，我们同样观察到学校之间存在着显著的差异。在个体层面，性别之间保持着稳

定的显著差异，而政治面貌仅对高年级老生看待中医的态度存在显著影响。在模型6中，男性接受中医的发生比相较于女性低了46.5%（$1-e^{-0.625}$），而党员接受中医的发生比相较于非党员则高了53.1%（$e^{0.426}-1$）。此外，我们还注意到，来自北上广深大城市的一年级新生对于中医的接受度明显低于参照组，但是这种差异伴随着接受高等教育的过程，在高年级学生中间不再显著。对于本文关注的核心解释变量，我们发现了与转基因议题类似的结果，即在一年级新生中间，不同专业背景的学生对于中医议题的接受度并没有表现出明显差异，对于高年级学生，也就是接受过专业教育的学生而言，医学类学生对于中医的接受度明显低于其他专业。具体而言，相较于作为参照组的理工类专业学生，医学类学生接受中医的发生比低了54.0%（$1-e^{-0.776}$），其他专业与参照组的差异不显著。在这里，我们发现了一个值得注意的结果，即医学类专业的学生对于转基因的接受度最高，甚至高于理工类专业学生，而对于中医的接受度则明显低于其他专业。

表12－3　专业教育如何影响青年大学生对于中医议题的接受度

	新生			老生		
	模型1	**模型2**	**模型3**	**模型4**	**模型5**	**模型6**
个体层次						
性别 男性		−0.467** (0.18)	−0.473* (0.19)		−0.549*** (0.10)	−0.625*** (0.11)
年龄		−0.041 (0.09)	−0.028 (0.09)		−0.001 (0.03)	0.005 (0.03)
政治面貌 党员		0.984 (1.06)	0.966 (1.06)		0.440* (0.20)	0.426* (0.20)
父亲受教育年限		−0.002 (0.03)	−0.006 (0.03)		0.015 (0.02)	0.016 (0.02)
14岁时父亲职位 中高层管理者		0.386 (0.24)	0.403 (0.25)		−0.122 (0.13)	−0.106 (0.14)

（续 表）

	新生			老生		
	模型 1	模型 2	模型 3	模型 4	模型 5	模型 6
是否独生子女						
独生子女		0.280 (0.17)	0.316^{+} (0.18)		−0.177^{+} (0.11)	−0.158 (0.11)
主要成长地						
北上广深		−0.754*** (0.22)	−0.792*** (0.23)		−0.183 (0.15)	−0.183 (0.16)
农村		−0.124 (0.21)	−0.150 (0.21)		−0.126 (0.13)	−0.078 (0.13)
专业						
人文类			0.144 (0.47)			−0.235 (0.20)
社科类			−0.317 (0.28)			−0.099 (0.13)
医学类			−0.102 (0.58)			−0.776** (0.24)
截距	1.970*** (0.16)	3.011^{+} (1.71)	2.958^{+} (1.78)	2.178*** (0.11)	2.441*** (0.68)	2.407*** (0.71)
学校层次						
方差	0.583***	0.599***	0.610***	0.570***	0.502***	0.509***
N	1 551	1 501	1 455	4 859	4 714	4 601
−2LL.	1 257.4	1 177.4	1 125.6	3 273.6	3 119.0	3 024.0
BIC.	1 272.0	1 250.6	1 220.3	3 290.7	3 203.5	3 133.6

注：显著性水平：$^{+}p<0.1$，$^{*}p<0.05$，$^{**}p<0.01$，$^{***}p<0.001$。

表 12－4 反映了关于安乐死态度的多层次逻辑回归模型的估计结果。可以看到，学校间的差异仍然保持显著，但是在个人层面，只有性别变量保持了显著性。在模型 6 中，男性接受安乐死的发生比相较于女性低了 18.9%（$1-e^{-0.210}$）。无论是对于新生群体还是老生群体，不同专业之间在看待安乐死的态度上并不存在显著差异。

表 12－4　专业教育如何影响青年大学生对于安乐死议题的接受度

	新生			老生		
	模型 1	模型 2	模型 3	模型 4	模型 5	模型 6
个体层次						
性别						
男性		−0.430***	−0.462***		−0.235***	−0.210**
		(0.13)	(0.13)		(0.07)	(0.08)
年龄		0.038	0.057		0.038+	0.037
		(0.07)	(0.07)		(0.02)	(0.02)
政治面貌						
党员		0.047	0.048		−0.022	−0.040
		(0.60)	(0.60)		(0.12)	(0.12)
父亲受教育年限		0.048*	0.045*		0.014	0.018
		(0.02)	(0.02)		(0.01)	(0.01)
14 岁时父亲职位						
中高层管理者		0.236	0.214		−0.006	0.024
		(0.17)	(0.17)		(0.10)	(0.10)
是否独生子女						
独生子女		0.212+	0.281*		0.055	0.056
		(0.13)	(0.13)		(0.07)	(0.07)
主要成长地						
北上广深		−0.128	−0.101		0.062	0.041
		(0.17)	(0.17)		(0.11)	(0.12)
农村		0.039	0.038		−0.182*	−0.170
		(0.16)	(0.16)		(0.09)	(0.09)
专业						
人文类			−0.008			0.029
			(0.34)			(0.14)
社科类			−0.101			0.112
			(0.22)			(0.09)
医学类			−0.223			0.278
			(0.42)			(0.21)
截距	0.543***	−0.628	−0.899	0.796***	−0.025	−0.092
	(0.16)	(1.25)	(1.29)	(0.09)	(0.50)	(0.51)

（续 表）

	新 生			老 生		
	模型 1	模型 2	模型 3	模型 4	模型 5	模型 6
学校层次						
方差	0.543***	0.635***	0.636***	0.529***	0.480***	0.468***
N	1 551	1 501	1 455	4 859	4 714	4 601
-2LL.	1 994.4	1 906.4	1 839.2	5 716.6	5 516.4	5 354.0
BIC.	2 009.1	1 979.5	1 933.9	5 733.6	5 601.1	5 463.6

注：显著性水平：$^{+}p<0.1$，$^{*}p<0.05$，$^{**}p<0.01$，$^{***}p<0.001$。

表 12－5 反映了关于同性恋态度的多层次逻辑回归模型的估计结果。与其他争议性公共议题相类似，学校间的差异无论对于新生还是对于老生都保持了显著性。然而，与其他议题不同的是，除性别、年龄外，父亲受教育年限、是否独生子女以及主要成长地都会显著影响青年大学生看待同性恋的态度。在模型 6 中，男性相较于女性接受同性恋的发生比低了 65.5%（$1-e^{-1.063}$），同时年龄每增长 1 岁，接受同性恋的发生比相应降低 6.9%（$1-e^{-0.071}$），父亲受教育年限每增加 1 年，接受同性恋的发生比增加 3.5%（$e^{0.034}-1$）。此外，相比于非独生子女，独生子女接受同性恋的发生比高出 23.4%（$e^{0.210}-1$），而相比于参照组，成长于北上广深的大学生接受同性恋的发生比高出 30.3%（$e^{0.265}-1$），成长于农村的大学生接受同性恋的发生比则要低 31.3%（$1-e^{-0.376}$）。对于本文关注的核心解释变量，我们注意到一个有意思的现象，即对于一年级新生，相对于作为参照组的理工类学生，人文类专业学生接受同性恋的发生比高出了 199.8%（$e^{1.098}-1$），其他专业与参照组则不存在显著差异，这也就是说，选择修读人文类专业的学生在进入大学（或者说接受专业教育）之前就对于同性恋议题抱以更加开放的态度。然而，对于高年级学生，人文类学生与作为参照组的理工类学生之间的差异不再显著，相反，先前并不存在显著差异的社会科学类学生在接受专业教育以后相较于作为参照组的理工类学生，接受同性恋的发生比高出了 23.2%（$e^{0.209}-1$）。

表 12－5　专业教育如何影响青年大学生对于同性恋议题的接受度

	新生			老生		
	模型 1	模型 2	模型 3	模型 4	模型 5	模型 6
个体层次						
性别						
男性		−1.040*** (0.13)	−0.967*** (0.13)		−1.113*** (0.07)	−1.063*** (0.07)
年龄		−0.024 (0.07)	−0.039 (0.07)		−0.067** (0.02)	−0.071** (0.02)
政治面貌						
党员		0.215 (0.63)	0.189 (0.63)		0.127 (0.12)	0.093 (0.12)
父亲受教育年限		0.005 (0.02)	0.002 (0.02)		0.031** (0.01)	0.034** (0.01)
14 岁时父亲职位						
中高层管理者		0.207 (0.16)	0.203 (0.17)		0.003 (0.09)	0.009 (0.09)
是否独生子女						
独生子女		0.288* (0.13)	0.311* (0.13)		0.223** (0.07)	0.210** (0.07)
主要成长地						
北上广深		0.801*** (0.17)	0.794*** (0.18)		0.246* (0.11)	0.265* (0.12)
农村		−0.262 (0.17)	−0.199 (0.17)		−0.411*** (0.09)	−0.376*** (0.09)
专业						
人文类			1.098** (0.34)			0.117 (0.14)
社科类			0.186 (0.22)			0.209* (0.09)
医学类			0.542 (0.43)			−0.034 (0.19)
截距	0.046 (0.16)	0.701 (1.27)	0.853 (1.29)	0.336*** (0.10)	1.798*** (0.47)	1.716*** (0.48)

（续　表）

	新　生			老　生		
	模型 1	模型 2	模型 3	模型 4	模型 5	模型 6
学校层次						
方差	0.711***	0.572***	0.582***	0.586***	0.520***	0.538***
N	1 551	1 501	1 455	4 859	4 714	4 601
-2LL.	1 990.0	1 812.6	1 747.0	6 290.8	5 733.4	5 580.8
BIC.	2 004.6	1 885.7	1 841.8	6 307.7	5 817.9	5 690.4

注：显著性水平：$^{+}p<0.1$，$^{*}p<0.05$，$^{**}p<0.01$，$^{***}p<0.001$。

表 12－6 反映了关于婚前同居态度的多层次逻辑回归模型的估计结果。与同性恋议题类似，除学校间差异保持显著外，性别、父亲受教育年限、是否独生子女以及主要成长地都会显著影响青年大学生看待婚前同居的态度。具体而言，在模型 6 中，男性相较于女性接受婚前同居的发生比高出 56.0%（$e^{0.445}-1$），同时父亲受教育年限每增加 1 年，接受婚前同居的发生比增加 2.7%（$e^{0.027}-1$）。此外，相比于非独生子女，独生子女接受婚前同居的发生比高出 15.8%（$e^{0.147}-1$），而相比于参照组，成长于北上广深的大学生接受婚前同居的发生比高出 35.0%（$e^{0.300}-1$），成长于农村的大学生接受婚前同居的发生比则要低 16.9%（$1-e^{-0.185}$）。对于本文关注的核心解释变量，我们发现，对于一年级新生，不同专业相对于作为参照组的理工类学生均不存在显著差异；而对于高年级学生，医学类专业学生接受婚前同居的发生比显著低于理工类专业学生，低了 44.6%（$1-e^{-0.590}$）。这一结果表明，医学专业教育降低了医学生对于婚前同居议题的接受度。

表 12－6　专业教育如何影响青年大学生对于婚前同居议题的接受度

	新　生			老　生		
	模型 1	模型 2	模型 3	模型 4	模型 5	模型 6
个体层次						
性别 男性		0.709*** (0.12)	0.766*** (0.13)		0.442*** (0.07)	0.445*** (0.07)

（续　表）

	新　生			老　生		
	模型 1	**模型 2**	**模型 3**	**模型 4**	**模型 5**	**模型 6**
年龄		−0.039 (0.06)	−0.033 (0.06)		0.018 (0.02)	0.014 (0.02)
政治面貌						
党员		0.181 (0.62)	0.204 (0.62)		0.077 (0.12)	0.071 (0.12)
父亲受教育年限		0.013 (0.02)	0.011 (0.02)		0.026* (0.01)	0.027* (0.01)
14岁时父亲职位						
中高层管理者		0.392* (0.16)	0.401* (0.17)		−0.008 (0.09)	0.007 (0.09)
是否独生子女						
独生子女		0.170 (0.12)	0.147 (0.13)		0.130+ (0.07)	0.147* (0.07)
主要成长地						
北上广深		0.398* (0.16)	0.377* (0.16)		0.280* (0.12)	0.300* (0.12)
农村		−0.138 (0.15)	−0.119 (0.16)		−0.230** (0.09)	−0.185* (0.09)
专业						
人文类			0.411 (0.27)			−0.127 (0.13)
社科类			−0.024 (0.17)			0.103 (0.09)
医学类			−0.453 (0.41)			−0.590** (0.19)
截距	0.433*** (0.09)	0.413 (1.17)	0.286 (1.20)	0.712*** (0.09)	−0.184 (0.47)	−0.150 (0.49)
学校层次						
方差	0.300***	0.269***	0.263***	0.492***	0.418***	0.446***

（续 表）

	新 生			老 生		
	模型 1	模型 2	模型 3	模型 4	模型 5	模型 6
N	1 551	1 501	1 455	4 859	4 714	4 601
-2LL.	2 062. 0	1 934. 4	1 868. 2	5 990. 2	5 727. 6	5 570. 6
BIC.	2 076. 8	2 007. 6	1 962. 8	6 007. 2	5 812. 1	5 680. 3

注：显著性水平：$^{+}$ p<0. 1，* p<0. 05，** p<0. 01，*** p<0. 001。

表 12-7 反映了关于抵制日货态度的多层次逻辑回归模型的估计结果。与其他议题相类似，学校间差异保持显著，性别和政治面貌对于抵制日货议题的接受度也存在显著影响。在模型 6 中，相对于女性，男性接受抵制日货的发生比高出了 30. 1%（$e^{0.263}-1$）。相对于非党员，党员学生接受抵制日货的发生比高出了 22. 9%（$e^{0.206}-1$）。此外，成长地对于议题态度存在显著影响，然而，不同于其他议题（比如同性恋议题、婚前同居议题），相对于参照组，成长于北上广深的大学生接受抵制日货的发生比低了 30. 0%（$1-e^{-0.357}$），而成长于农村的大学生接受抵制日货的发生比则高出了 28. 7%（$e^{0.252}-1$）。对于本文关注的核心解释变量，我们发现，不同专业的大学生在看待抵制日货的态度上不存在显著差异。而对于高年级学生，人文类专业学生接受抵制日货的发生比显著低于理工类专业学生，低了 21. 2%（$1-e^{-0.239}$）。这一结果表明，人文专业教育降低了人文专业学生对于抵制日货议题的接受度。

表 12-7　专业教育如何影响青年大学生对于抵制日货议题的接受度

	新 生			老 生		
	模型 1	模型 2	模型 3	模型 4	模型 5	模型 6
个体层次						
性别 男性		0. 399** (0. 13)	0. 369** (0. 14)		0. 277*** (0. 07)	0. 263*** (0. 08)
年龄		0. 062 (0. 07)	0. 061 (0. 07)		0. 006 (0. 02)	0. 002 (0. 02)

（续　表）

	新　生			老　生		
	模型 1	模型 2	模型 3	模型 4	模型 5	模型 6
政治面貌						
党员		0.277 (0.60)	0.296 (0.60)		0.236* (0.12)	0.206+ (0.12)
父亲受教育年限		−0.022 (0.02)	−0.023 (0.02)		−0.013 (0.01)	−0.014 (0.01)
14 岁时父亲职位						
中高层管理者		0.027 (0.18)	0.048 (0.18)		−0.084 (0.10)	−0.088 (0.10)
是否独生子女						
独生子女		0.117 (0.13)	0.115 (0.13)		0.035 (0.07)	0.041 (0.07)
主要成长地						
北上广深		−0.456* (0.18)	−0.403* (0.18)		−0.296* (0.12)	−0.357** (0.13)
农村		0.273+ (0.16)	0.272+ (0.16)		0.263** (0.09)	0.252** (0.09)
专业						
人文类			−0.169 (0.31)			−0.239+ (0.14)
社科类			0.034 (0.20)			−0.044 (0.09)
医学类			−0.202 (0.48)			0.151 (0.19)
截距	−0.982*** (0.11)	−2.114+ (1.23)	−2.085+ (1.26)	−0.964*** (0.07)	−1.107* (0.48)	−0.971* (0.49)
学校层次						
方差	0.394***	0.315***	0.321***	0.347***	0.341***	0.324***
N	1 551	1 501	1 455	4 859	4 714	4 601
−2LL.	1 832.6	1 749.0	1 697.6	5 671.4	5 441.0	5 277.6
BIC.	1 847.2	1 822.1	1 792.4	5 688.3	5 525.7	5 387.3

注：显著性水平：+p<0.1，* p<0.05，** p<0.01，*** p<0.001。

三、总结与讨论

本文主要考察了专业教育对于青年大学生如何看待争议性公共议题的影响，研究结论如下。

第一，专业教育对于青年大学生看待争议性公共议题的态度存在显著影响。这也就是说专业教育除了传授专业知识以外，也会影响青年大学生的价值观念和态度取向。具体而言，对于一年级学生，不同专业的大学生在看待争议性公共议题的态度上几乎不存在显著差异。然而，对于高年级学生，不同专业之间在看待争议性公共议题的态度上呈现出显著的差异。这一过程意味着特定专业所教授的知识结构、归因逻辑等抽象的、宏观的、观念层次的内容不仅影响学生对于专业领域范围内的现象的解释，而且也会影响青年大学生对于超越专业领域的（或者是说具有公共性质的）议题的理解和判断。

第二，不同专业在看待争议性公共议题的态度上不存在明显的“左”或者“右”的倾向，而是根据特定议题呈现出特定的正面或者负面态度。具体而言，相对于作为参照组的理工类学生，人文类专业学生看待转基因议题的态度更消极，对于抵制日货的态度也更负面；社会科学类专业学生对于转基因的接受度也更低，同时看待同性恋的态度更开放；最后，医学类专业学生看待转基因议题的态度更积极，但是看待中医和婚前同居的态度则更加消极。

表 12－8　专业教育对于如何看待争议性话题的影响

	转基因	中　医	安乐死	同性恋	婚前同居	抵制日货
理工类（参照组）						
人文类	－					－
社科类	－			＋		
医科类	＋	－			－	

值得注意的是，转基因是不同专业之间态度差异最大的公共议题。理工类、

医学类专业学生看待转基因的态度明显比人文类、社会科学类学生更加积极开放，这一点可能与不同专业在科学素养水平上的差异有关。类似地，在中医和婚前同居议题上，只有医学类专业学生表现出明显更加负面的态度，这一点也可能与医学专业教育所讲授的专业知识结构有关。因此，专业教育影响争议性公共议题态度取向的第一种可能的机制即专业知识（特别是科学知识）的素养和水平，这一点在科学争议性公共议题上尤其凸显。

另一个值得注意的结果是，对于同性恋议题，人文类专业学生在入学时表现出更高的接受度，但是这一差异伴随着大学教育的过程不再显著，但是社会科学类专业学生的态度变化则刚好与之相反，即入学时不存在显著差异，在接受专业教育后呈现出显著差异，具体表现为对于同性恋现象持有更加积极开放的态度。这一结果与已有经验研究发现也是吻合的，社会科学类学生相对于其他专业往往在失业、贫困、少数族裔移民等议题上表现出更加倾向左翼的态度（Guimond，1997；Ylijoki，2000）。这些结果意味着社会科学类专业教育可能传递了某种特定的观念结构和取向。具体而言，社会科学往往更关注结构性因素，这使得社会科学类专业的学生面对特定的公共议题时，更倾向归因于结构因素，而非个体因素。类似地，对于抵制日货议题，人文类专业学生表现出更加强烈的负面态度。这一结果同样可能与人文类专业所传递的自由主义倾向有关。由此，我们推测专业教育影响争议性公共议题的第二种机制，即特定专业知识结构所传递的观念结构和归因逻辑，这一点在伦理或社会争议性公共议题上可能更加突出。

此外，我们还发现，学校之间的差异无论是对于一年级学生，还是对于高年级学生始终保持显著。这一结果表明：首先，不同学校的生源在态度取向上存在明显的差异。其次，入学时存在的差异并没有随着大学教育的过程而消失。当然，由于学校层次的差异并不是本文关注的重点，学校层次变量影响个体态度的机制还有待进一步的考察。

类似地，个体层次背景变量对于如何看待争议性公共议题的影响同样值得关注。性别对于全部争议性公共议题都存在显著影响，具体而言，男性对于转基因、婚前同居、抵制日货的接受度更高，而女性对于中医、安乐死、同性恋的接受度更高。年龄对于看待转基因、同性恋议题的接受度有显著的负向影响，这一结果也从侧面表明转基因和同性恋议题是最有可能存在代际差异的两个议题。与此同时，党员身份对于中医、抵制日货两个议题的接受度有显著的正向影响，而上述两个议题也往往最容易与民族主义情绪相关联。

父亲受教育年限以及独生子女因素对于同性恋和婚前同居议题有显著的正向影响，上述两个因素通常被认为反映了家庭的社会经济地位，而同性恋、婚前同居又通常是与在校大学生关联最密切的两个社会议题，这也就是说，家庭背景更好的大学生往往更有可能在那些与自身相关的社会性议题上持有更开放的态度。

成长地对于同性恋、婚前同居、抵制日货等 3 个议题的接受度均有显著影响，具体来说，成长于北上广深为代表的大城市的在校大学生更有可能接受同性恋和婚前同居，同时更反对抵制日货，相反，成长于农村的大学生对于同性恋和婚前同居的接受度则明显更低，同时更加支持抵制日货。正如孙立平（2003）所指出的那样，城乡之间的差异并不仅是地理空间意义上的，也不仅是社会经济地位意义上的，而且是更深层次价值观念与态度取向上的。值得注意的是，城乡之间的观念不仅存在于一年级新生之间，而且存在于已经接受过高等教育的高年级学生之间，这也就是说，城乡之间的观念差异并没有因为高等教育的过程而消失，甚至在个别议题上还呈现出差异扩大的趋势（比如同性恋、婚前同居议题），这一现象值得我们进一步讨论和思考。

表 12－9　个体层次背景变量对于如何看待争议性话题的影响

	转基因	中　医	安乐死	同性恋	婚前同居	抵制日货
性别：男性	+	−	−	−	+	+
年龄	−			−		
政治面貌：党员		+				+
父亲受教育年限				+	+	

（续　表）

		转基因	中　医	安乐死	同性恋	婚前同居	抵制日货
14岁时父亲职位：中高层管理者		+					
是否独生子女：独生子女					+	+	
主要成长地	北上广深				+	+	−
	农　村				−	−	+

最后，安乐死议题同样值得我们花一点笔墨进行讨论。我们注意到，除性别因素外，安乐死议题的接受度在其他维度（包括作为本文核心解释变量的专业教育）均未呈现出显著差异。这一结果一方面说明影响安乐死议题接受度的关键变量尚未被纳入本文的模型之中。然而，另一方面也说明目前社会整体对于安乐死议题的舆论关注度相对较低，不同家庭背景、不同专业背景的大学生在这一议题上并没有产生充分的交锋和辩论，使得这一议题的接受度几乎没有受到结构性变量的影响，相反更多地受到个体性的、心理学范畴的因素影响。

参考文献

陈刚：《范式转换与民主协商：争议性公共议题的媒介表达与社会参与》，《新闻与传播研究》，2011年第2期，第15—24页。

陈怀林、杨柳：《标识和框架对热点事件舆论的影响——以澳门的“大陆游客潮”为例》，《新闻与传播研究》，2015年第7期，第35—50页。

邓文初：《“失语”的中医——民国时期中西医论争的话语分析》，《开放时代》，2003年第6期，第113—120页。

方益昉、江晓原：《转基因主粮产业化争议的科学政治学分析》，《上海交通大学学报（哲学社会科学版）》，2014年第4期，第63—72页。

方舟子：《中医新世纪大论战——批评中医》，中国协和医科大学出版社，2007年。

郭于华：《天使还是魔鬼——转基因大豆在中国的社会文化考察》，《社会学研究》，2005年第1期，第84—112页。

何光喜、赵延东、张文霞、薛品：《公众对转基因作物的接受度及其影响因素——基于六城市调查数据的社会学分析》，《社会》，2015 年第 1 期，第 121—142 页。

何农、单盈：《浙江地区大学生对安乐死认同度的调查与分析》，《科教文汇》，2009 年第 21 期，第 4—5 页。

胡珍、吴银涛：《新世纪中国大学生同性恋状况的变化——基于他人认知和本人态度行为的比较研究》，《中国青年研究》，2013 年第 3 期，第 65—69 页。

黄季焜、仇焕广、白军飞、Carl Pray：《中国城市消费者对转基因食品的认知程度、接受程度和购买意愿》，《中国软科学》，2006 年第 2 期，第 61—67 页。

贾鹤鹏、闫隽：《科学争论的社会建构——对比三种研究路线》，《科学与社会》，2015 年第 1 期，第 91—103 页。

蒋耒文：《“欧洲第二次人口转变”理论及其思考》，《人口研究》，2002 年第 3 期，第 45—49 页。

姜萍：《中国公众抵制转基因主粮商业化：三重缘由之探》，《自然辩证法通讯》，2012 年第 5 期，第 26—30 页。

孔维佳：《不同年龄与文化程度对安乐死认知度的影响》，《中国医学伦理学》，2003 年第 5 期，第 26—28 页。

李惠：《安乐死合法化诸问题刍议》，《社会》，2004 年第 6 期，第 62—63 页。

李惠：《安乐死社会伦理探析》，《上海大学学报（社会科学版）》，2004 年第 2 期，第 52—57 页。

李晓涛：《以“民族主义”阐释中医药——民国中医界的话语选择（1912—1937）》，《四川师范大学学报（社会科学版）》，2012 年第 1 期，第 168—173 页。

李银河、王小波：《关于中国男同性恋问题的初步研究》，《中国青年研究》，1994 年第 1 期，第 33—34 页。

李银河：《性的多元论》，《博览群书》，1998 年第 10 期，第 32—34 页。

马俊艳、钱蒙乐、方成：《大学生对安乐死的认知情况及分析》，《医药前沿》，2014 年第 11 期，第 72—73 页。

倪培民：《中医的科学性与两种科学概念》，《哲学分析》，2010 年第 1 期，第 142—145 页。

潘绥铭、曾静：《中国当代大学生的性观念与性行为》，商务印书馆，2000 年。

孙立平：《断裂——20 世纪 90 年代以来的中国社会》，社会科学文献出版社，2003 年。

童小溪：《风险社会中的转基因主粮论争》，《探索与争鸣》，2010 年第 12 期，第 20—22 页。

王红漫：《安乐死问题立法进展比较》，《现代法学》，2001年第4期，第152—156页。

王坤：《钓鱼岛事件对日本产品购买意愿的影响研究——基于消费者行为学的视角》，北京大学，2013年。

王晴锋：《生存现状、话语演变和异质的声音——90年代以来的同性恋研究》，《青年研究》，2011年第5期，第83—93页。

王晴锋：《认同而不“出柜”——同性恋者生存现状的文化阐释》，北京大学，2012年。

王文静、李卫红：《婚前同居的生存空间到底有多大——上海大学生婚前同居观念的一项调查》，《社会》，2002年第12期，第18—22页。

魏伟：《城里的“飘飘”：成都本地同性恋身份的形成和变迁》，《社会》，2007年第1期，第67—97页。

魏伟：《从符号性灭绝到审查性公开：〈非诚勿扰〉对同性恋的再现》，《开放时代》，2010年第2期，第84—99页。

魏伟、蔡思庆：《探索新的关系和生活模式——关于成都男同性恋伴侣关系和生活实践的研究》，《社会》，2012年第6期，第57—85页。

夏劲、张弘政：《关于中国古代有无科学问题的思考——兼论古代中医的科学性》，《自然辩证法研究》，2004年第10期，第106—110页。

於嘉、谢宇：《我国居民初婚前同居状况及影响因素分析》，《人口研究》，2017年第2期，第3—16页。

袁浩、罗金凤、张姗姗：《中国青年女性婚前同居与婚姻质量研究》，《中国青年研究》，2016年第9期，第13—22页。

郑言、张培富：《试论SSK实验室研究视域下中医学知识的生成》，《科学技术哲学研究》，2017年第4期，第122—126页。

Becher, T. 1981. “Towards A Definition of Disciplinary Cultures.” *Studies in Higher Education* 6 (2): 109 - 122.

Finucane, M. L., Holup, J. L. 2005. “Psychosocial and Cultural Factors Affecting the Perceived Risk of Genetically Modified Food: An Overview of the Literature.” *Social Science & Medicine* 60 (7): 1603 - 1612.

Frewer, L. J., Miles, S., Marsh, R. 2002. “The Media and Genetically Modified Foods: Evidence in Support of Social Amplification of Risk.” *Risk Analysis*22 (4): 701 - 711.

Gries, P. H., Steiger, D., Wang, T. 2015. "Popular Nationalism and China's Japan Policy: the Diaoyu Islands Protests 2012－2013." *Journal of Contemporary China* 25 (98): 264－276.

Guimond, S. 1997. "Attitude Change during College: Normative or Informational Social Influence?" *Social Psychology of Education* 2 (3): 237－261.

Guimond, S., Palmer, D. L. 1996a. "The Political Socialization of Commerce and Social Science Students: Epistemic Authority and Attitude Change." *Journal of Applied Social Psychology* 26 (22): 1985－2013.

Guimond, S., Palmer, D. L. 1996b. "Liberal Reformers or Militant Radicals: What are the Effects of Education in the Social Sciences?" *Social Psychology of Education* 1 (2): 95－115.

Heuveline, P., Timberlake, J. M. 2004. "The role of cohabitation in family formation: the united states in comparative perspective." *J Marriage Fam* 66 (5): 1214－1230.

Huber, L. 1990. "Disciplinary Cultures and Social Reproduction." *European Journal of Education* 25 (3): 241－261.

Hyun, K. D., Kim, J. 2015. "The Role of New Media in Sustaining the Status Quo: Online Political Expression, Nationalism, and System Support in China." *Information Communication & Society* 18 (7): 766－781.

Nelkin, D. 1995. "Science Controversies: The Dynamics of Public Disputes in the United States." *Handbook of Science and Technology Studies.* Thousand Oaks, CA: Sage Publications: 444－456.

Potts, A., Edwards, D., Smith, D. 2010. "Disciplinary Cultures in an Australian College of Advanced Education." *Journal of Educational Administration & History* 42 (4): 383－403.

Price, V. 1989. "Social Identification and Public Opinion Effects of Communicating Group Conflict." *Public Opinion Quarterly* 53 (2): 197－224.

Ylijoki, O. H. 2000. "Disciplinary Cultures and the Moral Order of Studying—A Case-Study of Four Finnish University Departments." *Higher Education* 39 (3): 339－362.

第十三章　对中国历史、现状与未来的认知：乐天派忧思

社会评价反映了人们对当前政治经济状况的理解以及对政治经济走势的判断，对于社会评价的研究不仅有助于研究者理解和把握当前社会心态的主流，而且对于研判和预测未来的政治经济走势具有重要意义。在过去四十年的时间里，中国社会经历了高速的经济发展与剧烈的社会结构转型，这种变化一方面带来社会结构的分化与重构，另一方面也带来了社会心态与个体社会评价的变迁。作为20世纪90年代后出生的一代人，当代大学生的成长历程见证了中国社会的快速变化。可以说，以90后为代表的当代青年学生既是见证改革开放的一代人，也将会成为参与和主导进一步深化改革开放的一代人。因此，对于这一群体社会评价的研究无论是对于高校思想政治教育工作，还是对于中国社会未来十年至二十年的发展研判，都具有重要意义。

在社会转型与深化改革开放的大背景下，本文对于当代大学生社会评价的研究既包括对当前社会主要问题的判断，也包括这一群体对社会治理和经济景气的信心，以及对于未来社会变迁路径及轨迹的预测。

近年来，越来越多研究者开始关注社会心态领域。其中，最重要的主题之一即如何理解当前社会存在的主要问题。例如，林聚任等（2015）在回顾了2003年与2013年“中国综合社会调查”数据后发现，2003年民众认为“最需要解决的问题”排名前三位的分别是：失业问题、腐败问题和贫富分化，而到了2013年，排名前三位的问题则分别是：贫富分化、腐败问题和社会保障。上述变化反映出在过去十年时间里，中国经济的高速发展带动了失业问题的解决，

但是随之而来的更加严重的贫富分化成为当前民众首要关心的问题，同时受制于城乡二元体制以及养老、医疗、就业制度的不完善，社会保障问题取代失业问题成为民众最关心问题的前三位。与此同时，民众对于腐败问题的关注在过去十年内始终保持着较高的热度，这也从侧面反映了反腐败事业对于维护党和国家权威的重要性。金炜玲（2018）对于包括中国、日本、韩国、泰国、菲律宾、越南、新加坡等7个国家青年大学生的研究则发现，资本主义国家青年倾向于将经济发展的状况和潜力以及社会治安看作是最具威胁和挑战的问题，社会主义国家青年认为人口密度过大和社会公正与道德遭到破坏是需要首要关注的问题，而其他国家青年则更多地担忧战争与冲突的风险。进一步的研究还表明，青年群体对于特别社会问题的关注和态度会影响他们对于国家的认同，例如，在社会主义国家中，社会公正与道德遭到破坏会在一定程度上影响国家认同，但对青年而言国家认同影响最为显著的是经济发展的状况与潜力问题，换言之，当社会经济发展缺乏动力或者增速明显放缓、失业率上升时，青年群体对于国家的认同将会出现较大的滑坡（金炜玲，2018）。

研究者通常从经济和政治两方面把握民众对于国家和社会发展的信心。作为预测未来经济走势的重要指标之一，经济景气指数不仅受到研究者的偏爱，而且也往往得到媒体和公众的关注。很多机构和研究者都编制和发布过经济景气指数，例如，我国国家统计局经济景气监测中心发布的消费者信心指数通过对全国20个主要城市居民进行随机抽样调查，问卷内容涉及受访者对当前经济形势的判断、对家庭收入的看法、对目前购买商品时机的判断、对未来整体经济以及家庭收入的判断（郭洪伟，2010）。首都经济贸易大学发布的中国消费者信心指数包括居民对于经济发展、就业、收入、家庭物质生活等4个方面的即期信心指数和预期信心指数（陈云，2008）。上海财经大学编制的上海市消费者信心指数则测量了居民对于整体经济形式、收入、就业、耐用消费品购买意愿等4个维度的信心（李晓玉等，2008）。由此可见，尽管不同机构对于经济景气指数（或者说消费者信心指数）的定义不尽相同，但是对于未来整体经济形势的信心始终被看作是经济景气指数最重要的组成部分。与此同时，进一步的实证研究也表明，居民对于经济景气与否的判断会在很大程度上影响居民未来的消费行为（李明等，2011；任韬，2013）。

类似地，公众对于未来政治走势的判断与信心也是一个重要的指标。在一些实证研究中，研究者往往同时测量经济景气指数与政治信心指数以建构公众对于社会事项的整体信心指数（张彦等，2015）。例如，人民论坛问卷调查中心（2015）在中共十八届五中全会闭幕后调查公众对于未来五年中国社会发展的信心状况，调查结果显示，超过九成的被访者对于“经济保持中高速增长”有信心，超过八成的被访者对“到2020年国内生产总值和城乡居民人均收入比2010年翻一番”有信心，还有76.93%的受访者对“国家治理体系和治理能力现代化取得重大进展”表示有信心。类似地，刘程（2016）对于上海市青年群体的研究发现，81.4%的被访者对未来五年“国家的政局形势”有信心，83.0%的人对于“我国未来经济增长”有信心。另外，75.2%的人对于缓解和疏导“我国社会矛盾风险”有信心，82.6%的人对于“未来反腐败形势”有信心。上述调查的结果表明，大多数民众对于中国社会未来五年的政治和经济走势持乐观态度，对于保持现有的社会发展态势有信心。进一步的实证研究也表明，社会信心指数不仅受到国家和社会层面的宏观因素影响，而且也会受到个体微观因素的影响，来自购房、健康、社会信任等多方面的生活压力（丛玉飞，2013）以及相对剥夺体验（刘程，2016）都会影响公众的社会信心指数。

围绕市场化改革的路径，中国选择了自上而下与自下而上相结合的渐进式改革（周业安，2000；周小川，2011），这一改革路径已经被历史证明是成功的，并将长期作为中国改革开放的路径选择。然而，对于中国社会的变迁路径，也存在着一些不同的声音。例如，有观点认为中国应该采取类似苏联时期“休克疗法”的改革路径以期实现快速的、彻底的私有化，也有观点否定顶层设计对于改革的重要性，片面强调自下而上的民粹主义思潮（布成良，2015）。这些观点往往通过网络传播，并与特定国际热点事件相结合，消解大学生群体对于国家的发展信心和政治认同（董伟武、程银，2016）。因此，我们不仅需要关注青年大学生群体对于国家和社会发展的信心，而且需要进一步考察这一群体对于社会变迁路径和轨迹的理解。

在 2015 年和 2017 年的两次全国范围的大学生社会心态调查中，设置了 8 道相同的题目，用来测量青年大学生群体的社会评价，包括中国社会目前面临的最大问题、国家政策应该向哪一群体倾斜、对于改革开放的总体评价、对历史的认识与历史教科书的一致程度、对未来经济形势的预期、对未来政治形势的预期、未来中国社会变迁将遵循何种轨迹以及“自上而下”与“自下而上”的方式何者更能有效地改变中国社会的现状。

一、对当前社会主要问题的判断

表 13－1 反映了青年大学生群体对于当前中国社会面临最大问题的判断。可以看到，在 2015 年的调查中，排名前五位的社会问题分别是：贫富差距悬殊（25.9%）、城乡差距（13.6%）、主流价值观缺失（9.6%）、腐败（8.4%）、环境污染（5.5%）。在 2017 年的调查中，排名前五位的社会问题分别是：贫富差距悬殊（24.2%）、城乡差距（16.4%）、主流价值观缺失（8.3%）、阶层固化（8.0%）、环境污染（6.1%）。在两次调查中，贫富差距悬殊、城乡差距、主流价值观缺失始终是当代青年大学生群体认为中国社会面临最严峻的三大问题，覆盖了将近半数被访者的回答，且认为城乡差距是当前中国社会最大问题的比例有小幅升高。在 2017 年的调查中，阶层固化问题取代腐败问题成为青年群体最关注社会问题的第四位，这一结果也从侧面证明反腐败工作的必要性和成效。环境污染已经成为中国社会面临的最严峻问题之一，而且认为环境污染是当前社会最大问题的比例呈现出小幅提升，这也从侧面表明我国环境治理和生态恢复的工作仍然任重而道远。

值得注意的是，无论是城乡差距、贫富差距悬殊，还是阶层固化，本质上都涉及资源和财富的分配。因此，有必要进一步了解青年大学生群体对不同阶层群体的态度以及国家政策应该向哪一群体倾斜等问题的认识。

表 13－1　青年大学生对于当前中国社会面临的最大问题的判断

当前中国社会面临的最大问题	2015 年		2017 年	
	样本数	比例（%）	样本数	比例（%）
发展停滞	274	4.4	121	1.9
城乡差距	847	13.6	1 039	16.4
市场化不足	203	3.3	242	3.8
通货膨胀	135	2.2	154	2.4
腐败	523	8.4	344	5.4
贫富差距悬殊	1 613	25.9	1 532	24.2
阶层固化	259	4.2	504	8.0
主流价值观缺失	599	9.6	526	8.3
政府决策不透明	194	3.1	171	2.7
失业	98	1.6	59	0.9
医疗	105	1.7	82	1.3
教育	241	3.9	244	3.9
食品安全	258	4.2	199	3.1
环境污染	342	5.5	389	6.1
房价	165	2.7	305	4.8
老龄化问题	140	2.3	116	1.8
民族宗教问题	16	0.3	91	1.4
社会稳定形势严峻	62	1.0	53	0.8
社会治安	49	0.8	31	0.5
国际环境恶劣	64	1.0	69	1.1
其他	37	0.6	61	1.0

表 13－2 反映了青年大学生群体对于国家政策应该向哪一群体倾斜这一问题的认识。可以看到，相比于 2015 年，在 2017 年的调查中，认为国家政策应该“同等对待”各个群体的比例从 31.9%上升到 45.1%，而认为应该向底层群体或中间群体倾向的比例则分别从 32.5%、32.9%下降到 22.7%、28.2%。这一结果表明，尽管贫富差距悬殊是当前青年大学生群体认为中国社会面临的最

大问题，但是青年群体并不寄希望于通过向特定群体（主要是中下层群体）倾斜的国家政策加以解决，相反，越来越多的大学生倾向于认可同等对待不同阶层群体的机会公平。

表 13－2　青年大学生对于“国家政策应该向哪一群体倾斜”这一问题的认识

国家政策应该向哪一群体倾斜	2015 年		2017 年	
	样本数	比例（%）	样本数	比例（%）
底层群体	2 041	32. 5	1 495	22. 7
中间群体	2 033	32. 9	1 858	28. 2
上层群体	202	3. 2	265	4. 0
同等对待	2 003	31. 9	2 969	45. 1

二、对经济和政治走势的信心和社会变迁轨迹的预测

表 13－3 反映了青年大学生群体对于中国未来经济走势的预期。可以看到，超过八成的大学生对于中国未来的经济走势表示乐观，这一比例与 2015 年基本持平，对于经济走势表示“比较悲观”或“非常悲观”的比例分别占到 8. 2% 和 1. 1%，还有 6. 8%的人表示“不清楚”。

表 13－3　青年大学生对于中国未来经济走势的预期

中国未来经济走势的预期	2015 年		2017 年	
	样本数	比例（%）	样本数	比例（%）
非常乐观	478	7. 6	785	11. 8
比较乐观	4 910	78. 0	4 782	72. 0
比较悲观	645	10. 2	545	8. 2
非常悲观	61	1. 0	74	1. 1
不清楚	204	3. 2	453	6. 8

表 13－4 反映了青年大学生群体对于中国未来政治走势的预期。与经济走势预期类似，超过八成大学生对于中国未来的政治走势表示乐观，这一比例也

与2015年基本持平，对于政治走势表示“比较悲观”或“非常悲观”的比例分别占到8.6%和1.4%，还有8.3%的人表示“不清楚”。综合以上两个指标的结果，不难发现，多数青年大学生仍然对于中国未来的经济和政治走势充满信心。

表13-4　青年大学生对于中国未来政治走势的预期

中国未来政治走势的预期	2015年		2017年	
	样本数	比例（%）	样本数	比例（%）
非常乐观	456	7.2	818	12.3
比较乐观	4 805	76.3	4 605	69.4
比较悲观	684	10.9	568	8.6
非常悲观	71	1.1	95	1.4
不清楚	282	4.5	553	8.3

表13-5反映了青年大学生群体对于未来中国政治社会变迁轨迹的看法。可以看到，超过七成的大学生认为未来中国政治社会变迁会仍然遵循和缓渐变的轨迹，这一比例相较于2015年略有下降，9.8%的人则倾向于中国社会可能会发生剧烈突变，与2015年基本持平，还有18.3%的人表示“不清楚”，这一比例相较于2015年上升了6.2个百分点。

表13-5　青年大学生对于未来中国政治社会变迁轨迹的看法

未来中国政治社会变迁轨迹	2015年		2017年	
	样本数	比例（%）	样本数	比例（%）
和缓渐变	4 862	77.4	4 765	72.0
剧烈突变	660	10.5	648	9.8
不清楚	758	12.1	1 210	18.3

表13-6反映了青年大学生群体对于改变中国社会有效方式的看法。可以看到，36.4%的人认为“自上而下”的方式更能够有效地改变中国社会，而40.5%的人则认为“自下而上”的方式更能够有效地改变中国社会，两者比例接近，但是相较于2015年均有所下降。相反，对于这一问题表示“不清楚”的

比例从2015年的15.2%上升到了2017年的23.1%。综合以上两个指标的结果以及前文的发现认为，尽管多数青年大学生对于未来的经济和政治走势持乐观态度，但是，具体到改革的轨迹，仍然有相当比例的大学生抛弃了渐进式改革的路径，或者是对于实现改革目标的路径感到迷茫。

表13-6　青年大学生对于改变中国社会有效方式的看法

改变中国社会有效方式	2015年		2017年	
	样本数	比例（%）	样本数	比例（%）
自上而下	2 674	42.6	2 411	36.4
自下而上	2 650	42.2	2 684	40.5
不清楚	956	15.2	1 526	23.1

三、总结与讨论

围绕着对当前社会主要问题的判断、对社会治理和经济景气的信心以及对于未来社会变迁路径及轨迹的预测等三个主要方面，本文考察了当代青年大学生群体的社会评价，并得到了以下五个方面的结论。

第一，贫富差距悬殊（24.2%）、城乡差距（16.4%）、主流价值观缺失（8.3%）、阶层固化（8.0%）、环境污染（6.1%）位列当代青年大学生群体认为中国社会面临的最大问题的前五项。相比于2015年，贫富差距悬殊、城乡差距、主流价值观缺失始终位列前三位，且比例保持相对稳定，这一结果反映了在我国社会结构转型调整的过程中，以贫富差距、城乡差距为代表的资源分配问题与以主流价值观缺失为代表的道德信仰问题已经成为当代青年大学生群体最为关注的社会问题，也代表了青年群体对于公共资源均等化与主流道德信仰重塑的渴望和呼声。与此同时，阶层固化问题代替腐败问题进入最受关注社会问题的前五项，这一结果一方面呼应了青年群体对于资源分配不公平的关注，另一方面也从侧面反映了中央和地方各级党组织在反腐败工作中取得的成果得到广大青年学生群体的认可和支持。此外，环境污染问题连续两年跻身青年大学生群体最关注社会问题的前五位，这一结果表明环境污染与生态破坏问题已经成为一项广泛关注、亟待解决的社会问题，对于环境污染的治理不仅关系到代际之间的环境正义，而且关系到当代青年群体的人心向背。

第二，超半数大学生将改革开放视作当前中国繁荣发展的根本原因，近七成青年认同主流历史叙事，多数青年大学生对于国家大政方针和主流历史叙事表示认同。然而，我们同样注意到，在对于改革开放的评价这一问题上，近四成的被访者表示“说不清楚”，还有9.5%的大学生不同意将改革开放作为中国社会快速发展的根本原因，这一比例相较于2015年翻了一番。

第三，八成大学生对于中国社会政治和经济走势持乐观态度，渐进式改革路径充分获得青年群体的接受和认可。调查结果显示，对于中国未来政治和经济走势表示乐观的被访者分别占到总数的83.8%和81.7%，青年群体对于中国社会的发展和进步表现出强烈的信心。与此同时，72.0%的被访者认为中国社会将会沿着和缓渐变的轨迹继续改革。上述结果表明，中国过去四十年来一以贯之的渐进式改革路径得到青年群体的广泛认可。然而，我们也注意到，对于中国未来的政治经济走势，有相当比例的被访者表示迷茫，且这一比例相较于2015年的调查均有所上升。这一结果表明，尽管主流青年群体对于中国社会的发展道路表现出乐观和信心，但是，高校大学生群体价值信仰的引导和塑造仍然任重而道远。

参考文献

布成良：《如何看待“对改革开放的质疑”?》，《红旗文稿》，2015年第7期，第8—12页。

陈云：《中国消费者对国家经济发展的信心调查与分析》，《人口与发展》，2008年第6期，第59—66页。

丛玉飞：《白领新移民社会信心及其影响因素分析——基于上海市的实证调查》，《青年研究》，2013年第6期，第48—55页。

董伟武、程银：《“颜色革命”对大学生政治认同的负面影响及化解途径》，《当代青年研究》，2016年第6期，第5—10页。

郭洪伟：《消费者信心指数的编制比较》，《中国统计》，2010 年第 6 期，第 51—52 页。

高放：《改革开放以来中国政治体制改革的回顾与展望》，《理论探讨》，2010 年第 1 期，第 20—22 页。

金炜玲：《亚洲青年国家认同的影响因素分析——基于 2013 年亚洲大学生价值观调查数据》，《中国青年研究》，2018 年第 3 期，第 63—70 页。

李晓玉、常宁、陈颖：《上海财经大学上海市消费者信心指数编制研究》，《上海财经大学学报》，2008 年第 5 期，第 73—80 页。

李明、黄珊燕、张琦：《我国消费者信心指数与消费函数之间的关系研究》，《统计与决策》，2011 年第 9 期，第 110—112 页。

林聚任、张月阳、向维：《近十年来居民的社会分化和社会心态变化趋势与问题——基于 CGSS 有关数据的分析》，《当代世界社会主义问题》，2015 年第 3 期，第 6—19 页。

刘程：《城市青年的社会信心现状及其影响因素》，《青年研究》，2016 年第 2 期，第 11—20 页。

刘志明：《“中国模式”不是国家资本主义》，《红旗文稿》，2009 年第 15 期，第 63—64 页。

穆艳杰：《当代历史虚无主义批判》，《政治学研究》，2011 年第 5 期，第 115—118 页。

任韬：《基于消费者信心指数的消费行为特征分析》，《统计与决策》，2013 年第 13 期，第 81—84 页。

人民论坛问卷调查中心：《未来五年中国公众信心指数调查》，《人民论坛》，2015 年，第 58—59 页。

张彦、魏钦恭、李汉林：《发展过程中的社会景气与社会信心——概念、量表与指数构建》，《中国社会科学》，2015 年第 4 期，第 64—84 页。

周业安：《中国渐进式改革路径与绩效研究的批判性回顾》，《中国人民大学学报》，2000 年第 4 期，第 26—31 页。

周小川：《对整体改革理论的几点解释》，《当代财经》，2011 年第 1 期，第 6—7 页。

第六编　青年人的社会思潮

第十四章　民粹主义：底层精英民粹化

引言：青年民粹主义的兴起

近年来，国内学者们开始关注中国社会结构转型过程中出现的民粹主义思潮（孙立平，2006；马立诚，2012；黄军甫、张倩倩，2015）。这些研究不约而同地关注到了近年来社会舆论在争议性事件上所呈现出的民粹主义倾向，并指出民粹主义思潮可能导致诸如消解社会共识、挤压决策空间等一系列风险。其中，青年民粹主义的兴起更是引起了研究者们的特别关注。青年民粹主义无论是在线上（郭中军，2010）还是在线下（石立春，2017）都产生了不可忽视的影响，这种影响集中表现为以“仇官”“仇富”“仇视专家”为特征的极端情绪（王君玲、石义彬，2009；陶文昭，2016；桂勇等，2015）以及具有明显非理性色彩的集体行动（李良荣，2015；郭小安、杨绍婷，2016），还伴随着与民族主义合流的风险（李良荣，2017）。相较于民粹主义，青年民粹主义具有更加强烈的直接参与性、虚拟现实性和群体非理性（郭中军，2010），它的成因与走向呈现出差异化的特征，这使得我们有必要对当代青年群体所表现出的民粹主义倾向进行较为系统的实证研究。

关于民粹主义成因的经典解释认为，那些在社会经济地位上处于劣势的人，特别是对于那些在社会结构转型过程中（例如全球化）失去原有优势地位的人，更有可能成为民粹主义的支持者（Betz，1990；Derks，2006；Feldman，1982）。类似地，部分国内学者在解读青年民粹主义思潮时，也将当代青年群体所面临的贫富分化、阶级隔阂等结构性因素作为主要成因（唐小兵，2008；谭毅，2014)，这意味着原本可能成为中产阶级的青年群体可能面临着“下流社会”的风险（三浦展，2007)，这种风险直接表现为房价高企、就业率低迷，并由此转化为一种普遍的焦虑情绪（宋长春，2005；刘春雷、于妍，2011)，最终导致了当代青年民粹主义思潮抬头之势。

个体层次的因素（如家庭背景）固然可以在很大程度上解释民粹主义的成因，然而，已有研究大多忽视了个体的嵌入性，即组织层次的因素以及组织因素与个体因素之间的互动同样可能对于民粹主义思潮的接受产生影响。伴随着高等教育的普及，大学教育对于青年群体的观念结构以及未来社会经济地位的影响日益凸显。引发舆论广泛关注“寒门再难出贵子”现象并由此衍生出关于“读书无用论”的讨论背后，一方面反映出进入高等教育机会不平等的现状，另一方面则反映出寒门学子即使进入名校也无法在择业或出国深造方面与那些家境优渥的学生相比，这反而使得他们相比于那些没有进入名校的寒门学子更愿意接受“读书无用论”。类似地，对于青年民粹主义思潮的讨论，除了关注个体层次的因素（比如是否“寒门”)，同样还需要考虑组织因素（比如是否就读于“精英高校”）以及组织与个体层次的互动。

因此，本文聚焦于个体与组织因素以及两者的交互如何影响了青年民粹主义思潮的接受，具体而言，本文试图回答个人的家庭经济条件与组织的精英化程度如何影响青年在校大学生对于民粹主义的态度，对于精英化程度不同的高校，家庭经济条件对于民粹主义接受程度的作用又是否存在不同。

本文将按照下面的顺序展开：第一部分，回顾民粹主义的概念与测量，并介绍本文对于民粹主义的测量方法及结果；第二部分，考察个人家庭条件与组织精英化程度如何影响青年在校大学生对于民粹主义的接受程度；第三部分，对前面两个部分的数据分析结果进行总结与讨论。

一、民粹主义的概念与测量

社会科学领域对民粹主义的讨论很多，但对民粹主义的界定与其经验指涉，至今仍缺乏高度的共识（Arditi，2003；Knight，1998）。Taggart（2000）认为民粹主义至少有以下六个重要的特质：第一，民粹主义者敌视代议民主的运作模式；第二，民粹主义者希望能在现实社会中实现他们的理想国度（ideal heartland）；第三，如果将民粹主义视为一种意识形态，则民粹主义仍然缺乏本体的核心价值；第四，民粹主义是对社会危机的剧烈反动；第五，民粹主义在本质上存在两难的困境，因而限制其发展；第六，民粹主义会因外在环境的不同，而改变其运作的模式（Taggart，2000：2-3）。类似地，国内学者在讨论民粹主义这一概念时，也大多从多个维度对于民粹主义的特征进行描述和把握。例如，林红（2006）认为民粹主义以人民崇拜为核心理念，主张大众民主，追求道德至上主义，具有强烈的反市场文明、反现代化倾向。而在吴江、兰颖（2012）撰写的《中国公众的民粹化倾向调查报告（2012）》中更是将民粹主义定义为一个包括 8 个核心特征、6 个非核心特征的概念。其中，8 个核心特征包括：爱国主义、对政府不满、对外部国际环境中威胁的感知、日常生活观念的浪漫化、排斥他者、怀旧情绪、社会信任低、非理性。然而，正如 Weyland（2001）所指出的那样，这种界定方式的优点是可以将所有相关指涉的经验意涵都吸纳进来，而不会有所遗漏，同时提供不同领域之间的概念妥协。但其缺点是包含了太多的理论基础与多元的、甚至相互冲突的概念范畴，最终导致所谓虚假共识（pseudo consensus）的产生，将会使概念变得过于泛化而模糊不清（郑维伟，2016）。

对于类似民粹主义这样缺乏共识且边界模糊的概念定义，一个可能的解决方案是采取一种古典型的定义策略（Weyland，2001；张佑宗，2009），即选择那些民粹主义概念中最重要的面向，并加以重新定义。这种界定策略的优点在于避免概念界定走向狭隘化或者泛化的歧途，着重把握那些核心的、本质的概念维度，舍弃那些衍生的、外延的含义和特征。

一般认为，民粹主义有两股源流（Westlind，1996）：一支是来自 19 世纪六七十年代，俄国民粹派（narodnichestvo）知识分子“到人民中去”的号召，他们信奉人民，认为人民即真理，是“天生的社会主义者”（祝东力，2012）；另一支则来自19世纪末美国的人民党运动（或翻译为平民党），其核心主张是反对垄断资本、维护农民和劳工的利益（黄仁伟，1989；李庆余，2002）。无论追溯哪一股源流，民粹主义的本质与核心都是强调“人民至上”“人民即真理”，一切权力在人民，而非贵族或者精英，因此，民粹主义的第一个维度是人民主权。

无论是通过托克维尔（1992）对于法国大革命的观察，还是从汉娜·阿伦特（2014）关于极权主义起源的研究中，我们都不难发现民粹主义的核心价值在于跳过代议政治的界线，由领导者直接诉诸民意。例如，第二次世界大战期间希特勒领导的纳粹党与墨索里尼领导的国家法西斯党，就是典型诉诸民粹主义的政党运动。在康豪瑟（Kornhauser，1959）关于大众社会的论述中也表达了类似的观点，在缺少了中层组织的大众社会中，民众有可能受到精英的直接操纵，但同时也有可能通过民粹主义直接控制精英。因此，民粹主义的第二个维度即反对建制，反对制度性的权力安排和资源分配。与此同时，制度性的权力安排和资源分配往往与一个社会的精英群体相关联，民粹主义在反对建制的同时必然反对精英，推崇人民至上。

正如Panizza（2005）所指出的那样，民粹主义的本质是一种“反对现状的对话”，而这种对话象征性地将社会划分为“人民”与“他者”（the other），这也就是说，民粹主义在反对建制与反对精英的过程中势必将制度与精英“妖魔化”，将其塑造成与人民对立的“他者”，从而使得政治空间简单化。由此，我们提出民粹主义的第三个维度即非黑即白的对立思维。

最后，我们还考虑到民粹主义在中国语境下并不总是局限于政治领域的，相反，民粹主义思潮广泛存在并且作用于社会生活的各个领域。在这些领域，民粹主义所代表的反建制、反精英与非黑即白的三个维度必然与领域内部原本存在的专业知识体系相冲突，而民粹主义者在面对这种冲突时往往采取一种诉诸所谓“常识”的方式捍卫自己的立场，因此，这种诉诸“常识”的民粹主义必然蕴含着反对专业主义的面向。

综合以上讨论，本文试图从四个维度定义民粹主义的本质，即人民主权、反对建制、非黑即白、反对专业主义。沿着上述四个维度，本文尝试对于民粹主义的概念进行操作化测量。具体来说，我们按照民粹主义概念的四个维度整理了已有研究的测量，并在此基础上进行了少量定性访谈，从访谈内容中提炼了部分题目作为补充。由此，我们初步得到了一个包括35道题目的民粹主义量表（详见表14－1）。

表14－1　民粹主义量表（初稿）

题目描述	来源
1. 政府应该听从人民的意愿	Hawkins et al., 2012 Akkerman et al., 2014 Schulz et al., 2017
2. 那些最重要的政策应该由人民而不是官员来制定	
3. 精英与普通人之间在政治观点上的分歧，远大于普通人之间	
4. 我希望自己可以被一位公民代表，而不是一位职业的政治家	
5. 官员们总是说得太多，做得太少	
6. 政治本质上是正义与邪恶之间的角力	
7. 人们所谓政治上的妥协事实上就是出卖原则	
8. 利益集团对于政治决策的影响太大了	
9. 政府应该引领而不是追随人民	
10. 如果我们让那些成功的商人作决策，我们的政府会运转得更好	
11. 如果我们让那些独立的专家作决策，我们的政府会运转得更好	
12. 对于民主社会而言，不同观点之间的妥协非常重要	
13. 倾听不同群体的观点是很重要的	
14. 多元主义限制了我的自由	
15. 社会不平等主要是由一小部分掌权者的控制、操纵所造成的	CGSS2010
16. 大多情况下我们可以相信政府工作人员在做正确的事	
17. 大多数政治家都是在为私利玩弄政治	
18. 每个人无论水平高低，都有同样的权利讨论国家和地方的大事	CGSS2003－2013十年回顾
19. 讨论国家和地方的大事需要比较高的知识和能力，所以只能让有较高知识和能力的人参与	
20. 决定国家和地方上的大事，关键是看结果是否对大家有利	
21. 决定国家和地方上的大事，关键是看作出决定的方法是否合理	

（续　表）

题　目　描　述	来　源
22. 那些掌握公共资源的人总是借机为自己谋私利	访谈资料
23. 制度只是用来保护那些有权有势的人	
24. 普通人的道德水准总是高于精英	
25. 世界上的大部分问题（包括专业领域的问题）都可以用常识来理解	
26. 在任何领域，经验和阅历都比专业知识更重要	
27. 官员应该经常密切倾听人民群众的问题	
28. 官员不必花时间到群众中去也能做好自身的工作	
29. 人民的意志应该成为国家政治的最高准则	
30. 在很大程度上，政府是被少数只关注自己利益的大集团控制	
31. 大部分官员会用手中的权力为人民群众谋福利	
32. 相当多的官员都是骗子	
33. 你能根据一个人的政治立场来判断他是个好人还是坏人	
34. 和我政治立场不同的人不一定都是坏人	
35. 和我政治立场不同的人只是被误导了	

我们运用这一量表进行了试调查。在剔除无效样本后，试调查共得到123个有效样本。我们根据试调查的结果从初稿中选出了12道具有较好的效度①和信度②的题，组成新的民粹主义量表作为操作化测量。由于篇幅所限，这里不再对主成分分析及信度检验的结果作详细报告，仅对于正交旋转后的因子载荷情况作一报告（见表14－2）。根据变量对应的含义以及因子载荷情况，我们将因子1命名为“人民主权”，因子2命名为“反对建制”，因子3命名为“非黑即白”，因子4命名为“反对专业主义”。这一结果与我们先前对于民粹主义的定义同样是吻合的。因此，我们采用12道题组成的量表对民粹主义进行测量和分析。

① 4个特征值大于0.9的因子累积解释了64%的方差。
② 12道题的Cronbach's Alpha信度检验结果为77.6%。

表 14－2　正交旋转后的因子载荷

变　　量	因子 1	因子 2	因子 3	因子 4
1. 政府应该听从人民的意愿	**0.83**	0.12	0.06	−0.16
2. 那些最重要的政策应该由人民而不是官员来制定	**0.77**	−0.01	0.25	0.12
3. 人民的意志应该成为国家政治的最高准则	**0.69**	0.09	0.03	0.30
4. 那些掌握公共资源的人总是借机为自己谋私利	−0.10	**0.74**	0.05	0.24
5. 在很大程度上，政府是被少数只关注自己利益的大集团控制	0.20	**0.77**	0.04	0.07
6. 相当多的官员都是骗子	0.10	**0.75**	0.20	−0.03
7. 政治本质上是正义与邪恶之间的角力	0.26	−0.10	**0.77**	0.20
8. 人们所谓政治上的妥协事实上就是出卖原则	−0.05	0.26	**0.82**	0.06
9. 普通人的道德水准总是高于精英	0.24	0.11	**0.70**	0.28
10. 讨论国家和地方的大事需要比较高的知识和能力，所以只能让有较高知识和能力的人参与	−0.09	0.12	0.09	**0.74**
11. 世界上的大部分问题（包括专业领域的问题）都可以用常识来理解	0.30	−0.06	0.31	**0.57**
12. 在任何领域，经验和阅历都比专业知识更重要	0.07	0.16	0.28	**0.75**

二、个人家庭背景与组织精英化程度如何影响青年民粹主义

在测量民粹主义的基础上，本文重点关注个人家庭背景与组织精英化程度如何影响青年大学生对于民粹主义的态度。

在变量设计上，本文的因变量为民粹主义接受度，采用前文提及的民粹主义量表进行测量。需要指出的是，本研究所采用的试调查样本来自上海市 5 所高校，培养层次涵盖本科生和研究生，生源地涵盖 25 个省、直辖市和自治区。因此，基于试调查样本得到的民粹主义量表理论上可以较好地推广到全国样本。在具体的编码形式上，这里将“完全不同意”“比较不同意”“无所谓同意不同意”“比较同意”“完全同意”等 5 个选项重新编码为 1—5，数值越大，表示民

粹主义倾向越强烈①。在此基础上，对重新编码后的量表进行加总得到一个取值为 12—60 的定距变量。

本文的自变量包括个人家庭背景和组织精英化程度。

家庭背景通常包括多个维度，比如家庭的财富数量、教育程度、职业地位等等，这些因素往往最终指向家庭总收入（包括劳务收入和资本收入）。因此，我们在这里选择过去一年的家庭总收入作为个人家庭背景的操作化测量。

类似地，组织的精英化程度也是一个多维度的概念，特别是对于高等院校而言，其中部分维度是难以量化的（比如大学的声望、美誉度等）。然而，对于组织而言，财务规模往往在很大程度上反映了组织的规模，我们可以采用组织预算来近似地测量组织的地位，预算越多，则组织规模越大。其中，对于高等院校而言，来自政府财政拨款的预算一方面可以反映组织的规模，另一方面也可以反映组织的地位和认可度。已有研究表明，高等院校的经费水平短期内可以提高科学研究成果发表数量（谢亚兰，2008；由由等，2016），长期则有助于提升高校的社会声誉以及持续为整个社会系统提供服务的能力（丁振华，2014）。因此，我们在这里采用高等院校的财政拨款预算作为组织精英化程度的操作化测量。

此外，本文还纳入了性别、年龄、政治面貌、入学年份、父亲受教育程度、14 岁时父亲职位、专业类别、是否就读于重点高中、是否独生子女、主要成长地等个体层面的控制变量，以及学校的建校历史、占地面积、学生规模、师生比、是否教育部直属院校以及学校层次等组织层面的控制变量。

在模型选择上，考虑到数据在抽样过程中存在的“学校-个体”嵌套结构以及本文考察的重点，即个体变量与组织变量之间的交互，因此，我们选择了多层线性模型。多层线性模型的优势在于不仅可以在每个层次内部对研究假设进行检验，而且可以对于跨层次的交互效应进行考察。

① 在 12 道题目中，有一道题为反向表述，即“讨论国家和地方的大事需要比较高的知识和能力，所以只能让有较高知识和能力的人参与”，对于这道题目，我们采取了反向编码，即“完全不同意”编码为 5，“完全同意”编码为 1。

表 14－3 对多层线性模型的结果进行了反映。

表 14－3　个人家庭背景与组织精英化程度如何影响青年民粹主义

	模型 1	模型 2	模型 3	模型 4
固定效应				
常数项	34.950***	31.853***	32.248***	30.578***
	(0.33)	(1.21)	(1.30)	(1.55)
个体层次				
男性		0.215	0.391+	0.396+
		(0.19)	(0.21)	(0.20)
年龄		0.179**	0.180**	0.188**
		(0.06)	(0.06)	(0.06)
党员		−0.448	−0.305	−0.258
		(0.33)	(0.36)	(0.36)
2017 年之前入学		0.927**	0.861**	0.822**
		(0.29)	(0.32)	(0.30)
父亲受教育年限		−0.076**	−0.060+	−0.049
		(0.03)	(0.03)	(0.03)
14 岁时父亲为中高层管理者		−0.706**	−0.532*	−0.488+
		(0.23)	(0.27)	(0.27)
独生子女		−0.332+	−0.397+	−0.360+
		(0.19)	(0.21)	(0.21)
人文社科类		−0.323	−0.423+	−0.467*
		(0.21)	(0.23)	(0.23)
毕业于省/全国重点高中		−0.129	−0.072	−0.013
		(0.19)	(0.21)	(0.21)
来自北上广深		0.510+	0.669*	0.443
		(0.28)	(0.32)	(0.31)
来自农村		0.142	−0.070	−0.107
		(0.23)	(0.26)	(0.26)
家庭年收入（万）的对数			−0.295***	−0.204*
			(0.08)	(0.09)
学校层次				
2017 年财政拨款预算（亿）的对数				0.170+
				(0.09)
建校历史				0.013
				(0.01)

（续　表）

	模型 1	模型 2	模型 3	模型 4
占地面积				−0.001 (0.00)
学生规模				−0.000 (0.00)
师生比				0.040 (0.03)
教育部直属院校				−2.331* (1.10)
985/211 工程院校				0.600 (1.04)
三本/专科院校				2.627*** (0.61)
个体层次与学校层次交互				
家庭年收入（万）的对数＊2017 年财政拨款预算（亿）的对数				−0.082*** (0.02)
随机效应				
个体层次	6.28	6.20	6.16	6.15
学校层次	2.04	2.06	2.03	1.01
ICC ＊ 100%	24.5	24.9	24.8	14.1
N	6 190	5 698	4 563	4 563
−2 Log likelihood	40 435.8	37 081.4	29 638.2	29 575.4
BIC.	40 462.1	37 202.5	29 764.6	29 777.6

注：显著性水平：+p<0.1，*p<0.05，**p<0.01，***p<0.001。

可以看到，模型 1 为零模型，在未纳入任何控制变量的情况下，民粹主义指数均值为 34.95，青年大学生在民粹主义指数上的差异有 24.5%需要通过学校层次的变量加以解释，这一比例意味着不同高校之间的在校大学生存在显著差异，有必要采用多层线性模型。模型 2 在零模型的基础上纳入了个人层次的控制变量，包括性别、年龄、政治面貌、入学年份、父亲受教育年限、14 岁时父亲的职位、修读专业类别、毕业高中类型、主要成长地等。模型 3 在模型 2 的基础上加入了过去一年家庭总收入作为解释变量，可以看到，家庭总收入对于青年在校大学生的民粹主义指数存在显著的负向影响，具体而言，家庭总收入每增加1%，民粹主义指数降低0.295。模型4在模型3的基础上加入了学校层次变量以及学校与个人层次的交互变量。可以看到，在加入学校层次的变量后，ICC由零模型中的24.5%下降到14.1%，这也就是说学校层次差异的50.5%为模型4引入的变量所解释。在模型4中，个人家庭总收入对于民粹主义指数的影响仍然显著；在学校层次，建校历史、占地面积、学生规模、师生比等因素均不存在显著影响，而相比于非部属院校，教育部直属院校大学生的民粹主义指数显著降低了2.33，同时相比于非985/211工程的一本及二本院校，985/211工程院校大学生的民粹主义指数不存在显著差异，但是就读于三本或者专科院校的青年学生群体的民粹主义则显著高出了2.63。值得注意的是，2017年高校获得的财政拨款预算以及高校财政拨款预算与个人家庭总收入的交互项均对于青年大学生的民粹主义指数呈现显著影响，这意味着无论是只考虑个体层次的家庭背景，还是仅考察学校层次的精英化程度，都无法准确地把握上述两个变量对于青年民粹主义指数的影响。

在系数解读上，我们可以将个人家庭年收入与学校财政拨款预算的不同取值分别代入模型4对应的方程。其中，个人家庭年收入对数的四分位数分别为0.875、1.792和2.485，依次对应低收入、中等收入和高收入家庭，2017年财政拨款预算对数的四分位数分别为0.727、2.457和3.128，依次对应弱精英、中等精英和强精英高校。因此，在控制其他变量的情况下①，对于来自低收入家庭的大学生而言，就读于弱精英高校时的民粹主义指数为35.49，就读于中等精英高校时的民粹主义指数为35.66，而就读于强精英高校时的民粹主义指数则为35.72，这也就是说，对于那些来自低收入家庭的青年大学生而言，就读高校的精英化程度越高，民粹主义指数越高。对于那些来自中等收入家庭的大学生而言，也呈现出类似的规律，就读于弱精英、中等精英和强精英高校时的民粹主义指数分别为35.25、35.29和35.30，尽管增幅小于低收入家庭大学

① 即虚拟变量取参照组，定距变量取均值。

生，但是仍然呈现出就读高校精英化程度越高，民粹主义指数也越高的趋势。最后，对于那些高收入家庭的大学生，情况则有所不同。对于这一群体而言，就读于弱精英高校时的民粹主义指数为35.06，就读于中等精英高校时为35.01，而就读于强精英高校时则为34.98。这也就是说，对于那些来自高收入家庭的大学生，就读于院校的精英化程度越高，民粹主义指数则越低。

此外，我们也注意到，无论就读院校的精英化程度如何，个人家庭年收入对于民粹主义指数都呈现出显著的负向影响，即家庭年收入越高，民粹主义指数越低。然而，对于精英化程度不同的高校，家庭年收入对于民粹主义指数的影响却各不相同。具体而言，在控制了其他变量的情况下，对于弱精英高校而言，来自低收入家庭的大学生民粹主义指数为35.49，来自中等收入家庭的大学生民粹主义指数为35.25，而来自高收入家庭的大学生民粹主义指数则为35.06。对于中等精英高校而言，来自低、中、高收入家庭的大学生对应的民粹主义指数分别为35.66、35.29和35.01。最后，对于强精英高校而言，来自低、中、高收入家庭的大学生对应的民粹主义指数分别为35.72、35.30和34.98。由这一结果可以看出，精英化程度越高的学校内部，家庭经济条件所导致的民粹主义指数差异越大；换言之，越是就读于精英高校的低收入家庭大学生，越容易受到民粹主义思潮的影响。

三、总结与讨论

本文考察了个人家庭背景与组织的精英化程度对于青年大学生民粹主义倾向的影响，研究发现：无论是个人家庭背景，还是组织精英化程度，都对于青年民粹主义思潮存在显著影响，且这一效应同时受到两者交互作用的调节。具体而言，对于那些来自中低收入家庭的大学生而言，就读高校的精英化程度越高，民粹主义指数也越高；而对于那些来自高收入家庭的大学生而言，就读于精英高校则会显著降低民粹主义指数。此外，无论是就读院校的精英化程度高低，家庭背景与民粹主义指数之间始终呈现出负相关关系，同时家庭总收入影响民粹主义指数的效应随学校精英化程度升高而扩大，这也就是说，越是就读于精英高校的低收入家庭大学生，越明显地呈现出民粹主义倾向。

本文的研究结论表明，仅从个体层面出发试图理解当前中国社会呈现出的青年民粹主义思潮抬头的趋势是不完整的，社会心态的嵌入性特征使得我们有必要将个体纳入组织层面加以理解和把握。诚然，当代青年群体所面临的贫富分化、阶级隔阂等结构性因素往往成为助推民粹主义思潮的主要动力（唐小兵，2008）。然而，青年群体并非“铁板一块”，嵌入在不同组织与结构之中的青年人在面临相似的社会环境时可能作出不同的反应。本文的研究发现恰恰证实了，进入名校并不必然降低青年大学生对于民粹主义的接受程度，相反，那些来自中低收入家庭的大学生在进入高水平大学以后，反而比那些进入非高水平大学的大学生，表现出更加强烈的民粹主义倾向。

为什么那些来自中低收入家庭的青年大学生在进入高水平大学以后反而呈现出更加强烈的民粹主义倾向？回到前文围绕民粹主义概念提出的四个维度，即人民主权、反建制与反精英、非黑即白以及反对专业主义。首先，来自中低收入家庭意味着这一群体往往更加倾向于采取一种底层视角，或者说更多地关注底层群体的利益与价值，倾向于认为底层群体为推动社会的发展和进步作出了更多的牺牲和贡献，这使得他们更有可能接受“人民即真理”的观念。其次，对于那些来自中低收入家庭的青年大学生而言，进入高水平大学意味着他们相比于那些没有进入高水平大学的同龄人，拥有更加强烈的阶级流动的愿望和可能，而这种愿望和可能在经历现实的挫折与打击之后往往转化为一种彻底的不信任和不接受。如果那些没有进入高水平大学的中低收入家庭大学生尚且可以将自身面对的阶级闭合与隔阂归结为个体因素，那么，那些经过 12 年寒窗苦读进入高水平大学的中低收入家庭大学生则只能（或者说是不得不）将自身的境遇归因于外部的结构因素，而这种将自身境遇归因于外部结构因素的思维模式往往使得他们反对建制，反对制度背后的权力结构以及作为这种权力结构代表和化身的精英。再次，沿着归因于外部结构因素的思维模式，这种由于无法融入或者成为精英而将其与自身对立起来的逻辑，也使得这一群体倾向于采取一种非黑即白的视角，执着于对错是非的区分和判断，使得他们无论是看待社会议题还是自身的生活机遇都更容易陷入一种价值判断先于事实判断的困境。最后，作为高等教育的佼佼者，进入高水平大学的中低收入家庭大学生理应比其他未进入高水平大学的同龄人更加相信专业和知识的力量，但是，正如前文指出的，当这种信念转化成为彻底的不信任和不接受，不仅影响到他们对于自我生活机遇的解读，也会影响到他们对于更加广泛的社会议题的理解和看法，其中一个重要的维度就是不再相信诸如“知识改变命运”这样的价值，转而倒向“读书无用论”甚至反智主义。

除了关注那些来自中低收入家庭的大学生，本文的研究结论所提供的另一个值得注意的视角是对于高水平大学的关注。我们的研究发现，越是教学水平高的学校内部，家庭年收入影响民粹主义指数的效应也越大。这一结果意味着，相比于那些非高水平大学，高水平大学内部面临的由于个体家庭背景差异所导致的观念冲突的风险更大，换言之，高水平大学面临着更大的被阶级“撕裂”的风险。也是由于这样的原因，我们经常可以观察到，特定的社会舆论议题在一些高校能够引起学生热议，并且迅速分为彼此对立的两派激烈辩论，使得议题可以在很长时间内维持舆论的热度；而在另外一些高校要么是无人问津，要么是学生的观点和看法出奇一致，即使初期的舆论热度很高，也会因为缺乏争议而迅速冷却。当然，舆情传播并不是本文研究的重点。然而，值得担忧的是，那些进入高水平大学的大学生群体在十年到二十年以后将会成为社会的中流砥柱，他们的意见将成为公众的主流意见，他们的分歧也会成为这个社会必然面临的分歧。尽管由于资料和数据的限制，我们尚无法预测当前高水平大学内部所呈现出的态度差异在多大程度上是年龄或者时代效应，又在多大程度上是世代效应，但是可以预见的是，伴随着社会结构逐渐趋于稳定，如果高水平大学内部的阶级撕裂是由于部分来自中低阶层的青年学生对社会流动的失望所造成的，那么这种观念上的分歧和隔阂可能始终存在，并且逐渐加深和扩大。因此，如何弥合高水平大学内部由于个体因素造成的观念隔阂乃至对立是一个值得我们继续思考和讨论的话题。

参考文献

丁振华：《熵权法和 TOPSIS 法在高校财政拨款绩效评价中的应用——基于可持续发展视角》，《南京航空航天大学学报（社会科学版）》，2014 年第 3 期，第 36—42 页。

桂勇、李秀玫、郑雯、黄荣贵：《网络极端情绪人群的类型及其政治与社会意涵——基于中国网络社会心态调查数据（2014）的实证研究》，《社会》，2015 年第 5 期，第 78—100 页。

郭小安、杨绍婷：《网络民族主义运动中的米姆式传播与共意动员》，《国际新闻界》，2016 年第 11 期，第 54—74 页。

郭中军：《从民众正义到直接参与——青年网民赛博民粹主义倾向的政治学解读》，《当代青年研究》，2010 年第 5 期，第 1—6 页。

汉娜・阿伦特：《极权主义的起源》，生活・读书・新知三联书店，2014 年。

黄军甫、张倩倩：《如何理解社会转型中民粹主义的勃兴》，《探索与争鸣》，2015 年第 8 期，第 57—61 页。

黄仁伟：《论美国人民党运动的历史地位》，《世界历史》，1989 年第 1 期，第 65—74 页。

李良荣：《警惕网络民粹主义“暴力”——中国民粹主义新动向》，《人民论坛》，2015 年第 1 期，第 34—37 页。

李良荣：《中国民粹主义三个动向》，《人民论坛》，2017 年第 1 期，第 22—23 页。

李庆余：《试论美国农场主对工业化的反应》，《南京社会科学》，2002 年第 2 期，第 33—40 页。

林红：《论民粹主义产生的社会根源》，《学术界》，2006 年第 6 期，第 189—193 页。

刘春雷、于妍：《大学生就业心理现状及其影响因素研究》，《人口学刊》，2011 年第 6 期，第 81—88 页。

马立诚：《当代中国八种社会思潮》，社会科学文献出版社，2012 年。

三浦展：《下流社会》，文汇出版社，2007 年。

石立春：《未民主先民粹：裹挟爱国情绪的底层抗争——当代青年学生政治心态民粹化倾向的质性研究》，《中国青年研究》，2017 年第 4 期，第 43—50 页。

宋长春：《大学生就业心理问题与自我调适》，《中国青年研究》，2005 年第 8 期，第 72—75 页。

孙立平：《警惕精英寡头化和下层民粹化》，《领导文萃》，2006 年第 6 期，第 25—28 页。

谭毅：《青年网民的网络民粹主义行为：原因、表现及管控》，《青年探索》，2014 年第 6 期，第 90—93 页。

唐小兵：《底层与知识分子的民粹主义》，《南风窗》，2008 年第 3 期，第 86—88 页。

陶文昭：《互联网上的民粹主义思潮》，《探索与争鸣》，2009 年第 5 期，第 46—49 页。

陶文昭：《中国民粹主义新特点："三仇""两求"与"两过"》，《人民论坛》，2016 年第 13 期，第 32—33 页。

托克维尔：《旧制度与大革命》，商务印书馆，1992 年。

王君玲、石义彬：《网络事件中的民粹主义现象分析——以"哈尔滨警察打死大学生"事件为例》，《国际新闻界》，2009 年第 4 期，第 92—95 页。

吴江、兰颖：《中国公众的民粹化倾向调查报告（2012）》，《人民论坛·学术前沿》，2012 年第 15 期，第 86—95 页。

谢亚兰：《美国世界一流大学科研经费投入与产出相关性实证研究》，《高教探索》，2008 年第 5 期，第 51—54 页。

由由、吴红斌、闵维方：《高校经费水平、结构与科研产出——基于美国 20 所世界一流大学数据的分析》，《高等教育研究》，2016 年第 4 期，第 31—40 页。

张佑宗：《搜寻台湾民粹式民主的群众基础》，《台湾社会研究》，2009 年第 75 期，第 85—113 页。

郑维伟：《民粹主义不宜标签化和扩大化——对当前学界一种错误倾向的批评》，《探索与争鸣》，2016 年第 10 期，第 81—84 页。

祝东力：《社会不公是民粹主义的温床》，《文化纵横》，2012 年第 3 期，第 16—18 页。

Akkerman, A., Mudde, C., and Zaslove, A. 2014. "How Populist are the People? Measuring Populist Attitudes in Voters." *Comparative Political Studies* 47 (9): 1324 - 1353.

Arditi, B. 2003. "Populism, or, Politics on the Edges of Democracy." *Contemporary Politics* 9 (1): 17 - 31.

Betz, H. G. 1990. "Politics of Resentment: Right-wing Radicalism in West Germany." *Comparative Politics* 23 (1): 45 - 60.

Derks, A. 2006. "Populism and the Ambivalence of Egalitarianism: How do the Underprivileged Reconcile a Right Wing Party Preference with Their Socio-economic Attitudes?" *World Political*

Science 2 (3): 175 - 200.

Feldman, S. 1982. "Economic Self-interest and Political Behavior." American *Journal of Political Science* 26 (3): 446 - 466.

Hawkins, K., Riding, S., and Mudde, C. 2012. "Measuring Populist Attitudes." Paper presented at the Political Concepts Committee on Concepts and Methods Working Paper Series.

Knight, A. 1998. "Populism and Neo-populism in Latin America, especially Mexico." *Journal of Latin American Studies* 30 (2): 223 - 248.

Kornhauser, W. 1959. *The Politics of Mass Society*. New York: Free Press.

Panizza, F. 2005. "Introduction: Populism and the Mirror of Democracy," in Panizza, F. (ed.), *Populism and the Mirror of Democracy*. London: Verso, pp. 1 - 31.

Schulz, A., Müller, P., Schemer, C., Wirz, D. S., Wettstein, M., and Wirth, W. 2016. *Measuring Populist Attitudes on Three Dimensions*. Paper presented at the NCCR Democracy Working Paper.

Taggart, P. 2000. *Populism*. Philadelphia: Open University Press.

Westlind, D. 1996. *The Politics of Popular Identity: Understanding Recent Populist Movements in Sweden and the United States* (Vol. 89). Lund: Lund University Press.

Weyland, K. 2001. "Clarifying a Contested Concept: Populism in the Study of Latin American Politics." *Comparative Politics* 34 (1): 1 - 22.

第十五章　民族主义：持续升温

引言

近年来，越来越多研究开始关注广泛存在于当代中国青年群体，特别是高校大学生中间的民族主义思潮（卜建华，2012；Hyun et al，2014；Gries et al.，2015）。通常认为，爱国主义和民族主义具有不同的心理学维度，爱国主义反映了个体对自己国家的热爱、自豪感和归属感，而民族主义则反映了个体的国家优越感和对他国的支配感（Kosterman & Feshbach，1989）。因此，民族主义情感带有对外部群体的蔑视和排外倾向，并具有对外部群体的支配感，而爱国主义是一种健康的、建设性的、宽容的爱国情感，未必会导致排外倾向和支配倾向（马得勇，2013）。20 世纪 90 年代以来，民族主义始终暗潮涌动，不时有抬头的迹象。进入 21 世纪，成长于中国崛起背景之下的 90 后普遍拥有更强的民族认同感与民族自豪感（宋洁等，2010）。民族主义思潮不仅在线上对青年群体的政治社会化过程产生影响（Nie，2013；Schneider，2014），催生出“远征”“爆吧”等带有明显民族主义色彩的网络集体行动（罗以澄、赵平喜，2012），而且可能与极端民粹主义思潮合流（李良荣，2015；陈尧，2011），进而转化为线下的暴力集体行动（Hyun & Kim，2015；Wang & Chen，2004）。这些因素都使得我们必须正视青年群体中间的民族主义思潮。

已有关于民族主义思潮在青年群体（特别是大学生群体）中间传播和接受的研究很多（陈学明，2005；山小琪、郭展新，2009；雷开春、杨雄，2015），特别是近年来很多学者开始关注网络民族主义对于青年大学生的影响（赵广平，

2009；安珊珊、杨伯溆，2011；蒙慧、马向萌，2013）。然而，关于网络民族主义的研究大多停留于对现象的描述，采用一种连续统计模型测量和理解民族主义，认为调查对象在民族主义这一变量上的取值处于“完全不（认同）民族主义”与“完全（认同）民族主义”之间，忽略了民族主义概念内部存在的不同维度。而对于影响青年民族主义的因素，仅有少数研究从人口学和社会经济因素出发作了讨论（Kunovich，2009），但是对于影响青年政治社会化的教育过程，特别是高等教育的内容和过程，几乎没有涉及。然而，教育学领域的研究已经证明专业教育对于大学生的政治观念存在显著影响（Ylijoki，2000；Potts et al.，2010），而且在更加抽象的层次上可能影响青年群体对于社会议题的归因逻辑和机制（Guimond & Palmer，1996；Guimond，1997）。

因此，本文聚焦青年大学生群体的民族主义思潮，尝试回答下列问题：第一，如何类型化青年民族主义概念，不同类型的民族主义者在青年群体中间分别占据了多少比例，在此基础上，对比 2015 年与 2017 年的调查数据，探讨青年民族主义思潮在当前在校大学生群体中间呈现出怎样的趋势；第二，专业教育如何影响在校大学生对于民族主义思潮的态度，相比于一年级尚未接受系统性专业教育的大学生，已经接受不同专业教育的高年级在校大学生在民族主义类型比例上呈现出怎样的差异与变化趋势；第三，结论与讨论，总结前文关于青年民族主义的一系列发现，预判未来民族主义思潮在中国社会，特别是青年群体中间可能的走势。

一、民族主义概念的测量与类型化

本研究关注的是青年民族主义思潮内部的不同面向，希望借助青年学生对一组问题的不同回答组合，建构出一套青年民族主义的类型学。为此，本研究采用潜在类别分析（Latent Class Analysis，LCA）对大学生群体的民族主义心态进行类型化分析。作为潜在变量模型的一种，潜在类别分析方法可以通过测量类别外显变量来定义其背后的类别潜在变量以把握抽象特质的状态（邱皓政，

2008：1－9）。借助潜在类别分析模型，我们可以对青年民族主义不同类型的数量、比例及特征进行考察。

在这里，我们设计了一套包括5道问题的民族主义情绪量表，具体如下：

1. 民族利益优先：当中华民族与其他民族发生严重的利益冲突时，可以采取任何手段维护本民族利益；

2. 民族优越：中国人民是世界上最聪明、最勤奋的人民；

3. 文明优越：中国文化/传统价值优于其他文化/文明；

4. 影响力扩大：一般来说，中国对其他国家的影响力越大，中国（人民）将越好；

5. 控制权扩大：如果中国在世界事务中拥有更大的控制权，则这个世界将变得更好。

根据题目设置，上述题目的回答包括“完全不同意”“比较不同意”“无所谓”“比较同意”“完全同意”等5个选项。在这里，我们认为“完全同意”同样代表着强烈的民族主义情绪，而“完全不同意”则代表了一种强烈的逆向民族主义情绪，其他选项可以看作是相对温和或者中立。因此，我们在编码过程中，将“完全同意”编码为“强烈支持”，将“完全不同意”编码为“强烈反对”，其他选项编码为“中立”。由于我们在2015年和2017年的调查中，都对上述量表的题目进行测量，因此，我们得以将两次抽样调查的数据进行合并。删除缺失值后，2015年调查得到6 192个有效样本，2017年调查得到6 671个有效样本。表15－1反映了重新编码后的变量描述性统计。

表15－1　大学生群体民族主义心态的描述性统计

变　量	百分比		变　量	百分比	
	2015	2017		2015	2017
民族利益优先			影响力扩大		
强烈支持	13.0	21.3	强烈支持	12.3	17.7
中立	76.1	68.8	中立	82.0	78.4
强烈反对	10.9	9.8	强烈反对	5.7	3.9

（续　表）

变　量	百分比		变　量	百分比	
	2015	2017		2015	2017
民族优越			控制权扩大		
强烈支持	12.9	19.4	强烈支持	8.6	12.2
中立	78.7	72.3	中立	83.1	80.9
强烈反对	8.4	8.4	强烈反对	8.3	6.9
文明优越					
强烈支持	9.2	14.1			
中立	80.3	74.6			
强烈反对	10.5	11.3			

通过表15－1比较2015年与2017年的比例变化可以发现，在全部5道题目上，表示强烈支持的比例都呈现出上升的趋势。其中，强烈支持民族利益优先的比例从13.0%上升到21.3%，增长了8.3个百分点；强烈支持民族优越的比例从12.9%上升到19.4%，增长了6.5个百分点；强烈支持文明优越的比例从9.2%上升到14.1%，增长了4.9个百分点；强烈支持影响力扩大的比例则从12.3%上升到17.7%，增长了5.4个百分点；最后，强烈支持控制权扩大的比例从8.6%上升到12.2%，增长了3.6个百分点。此外，值得注意的是，强烈支持比例的上升主要来自中立比例的下降，而表示强烈反对的比例在民族利益优先、影响力扩大和控制权扩大等3个方面略有降低，在民族优越方面与先前持平，而在文明优越方面则略有上升。因此，我们基本可以认为，相比于2015年，青年大学生群体在过去两年内呈现出了更加强烈的民族主义倾向，这种变化主要来自中立群体比例的下降。

基于上文对于民族主义量表的描述性统计，我们接下来运用潜在类别分析进一步考察民族主义的不同子类型呈现出怎样的比例变化趋势。我们首先根据适配指标选择潜在类别的最优数量，进而对大学生民族主义心态类型进行命名。表15－2列出了从T = 1到T = 9的九种不同类别数目的模型适配估计结果，其中，以类别数目为1（即所有观察值没有分组）的模型作为零模型（Null

Model)。从表 15 - 2 的统计结果可以看出：当潜变量类别数目 T > 6 时，模型适配的 AIC、BIC 以及-2Log likelihood 指标趋于收敛，减小幅度越来越小；当 T = 8 时，AIC 和 BIC 指标达到最小值。尽管 T = 8 时为统计最优，但是综合统计结果与数据的可解读情况，我们还是将潜在类别数目 T = 6 的拟合模型确定为最佳模型。

表 15 - 2　探索性潜在类别分析模型适配指标摘要表（N=6 192）

模　型	AIC	BIC	-2Log likelihood	Npar
1 - cluster	87 047. 83	87 122. 45	87 027. 83	10
2 - cluster	76 919. 47	77 076. 18	76 877. 47	21
3 - cluster	71 053. 73	71 292. 52	70 989. 73	32
4 - cluster	70 419. 42	70 740. 29	70 333. 42	43
5 - cluster	70 007. 17	70 410. 12	69 899. 17	54
6 - cluster	**69 643. 76**	**70 128. 79**	**69 513. 76**	**65**
7 - cluster	69 518. 66	70 085. 78	69 366. 66	76
8 - cluster	69 433. 84	70 083. 04	69 259. 84	87
9 - cluster	69 436. 82	70 168. 11	69 240. 82	98

AIC = Akaike Information Criterion；BIC = Bayesian Information Criterion

在确定最佳模型的基础上，我们运用期望-最大（Expectation-Maximization，EM）算法对参数进行最大似然估计，以确定外显变量上的条件概率以及潜在类别概率。结果见表 15 - 3。

表 15 - 3　大学生民族主义心态的条件概率和潜在类别概率

Items	Class1	Class2	Class3	Class4	Class5	Class6
民族利益优先						
强烈支持	0. 081	0. 077	0. 086	0. 331	**0. 496**	**0. 778**
中立	**0. 483**	**0. 567**	**0. 847**	**0. 608**	0. 440	0. 201
强烈反对	0. 436	0. 356	0. 067	0. 061	0. 064	0. 021

（续　表）

Items	Class1	Class2	Class3	Class4	Class5	Class6
民族优越						
强烈支持	0.025	0.012	0.048	0.258	**0.792**	**0.979**
中立	0.424	0.361	**0.938**	**0.727**	0.192	0.018
强烈反对	**0.552**	**0.627**	0.014	0.014	0.015	0.003
文明优越						
强烈支持	0.000	0.013	0.012	0.129	**0.696**	**0.968**
中立	0.276	0.209	**0.969**	**0.841**	0.280	0.029
强烈反对	**0.724**	**0.778**	0.019	0.029	0.024	0.004
影响力扩大						
强烈支持	0.037	0.070	0.014	**0.683**	0.228	**0.941**
中立	0.404	**0.831**	**0.976**	0.317	**0.740**	0.057
强烈反对	**0.559**	0.099	0.010	0.000	0.032	0.002
控制权扩大						
强烈支持	0.005	0.027	0.007	0.403	0.099	**0.935**
中立	0.000	**0.973**	**0.971**	**0.589**	**0.855**	0.065
强烈反对	**0.995**	0.000	0.022	0.008	0.047	0.000
潜在类别概率	0.058	0.064	0.658	0.104	0.063	0.054

根据表15－3的统计结果，可以发现：从潜在类别概率来看，潜在类别3的比重最大，为0.658；除类别4的比重达到0.104以外，其他潜在类别的概率均在0.06左右。

从外显变量上的条件概率来看，类别1在民族优越、文明优越、影响力扩大、控制权扩大等4个变量上均表现出强烈反对，表明这一群体无论是对于作为文化实体的民族的优越性，还是作为政治实体的国家的优越性，均持反对态度，因此将其命名为“极端逆向民族主义者”；类别2在民族优越与文明优越2个变量上表现出强烈反对，在其他变量上持中立的温和态度，表明这一群体仅对于民族文化持强烈负面态度，因此将其命名为“文化逆向民族主义者”；类别3在所有变量上均持中立或温和态度，因此将其命名为“非民族主义者”；类别4在多数变量上持中立或温和态度，仅在影响力扩大这一变量上持强烈支持态度，表明该群体在对外关系方面持一种国家主义的立场，因此将其命名为“国家民族主义者”；类别 5 在文明优越变量上持强烈支持态度，即强烈认同民族文化优越性，但是在其他变量上持中立或温和态度，因此将其命名为“文化民族主义者”；最后，类别 6 在所有变量上均持强烈支持或极端态度，将其命名为“极端民族主义者”。

在此基础上，根据我们对于样本民族主义心态类别归属的预测，并根据调查年份的不同进行了分组统计（见表 15－4）。从总体分布情况看，非民族主义者占据了主流，68.1%的青年大学生在民族主义议题上并未表现出明显的极端态度；在其余三成左右的大学生中，20.9%的样本呈现出明显的民族主义倾向，而 10.9%则呈现出逆向民族主义的倾向；具体到民族主义的子类型，国家民族主义者占 10.4%，其他子类型的占比大体接近，分别为极端逆向民族主义者占 5.8%，文化逆向民族主义者占 5.1%，文化民族主义者占 5.5%，极端民族主义者占 5.0%。

表 15－4　大学生民族主义心态类型的描述性统计

民族主义心态类型	总　体		2015 年		2017 年	
	样本数	比例（%）	样本数	比例（%）	样本数	比例（%）
极端逆向民族主义者	752	5.8	401	6.5	351	5.3
文化逆向民族主义者	652	5.1	279	4.5	373	5.6
非民族主义者	8 763	68.1	4 461	72.0	4 302	64.5
国家民族主义者	1 340	10.4	578	9.3	762	11.4
文化民族主义者	709	5.5	258	4.2	451	6.8
极端民族主义者	647	5.0	215	3.5	432	6.5

对比 2017 年与 2015 年两次调查数据，可以发现：首先，民族主义思潮整体上呈现出上升的趋势。国家民族主义者、文化民族主义者以及极端民族主义者等三个类型的比例有明显的上升，相比于 2015 年，三个类型分别增加了 2.1、2.6 和 3.0 个百分点，这一结果同样印证了我们在描述性统计部分的发现。其次，逆向民族主义思潮并没有出现明显下降的趋势。尽管极端逆向民族主义者

的比例下降了 1.2 个百分点，但是文化逆向民族主义者的比例上升了 1.1 个百分点，从整体而言，逆向民族主义者的比例仍然维持在 10%左右。最后，中间温和群体的比例呈现明显下降的趋势，非民族主义者的比例从 2015 年的 72.0%下降到了 2017 年的 64.5%，降低了 7.6 个百分点，这一结果也从侧面印证了我们的判断，即民族主义思潮的上升最有可能对中间温和群体产生挤压效应，使得中间温和群体的比例下降，民族主义者的比例升高。

二、专业教育如何影响青年民族主义思潮

在对于民族主义概念进行测量和类型化的基础上，我们希望进一步考察专业教育对于青年民族主义思潮的影响。

本小节主要采用 2017 年度的调查数据。我们将样本分成两部分，一部分是 2017 年 9 月入学的新生，另一部分是 2016 年以及更早入学的老生。本次调查进行的时间为 2017 年 9 月至 12 月，这意味着在调查进行时，2017 年 9 月入学的新生刚刚进入大学不超过 3 个月，可以近似认为没有接受过专业教育，因此在控制了其他变量的前提下，理论上不同专业的新生在民族主义思潮的倾向上不应该存在明显的差异。而对于那些 2016 年以及更早入学的老生，在调查进行时，他们已经接受过至少一年的专业教育，不同专业的学习内容以及潜在的价值观念取向将会影响他们看待特定民族主义思潮的态度。因此，借助入学时间将样本分为 2017 级新生和非 2017 级新生两个子样本，将有助于我们控制其他变量的干扰，更好地考察专业教育的影响。

在变量设计方面，本文的因变量即民族主义，具体的测量方法和描述性统计详见前文，这里不再赘述。本文的解释变量为专业，根据问卷题目设计，我们将全部专业重新编码为“理学类”“工学类”“人文类”“社科类”“医学类”等 5 个类别。此外，我们还纳入了性别、年龄、父亲受教育年限、14 岁时父亲职位、是否独生子女、主要成长地等控制变量。

在模型选择上，由于作为因变量的民族主义思潮内部存在的不同面向，我

们采用多元逻辑回归模型，并以非民族主义者作为参照组，考察不同的专业教育是否会对青年大学生认同或排斥某一特定民族主义类型产生影响。

表 15-5 和表 15-6 分别反映了对于一年级学生和高年级学生不同专业类别之间在民族主义类型上的差异。

从表 15-5 可以看出，不同专业类别的一年级新生看待民族主义议题的态度存在着显著差异。具体而言，相比于作为参照组的社会科学类学生，人文类专业的学生认同极端逆向民族主义的发生比高出了 368.3%（$e^{1.544}-1$），而选择理学类专业的学生属于极端逆向民族主义者的发生比则低了 55.9%（$1-e^{-0.818}$）；类似地，选择人文类专业的学生认同文化逆向民族主义的发生比也要比参照组高出了 101.3%（$e^{0.700}-1$），而选择工学类专业的学生属于文化逆向民族主义者的发生比则低了 51.0%（$1-e^{-0.713}$）；此外，选择理学类、人文类以及医学类专业的学生认同国家民族主义的发生比均显著高于社会科学类学生，分别高出了 76.3%（$e^{0.567}-1$）、163.0%（$e^{0.967}-1$）和 198.0%（$e^{1.092}-1$）；最后，对于一年级大学生，选择不同专业的学生在文化民族主义者和极端民族主义者的发生比上没有显著差异。

从表 15-6 中可以看出，相比于一年级新生，高年级学生对于民族主义不同面向的认同状况发生了很大的变化。具体来说，相比于作为参照组的高年级社会科学类学生，在接受了至少一年的专业教育之后，人文类专业学生认同极端逆向民族主义的发生比仍然显著高出了 48.9%（$e^{0.398}-1$），同时医学类专业学生认同国家民族主义的发生比也仍然显著高于参照组，高出了 46.4%（$e^{0.381}-1$）；与先前不同的是，工学类专业在接受专业教育后对于国家民族主义和文化民族主义呈现出了更高的认同度，相比于参照组，工科生认同上述两个民族主义子类型的发生比分别高出了 28.3%（$e^{0.249}-1$）和 32.0%（$e^{0.278}-1$）；与此同时，人文类和医学类专业高年级学生认同极端民族主义的发生比也显著高于参照组，前者相较于参照组高出了 58.7%（$e^{0.462}-1$），后者则高出了 68.0%（$e^{0.519}-1$）。

表 15-5　专业教育对于青年民族主义的影响（一年级组，N=1 472）

	ENR vs. NN	CNR vs. NN	SN vs. NN	CN vs. NN	EN vs. NN
性别					
男	0.066 (0.27)	0.474* (0.23)	0.777*** (0.21)	0.632** (0.23)	0.876*** (0.25)
年龄	0.126 (0.13)	-0.087 (0.13)	0.175+ (0.09)	-0.007 (0.12)	0.111 (0.11)
父亲受教育年限	-0.044 (0.04)	-0.001 (0.04)	-0.011 (0.03)	-0.015 (0.03)	-0.022 (0.04)
14 岁时父亲职位					
中高层管理者	-0.325 (0.38)	-0.000 (0.30)	0.063 (0.25)	0.130 (0.28)	0.191 (0.27)
是否独生子女					
独生子女	0.428 (0.26)	-0.274 (0.23)	0.045 (0.19)	0.068 (0.22)	0.521* (0.22)
主要成长地					
北上广深	-0.066 (0.33)	-0.695* (0.33)	0.061 (0.23)	0.118 (0.26)	0.517* (0.25)
农村	0.385 (0.32)	0.189 (0.29)	0.236 (0.24)	0.292 (0.27)	0.575* (0.28)
专业类别					
人文类	**1.544***** **(0.39)**	**0.700+** **(0.40)**	**0.967*** **(0.44)**	-0.020 (0.65)	0.530 (0.54)
医学类	-0.512 (1.06)	-0.871 (1.05)	**1.092*** **(0.53)**	0.567 (0.68)	0.359 (0.69)
理学类	**-0.818+** **(0.46)**	-0.179 (0.30)	**0.567+** **(0.29)**	0.394 (0.32)	0.125 (0.33)
工学类	-0.040 (0.32)	**-0.713**** **(0.28)**	0.383 (0.27)	0.377 (0.29)	0.247 (0.29)
常数项	-4.564+ (2.44)	-0.320 (2.38)	-5.858*** (1.76)	-2.586 (2.19)	-5.181* (2.11)

注：显著性水平：+p<0.1，*p<0.05，**p<0.01，***p<0.001。
ENR = Extreme Nationalism in Reverse 极端逆向民族主义；CNR = Cultural Nationalism in Reverse 文化逆向民族主义；SN = State Nationalism 国家民族主义；CN = Cultural Nationalism 文化民族主义；EN = Extreme Nationalism 极端民族主义；NN = Non-Nationalism 非民族主义。

表 15－6　专业教育对于青年民族主义的影响（高年级组，N = 4 669）

	ENR vs. NN	CNR vs. NN	SN vs. NN	CN vs. NN	EN vs. NN
性别					
男	0. 452**	0. 336*	0. 625***	0. 301*	0. 947***
	(0. 14)	(0. 15)	(0. 10)	(0. 14)	(0. 14)
年龄	−0. 025	−0. 092*	0. 073**	0. 078*	0. 006
	(0. 04)	(0. 04)	(0. 03)	(0. 03)	(0. 04)
父亲受教育年限	−0. 008	−0. 006	−0. 003	0. 009	0. 007
	(0. 02)	(0. 02)	(0. 02)	(0. 02)	(0. 02)
14 岁时父亲职位					
中高层管理者	0. 205	0. 243	0. 109	−0. 144	0. 124
	(0. 18)	(0. 18)	(0. 13)	(0. 18)	(0. 17)
是否独生子女					
独生子女	−0. 052	−0. 142	0. 006	−0. 008	0. 261+
	(0. 14)	(0. 14)	(0. 10)	(0. 14)	(0. 14)
主要成长地					
北上广深	−0. 703**	−0. 247	0. 199	0. 318+	0. 481**
	(0. 26)	(0. 22)	(0. 14)	(0. 18)	(0. 17)
农村	−0. 022	−0. 038	0. 002	0. 128	0. 308+
	(0. 18)	(0. 19)	(0. 13)	(0. 17)	(0. 18)
专业类别					
人文类	**0. 398***	0. 310	0. 177	0. 000	**0. 462***
	(0. 19)	(0. 20)	(0. 16)	(0. 21)	**(0. 21)**
医学类	−0. 603	−0. 351	**0. 381+**	−0. 406	0. 519
	(0. 40)	(0. 38)	**(0. 21)**	(0. 34)	(0. 27)
理学类	−0. 174	0. 047	0. 257	−0. 262	0. 186
	(0. 23)	(0. 22)	(0. 16)	(0. 23)	(0. 21)
工学类	−0. 220	0. 032	**0. 249***	**0. 278+**	0. 159
	(0. 18)	(0. 17)	**(0. 12)**	**(0. 15)**	(0. 16)
常数项	−2. 004*	−0. 709	−3. 738***	−4. 275***	−3. 566***
	(0. 84)	(0. 91)	(0. 57)	(0. 73)	(0. 81)

注：显著性水平：$^{+}p<0.1$，$^{*}p<0.05$，$^{**}p<0.01$，$^{***}p<0.001$。
ENR = Extreme Nationalism in Reverse 极端逆向民族主义；CNR = Cultural Nationalism in Reverse 文化逆向民族主义；SN = State Nationalism 国家民族主义；CN = Cultural Nationalism 文化民族主义；EN = Extreme Nationalism 极端民族主义；NN = Non-Nationalism 非民族主义。

对比一年级组和高年级组的多元逻辑回归模型的估计结果，我们可以从专业类别的角度对数据统计的结果进行重新梳理。

相比于作为参照组的社会科学类专业的学生，人文类专业的学生在进入大学的初期更加认同极端逆向民族主义和文化逆向民族主义，但是同时也更加认同国家民族主义。在接受人文类专业教育以后，人文类专业学生成为极端逆向民族主义者的发生比仍然更高，但是对于文化逆向民族主义和国家民族主义两个面向，高年级人文类专业的学生与参照组已经不存在显著差异，与此同时，极端民族主义者这一类型在人文类专业学生群体中间的发生比由无显著差异变为显著高于参照组。这也就是说，对于人文类专业学生，专业教育降低了这一群体对于文化逆向民族主义或者国家民族主义的认同，但是提高了他们接受极端民族主义思潮的可能性。

其次，对于医学类和理学类专业的学生，专业教育对民族主义思潮的影响不大。选择医学类专业的一年级新生对于国家民族主义呈现出相较于参照组更高的认同度，这一现象在高年级学生中间仍然存在，而其他民族主义类型的发生比无论是对于一年级医学生还是高年级医学生均不存在与参照组之间的显著差异。类似地，理学类专业的学生在接受专业教育前后变化也不大。原本在一年级新生群体中间呈现出显著性的国家民族主义类型，在高年级学生中间不再呈现显著性，高年级理学类专业学生在民族主义的不同面向上与参照组均不存在显著差异。

最后，值得注意的是工学类专业的学生。工学类一年级学生与参照组几乎不存在显著差异，仅在认同文化逆向民族主义的发生比上明显低于参照组。但是，高年级学生在接受工学的专业教育之后，认同国家民族主义与文化民族主义的发生比均呈现出显著高于参照组的趋势。这也就是说，工学专业教育显著增加本类专业学生认同国家民族主义与文化民族主义的可能性。

三、总结与讨论

本文研究了青年大学生群体内部民族主义思潮的类型和现状，并在此基础上考察了不同类别的专业教育对于青年民族主义思潮的影响。结论如下：首先，民族主义思潮在青年大学生群体中间呈现出总体上升趋势，中间温和群体面临被挤压的风险，具体表现为国家民族主义者、文化民族主义者以及极端民族主义者比例的升高，以及非民族主义者比例的下降；其次，不同类别的专业教育对于青年民族主义思潮存在显著影响，特别是人文学科类与工程技术类专业，前者显著增加了相应专业学生认同极端民族主义的概率，后者则增加了相应专业学生认同国家民族主义与文化民族主义的可能性。

20 世纪 60 年代的研究发现，后发国家在经济腾飞的过程中往往伴随着民族主义的抬头（Johnson，1965）。因此，在中国社会经济快速发展的过程中，民族主义思潮在青年群体中间的升温并不意外。然而，正如本章开头所提到的那样，爱国主义（或者说民族自豪感）与民族主义是两个不同的维度，最大的区别就在于前者是建设性的，而后者往往流于盲目的国家优越感与排外情绪，通常被认为是破坏性的（Kosterman & Feshbach，1989；马得勇，2013）。因此，我们需要理性看待当前大学生群体内部的青年民族主义思潮，一方面认识到导致民族主义思潮升温现象背后的时代与世代的因素，理解当前青年民族主义抬头的必然性；另一方面，我们也需要清醒地认识到民族主义思潮，特别是极端民族主义思潮的泛滥，对于青年政治化以及现实政治决策可能产生的负面影响。

如何理解当前中国社会青年民族主义升温的必然性？首先，我们需要从当代青年大学生成长的时代背景入手。在经历了过去三十年的经济持续增长，特别是过去十年在全球经济不景气的大背景下，中国经济仍然保持了稳定的高速增长，由低收入国家逐步迈入中等收入国家，并一跃成为世界第二大经济体，这些因素必然伴随着青年群体对于国家繁荣与民族富强的朴素自豪感，而这种朴素的自豪感既是爱国主义情感的基础，也是青年民族主义思潮的重要来源。与此同时，近年来，中国在海外撤侨、护航以及国际维和行动中所表现出的军事实力，进一步激发了青年群体的民族自豪感。值得注意的是，我们在 2015 年对于青年民族主义进行研究的过程中，军事实力还不是民族自豪感的重要来源，被访者对于国家执政能力以及民族优越性的认可更多地还是来自经济发展水平以及历史文化。除了经济和军事实力的提升，当代青年民族主义升温的另一个重要时代背景，即世界性的逆全球化与中国的“一带一路”倡议所形成的鲜明对比。伴随着大批带有民粹主义色彩的政党和政客在西方国家的现实政治中发挥着越来越重要的影响，一股世界范围内的逆全球化浪潮正在席卷而来，这股浪潮对于作为发展中国家的中国而言，在经济领域集中表现为贸易摩擦与高额的惩罚性关税，而在政治领域则表现为西方媒体炮制的“中国威胁论”与“中国阴谋论”，这种外部的压力势必激发国内舆论场的民族主义情绪作为反制。与此同时，中国提出的“一带一路”倡议恰恰是为逆全球化的当今世界提供了来自中国的解决方案，其中以基础设施建设领域（公路、高铁、机场）为代表的国际产能合作更是充分显示了中国在工程技术领域的先进性。“一带一路”倡议所得到的广泛关注与普遍认可则证明了一个影响力逐渐扩大、在国际舞台扮演越来越重要角色的中国对于其他国家乃至全球都有着重要的正面意义。无论是以经济和军事实力为基础的内部因素，还是以逆全球化与“一带一路”倡议为代表的外部因素，都表明当代青年大学生群体中间民族主义思潮升温的趋势有其必然原因，这种升温既是对于国内建设成就的朴素自豪感，也是对于外部压力的应激性反制。因此，我们首先需要把握当代青年的主流，正确认识青年民族主义的基础和来源，在理性看待的同时，不必对于青年民族主义升温现象抱以过分的担忧。

其次，青年民族主义思潮在当代大学生群体中间升温的现象也与以 95 后为代表的在校大学生群体自身的世代特征有着密切联系。我们将 95 后的世代特征总结为两个方面：第一是以个人主义为起点、以集体主义为终点的社会观；第二是以阶级隔阂为背景、以反对专业主义为落脚的认识论。

就第一个方面的特征而言，无论是作为互联网时代的“原住民”，还是作为真正将“御宅文化”带入主流视野的一代人，不可否认的是，95 后相比于 90 后、80 后等世代群体表现得更加个人主义。这种个人主义一方面是技术进步与社会分工带来的，95 后开始将自己的衣食住行全部“搬”到网上，这使得他们不再需要依赖于与他人的沟通和合作也可以满足自己的生活需求。而另一方面，也是更深层次上，这种个人主义则是来源于独生子女世代对于个人与社会关系理解的变化，从 80 后到 90 后，再到 95 后，独生子女世代已经逐渐摆脱了社群规范对于个体的影响与限制，越来越崇尚追求一种以自我实现（而非传统上的“光宗耀祖”）作为最高价值追求的生活方式。上述两方面的因素使得 95 后表现出更加强烈的个人主义倾向，这种倾向直接影响到这一群体在择业、婚恋等方面的观念，也会影响他们的政治态度。那么，为什么以个人主义为起点的“个体-社会”观念，最终会以集体主义为终点呢？正如埃里克·霍弗（2008）在《狂热分子》一书中所说的那样，“狂热者并不是真会坚持原则的人。他拥抱一项大业，主要并非由于它正确神圣，而是因为他亟需有所依附”。个人主义的背后事实上是一种更深层次的孤独感，这种孤独感使得 95 后群体迫切地渴望拥抱某种观念上的（而不一定是现实层面的）社群，以期获得个人主义无法带来的归属感。从这个角度而言，青年民族主义的升温与当下互联网直播行业以及手机网络游戏的火爆在本质上是同一棵树上开出的两朵花。青年群体在拥抱民族主义的过程中既是将个体融入了一个看不见、摸不着，却能够提供归属感的群体，又是将个体日常的无聊和琐碎纳入了一个正确的宏大叙事之中。因此，作为 95 后世代的第一个特征，这种以个人主义为起点、以集体主义为终点的社会观最终指向了民族主义思潮。

就第二个方面的特征而言，95 后一代人的生长背景在阶级流动方面有两个看似相悖、实则一脉相承的特点：一方面，伴随着社会结构转型进入新的阶段，无论是改革开放初期凭借个人努力实现阶级流动的经历，还是互联网时代序幕阶段的科技新贵凭借知识改变命运的故事，对于 95 后群体而言，正在变得越来越遥不可及。正如托马斯·皮凯蒂（2014）在《21 世纪资本论》中所指出的那样，资本收入的财富积累速度远大于劳务收入，这使得阶级隔阂，甚至是阶级流动的闭合，对于 95 后群体而言，不再是一个耸人听闻的预言，而是成了正在发生的现实。然而，另一方面，社会舆论对于“成功学”的推崇以及形形色色“一夜暴富”的神话，不仅导致社会评价体系的高度单一化，而且使得青年群体看待知识与工作的态度日趋浮躁，各种“读书无用论”的变体形式充斥网络舆论。上述两方面的因素最终指向一种反对专业主义，甚至是反智主义思潮。那么，反智主义的泛滥是如何导致了民族主义思潮的升温呢？反智主义是一种形象性的、而非逻辑性的认识论，认为社会是简单的，社会运行的机制是直观的，因此认识社会所需要的成本（包括时间成本、经济成本、知识成本等）是低廉的，这意味着即使是普通人也可以轻而易举地认识社会的运行。正是在这种认识论的指导下，反智主义必然导向非黑即白的一元论，而这种一元论在民族主义议题上就表现为本民族与其他民族之间的高下之分。从这一点而言，极端民族主义与极端逆向民族主义的外在表现形式是冲突的，但是内在认识逻辑却是高度一致的，都是将“我们”与“他们”对立起来，一者代表了先进的、高尚的文明，而另一者则代表了落后的、卑劣的文明。因此，作为95后群体的第二个特征，以阶级隔阂为背景、以反对专业主义为落脚的认识论使得这一世代更有可能在民族主义的议题上采取一种激进的态度，进而导致民族主义思潮的升温。

然而，尽管从时代和世代两个维度而言，当前民族主义思潮升温的现象都有其必然性，但是，这并不意味着青年民族主义思潮不值得我们担忧。相反，青年民族主义思潮抬头至少可能带来三个方面的消极影响，需要引起（不仅是研究者的）广泛关注和重视。

第一，民族主义思潮升温必然影响青年群体的政治社会化过程，可能导致政治表达与政治参与的无序。正如前文所指出的那样，民族主义思潮带给青年大学生的是一种“虚拟的”参与感和归属感，这种参与感和归属感可以赋予青年群体以生活的意义，却无法教会他们合理的、有序的政治参与和政治表达，反而流于民粹主义的话语和行动形式，并且这一趋势有从线上蔓延到线下的趋势。进一步说，民族主义思潮背后的认识论基础是一元论的、非黑即白的，这种认识论不利于青年群体理性地、全面地理解社会运行与现实政治决策过程。近年来，西方政党竞选过程中反复出现的民族主义与民粹主义在话语和行动层面相耦合的现象，就是放任青年民族主义思潮泛滥的结果。

第二，民族主义思潮在舆论空间的泛滥会挤压现实政治的决策空间，甚至导致“民意”裹挟政治的情况出现。民族主义思潮的升温不仅体现在青年群体的观念层面，而且体现在网络舆论场的话语层面。作为互联网的“原住民”，青年大学生群体是网络舆论场的重要参与者。因此，青年大学生的政治表达会直接影响到网络舆论场的政治生态；而作为公众参与政治的公共空间，网络舆论场的生态环境又会影响现实政治的决策空间。换言之，青年民族主义的升温可能会加剧网络表达的“沉默螺旋效应”，使得网络舆论趋于盲目的激进和排外，特定舆论事件可能演化成为“表态”甚至“站队”，可能出现中间群体的分裂，不利于凝聚社会共识的“最大公约数”。

第三，当前中国社会青年民族主义思潮的升温是以经济持续增长为前提的，因此，如果放任民族主义思潮的传播，一旦经济增长放缓，民族主义思潮就可能转化成为经济层面的盲目排外（比如各种形式的“国货运动”），对于经济活动造成负面影响。

除了对于青年民族主义思潮的整体考察，本文关于专业教育对于青年民族主义思潮影响的研究结论同样值得关注。其中，人文学科类与工程技术类专业对于青年在校大学生的影响尤其突出。

对于人文学科类专业的学生而言，这一群体在极端民族主义和极端逆向民族主义两个类型上都表现出更高的发生比，这一结果在一定程度上表明两种极端民族主义尽管外在表现形式相冲突，但是内在逻辑上却是高度一致的，可能源自一种形象性的、而非逻辑性的认知模式。两种面向所共同持有的逻辑性认识论意味着，一旦极端民族主义者与极端逆向民族主义者在特定议题上实现“情绪一致性”，那么就有可能出现两者合流的情况，这一点在人文学科类专业的青年大学生群体身上特别值得关注。

需要注意的是，情绪一致性并不等于立场或者观点的一致性，例如在如何看待“富人”的问题上，极端民族主义者可能将富人群体看作是“通过压榨劳动攫取财富的资本家”，而正是因为这些“资本家”的存在，所以“才会有那么多打工的人每天在流水线上工作十几个小时，结果每个月拿到手的工钱连房租都交不起”，因此，极端民族主义者往往倾向于“仇富”，他们怀念父辈所经历的单位制时代那种“人人有房住，生老病死不用愁”的归属感。然而，极端逆向民族主义者与前者的立场和出发点完全不同，极端逆向民族主义者认为“这一代极富群体无一不是权贵阶层的产物，无一不是改制过程中把老百姓创造的财富装进了自己的腰包，无一不是带着原罪的企业家”。可以看出，极端民族主义者与极端逆向民族主义者的立场和观点完全不同，前者批判“资本家”是因为“资本可恶，剥削劳工”，因为“这一群人正在让整个国家失去前进的活力和动力”，而后者批判“权贵”则是因为那些资本是“偷来的、带着原罪的”，是因为“这些极富群体瓜分了社会资源，让年轻人不再有向上流动的可能性”；相应地，前者自然而然地认为，“市场经济固然好，但是国家也应该硬气一些，应该为劳动者提供更多的保障”，而后者则坚持“只有充分的市场才能遏制充分的罪恶”。然而，正如前文所述，尽管极端民族主义者与极端逆向民族主义者在如何看待富人这一议题上的立场和观点都不相同，但是，两者都表达出了明显的仇富情绪，这也就是我们在前文所提到的情绪一致性。特别是考虑到网络空间表达碎片化、情绪化的特点，这种情绪一致性可能超越两种青年民族主义面向在立场和观点上的差异，从而达成某种形式的合纵连横，并由此衍生出线上甚至线下集体行动的新的可能性。

对于工程技术类专业的学生而言，这一群体在接受专业教育之后在国家民族主义和文化民族主义两个面向上都呈现出更高的发生比。我们认为，这一结果既与工程技术类学生的专业教育内容以及就业方向有关，也与这一专业所传递的价值观念有关。首先，从教育内容和择业方向的角度而言，工程技术类专业教授的内容往往与工业工程、机械制造有关，而这些工程又通常由国有企业主导研发和建设，因此工程技术类专业学生的就业方向一般集中在大型国有企业或者是军工企业，这些因素使得工程技术类专业学生对于国家和民族有着更强的归属感和责任感。其次，工程技术类专业教育所传递的价值观念使得就读于这些专业的学生往往更倾向于保守，而这一点在当前中国的民族主义议题上，则可能表现为偏向国家民族主义和文化民族主义。已有研究发现，技术工程类专业的学生在大学期间变得更倾向于保守，他们对于犯罪的态度更加严厉，对于诸如失业、贫困等社会议题更多地归因于个体而非社会结构，而人文社科类的学生则没有呈现出明显的观念变化（Guimond，1997）。那么，为什么工程技术类专业所传递的价值会让学生变得更加保守呢？我们推测这可能与工程技术对于劳动分工的强调有关。对于现代工程技术而言，大到一项工程，小到一件工业制成品，都离不开复杂的分工合作与上下游企业的通力配合，这一点不仅体现在工程技术的生产实践中，而且同样体现在相关专业的教育过程中。工程技术类专业对于劳动分工的重视本质上是对于秩序的强调，这种追求秩序的专业取向在现实政治议题上就表现为保守主义的倾向。因此，我们不难理解为什么工程技术类学生往往将犯罪和失业归结为个人原因，类似地，也就可以理解这一群体对于国家民族主义与文化民族主义表现出的更高的认可度。

当然，由于实证资料的限制，我们尚无法在经验层面对于专业教育影响民族主义思潮的机制和过程作出进一步的验证，但是，人文学科类学生对于两个面向的极端民族主义所表现出的看似相悖、实则相通的态度，以及工程技术类学生对于国家民族主义与文化民族主义表现出的认同，都值得我们在今后无论是学术研究还是高校思想政治教育的领域内给予专业类别这一因素足够的重视。

参考文献

埃里克·霍弗：《狂热分子》，梁永安译，广西师范大学出版社，2008 年。

安珊珊、杨伯溆：《中文 BBS 论坛中涉日议题的网络民族主义呈现》，《青年研究》，2011 年第 2 期，第 48—60 页。

卜建华：《网络民族主义思潮与当代青年政治社会化研究》，江西人民出版社，2012 年。

陈学明：《当代中国民族主义与青年政治社会化》，《理论与改革》，2005 年第 6 期，第 10—12 页。

陈尧：《网络民粹主义的躁动：从虚拟集聚到社会运动》，《学术月刊》，2011 年第 6 期，第 24—29 页。

雷开春、杨雄：《我国青年社会思潮新动向及政策建议》，《当代青年研究》，2015 年第 6 期，第 18—25 页。

李良荣：《警惕网络民粹主义“暴力”——中国民粹主义新动向》，《人民论坛》，2015 年第 1 期，第 34—37 页。

罗以澄、赵平喜：《“爆吧”集体行动中公民参与表达的实现及其规制——以“69 圣战”事件为例》，《现代传播（中国传媒大学学报）》，2012 年第 12 期，第 22—27 页。

马得勇：《国家认同、爱国主义与民族主义——国外近期实证研究综述》，《世界民族》，2013 年第 3 期，第 8—16 页。

蒙慧、马向萌：《网络视阈下的大学生民族主义探析》，《电子政务》，2013 年第 4 期，第 95—101 页。

邱皓政：《潜在类别模型的原理与技术》，北京大学出版社，2008 年。

山小琪、郭展新：《新世纪“愤青”与青年的爱国主义》，《中国青年研究》，2009 年第 1 期，第 17—20 页。

宋洁、潘苏苏、李艳刚：《90 后大学生民族意识的研究分析》，《现代教育科学》，2010 年第 5 期，第 69—72 页。

托马斯·皮凯蒂：《21 世纪资本论》，巴曙松等译，中信出版社，2014 年。

赵广平：《网络民族主义对大学生影响状况的调查与分析》，《中国青年研究》，2009 年第 12 期，第 54—57 页。

Wang, C. L., and Chen, Z. X. 2004. “Consumer Ethnocentrism and Willingness to Buy Domestic Products in a Developing Country Setting: Testing Moderating Effects.” *Journal of Consumer Marketing* 21 (6): 391 - 400.

Gries, P. H., Steiger, D., and Wang, T. 2015. “Popular Nationalism and China's Japan Policy: the Diaoyu Islands Protests, 2012 - 2013.” *Journal of Contemporary China* 25 (98): 264 - 276.

Guimond, S. 1997. “Attitude Change during College: Normative or Informational Social Influence?” *Social Psychology of Education* 2 (3): 237 - 261.

Guimond, S., and Palmer, D. L. 1996. “The Political Socialization of Commerce and Social Science Students: Epistemic Authority and Attitude Change.” *Journal of Applied Social Psychology* 26 (22): 1985 - 2013.

Hyun, K. D., and Kim, J. 2015. “The Role of New Media in Sustaining the Status Quo: Online Political Expression, Nationalism, and System Support in China.” *Information Communication*

& Society 18 (7): 766 – 781.

Hyun, K. D., Kim, J., and Sun, S. 2014. "News Use, Nationalism, and Internet Use Motivations as Predictors of Anti-Japanese Political Actions in China." *Asian Journal of Communication* 24 (6): 589 – 604.

Johnson, H. G. 1965. "A Theoretical Model of Economic Nationalism in New and Developing States." *Political Science Quarterly* 80 (2): 169 – 185.

Kosterman, R., and Feshbach, S. 1989. "Toward a Measure of Patriotic and Nationalistic Attitudes." *Political Psychology* 10 (2): 257 – 274.

Kunovich, R. M. 2009. "The sources and consequences of national identification." *American Sociological Review* 74 (4): 573 – 593.

Nie, H. A. 2013. "Gaming, Nationalism, and Ideological Work in Contemporary China: Online Games based on the War of Resistance against Japan." *Journal of Contemporary China* 22 (81): 499 – 517.

Potts Anthony, Debra Edwards, and David Smith. 2010. "Disciplinary Cultures in an Australian College of Advanced Education." *Journal of Educational Administration & History* 42 (4): 383 – 403.

Schneider, F. 2014. *Digital Nationalism in Online Networks: The Diaoyu/Senakaku Island Dispute on China's Web.* In APSA 2014 Annual Meeting Paper.

Ylijoki, O. H. 2000. "Disciplinary Cultures and the Moral Order of Studying — A Case-Study of Four Finnish University Departments." *Higher Education* 39 (3): 339 – 362.

第十六章　对港台态度：有底线的和平统一

引言

相比成长于1980年代的上一代青年人，95后大学生不仅经历了社会结构的变迁及中国经济实力与国际影响力的崛起，而且以“在场者”的姿态目睹了包括香港“反水客事件”“国民教育风波”“占领中环”暴乱及台湾反服贸“太阳花运动”、第三次政党轮替等一系列社会事件，互联网及社交媒体的普及使资讯得以在最短时间内传遍中国大陆及港澳台地区，这些因素都在潜移默化的过程中形塑了当代95后大学生对于港台问题的认知及其未来走势的判断。关于90后大学生对港台态度的研究，不仅关系到我们能否准确把握这一群体围绕该话题的社会心态，而且对于预判未来十年两岸关系民间态度与国家认同的走向提供了有力的参考。

香港回归祖国已经二十余年，对于当代95后大学生而言，“和平统一、一国两制”以及“港人治港、高度自治”的基本国策和政治体制是认识香港问题的既定前提。与此同时，近年来中国整体经济实力与国际影响力的崛起，北上广深等大城市在经济总量与国际化水平上逐步赶上甚至超越了香港。政治经济结构及国际化水平等宏观维度上的变迁对于同一时间成长于中国大陆及港澳台地区的青年大学生都在其社会心态上产生了不容忽视的影响。这一点对成长于香港和台湾地区的青年人尤其明显，无论是“滚出香港”，还是“退回服贸”，都反映出上述两个地区的青年群体在面对政治经济结构变迁过程中所展现出的焦虑、恐慌以及自我认知与归属上的迷茫。这种复杂而微妙的社会心态反映在行动层面就表现为近年来发生在香港的“反水客事件”“蝗虫事件”“国民教育风波”“非法占中事件”，以及发生在台湾地区的“反服贸运动”“反课纲”事件等等。尽管大陆地区的青年人并未参与到这些事件中去，也大多缺乏感性的认识和经验，然而，得益于互联网与社交媒体所创造出的“在场性”，95后大学生不仅可以在第一时间了解香港及台湾地区的最新动态，而且其政治立场与态度也可能受到上述事件的影响。

已有研究大多关注港台青年学生群体的国家认同和政治态度，缺乏关于大陆青年对港台问题的态度立场及走势预判的系统性研究。本研究试图运用全国性问卷调查数据弥补上述空白，并在此基础上进一步讨论可能影响90后大学生对香港及台湾问题看法的现实背景变量。

20世纪90年代中期，时值香港回归祖国，研究结论显示中国大陆及港澳台地区的青年学生群体表现出强烈的民族自豪感（余振、郭正林，1996；王仕民、郑永廷，1997）。中国青少年研究中心课题组（1998）基于十省市近万名青年的问卷调查得出结论：95%以上的青年认为“一国两制”及我国实施香港回归的策略是成功的。基于香港与内地青年学生的比较研究，尽管有学者指出，与媒体所渲染小部分香港青年“反内地客”的情况不同，香港青年大学生的国家认同感普遍较高（庞琴、蒋帆，2015），然而更多的学者观察到近年来香港青年整体国家认同感走低，少数缺乏认同群体呈现出低龄化、扩大化、非理性化的趋势（李龙，2015；曹琬茜，2015；涂敏霞等，2014）。目前，90后大学生群体对于香港特区区情了解较少（汤素娥等，2012），加之上述因素的作用，可能影响内地青年群体对于当前对港政策的满意度及对于香港市民的整体印象。

由于历史遗留原因以及台海问题的复杂性，一些学者围绕着海峡两岸青年大学生群体对于台海问题的认识进行了一系列研究。基于多年数据统计的结果，肖永梅（2013）指出41.4%的大学生对于“推进解决台湾问题进程”持积极态度，67%的大学生对于“我国未来解决台湾问题，实现祖国完全统一”这一判断表示乐观。在对待台海统一问题的态度上，林晓珊（2005）对福建四所高校的近四百名在校生进行问卷调查后指出，56.5%的大学生认为台海两岸“肯定可以统一”，38.7%认为“有可能统一”，倾向于认为两岸将会走向统一的大学生比例超过了九成。

在如何实现台海统一的问题上，绝大多数大学生认同“和平统一、一国两制”是解决台湾问题的最佳模式（靳冬玲，2011；林晓珊，2005）。然而，围绕着是否保留采取武力行动的可能性，大学生群体表现出迥异的态度。一方面，肖永梅（2013）对比2001—2003年的数据统计结果发现，支持“和平统一，一国两制”的学生比例逐年走高，并在2003年达到49.8%，支持“立足早打，速战速决”或“顺其自然，维持现状”的比例逐年走低，到2003年时，支持两个选项的大学生比例分别为10.7%和5.4%。另一方面，近年来的一些研究也表明由于民族主义思潮抬头等因素的作用，支持采取武力行动的青年比例出现了反弹。王思涛、张超（2010）对江苏省2 000余名大学生的问卷调查发现，56.4%的大学生支持“不惜一切代价（甚至武力）都要完成统一”，40.3%的大学生则倾向于“和平统一，哪怕需要很长时间”。其中，男性、非共产党员以及理科专业的大学生倾向于支持前者的可能性更高。类似地，姚念龙（2014）的研究也显示，43.8%的大学生支持“条件允许的话应该武力统一台湾”，只有33.2%的大学生对这一观点表示反对。

事实上，由于青年学生群体正处于政治态度形成的时期，外部事件的短期刺激可能会对其思想观念产生较大的影响，这一点对于大陆地区大学生群体的作用尤其明显。乐媛、潘野蘅（2013）采用准实验法研究了观看台湾地区领导人选举辩论电视直播对于两岸大学生政治支持态度的影响，研究发现，大陆学生在观看竞选电视辩论后，认为“台湾政坛乱象丛生”的比例会显著降低，对于台湾地区政治体制的整体观感也更加正面。这一结论表明，由于接触有限，大陆青年对于台湾地区的政治态度并不稳固，类似电视辩论这样的短期刺激可能对其政治观念的形塑产生一定的影响。

综上所述，大陆地区青年群体对港台地区态度是一个亟待厘清的研究问题，对于这一问题的回答不仅关系到如何理解与把握90后大学生群体的社会心态与政治态度，而且对于未来大陆调整对港、对台政策具有重要的参考价值。

本文将按照下面的顺序依次展开：第一部分，借助2015年和2017年两次大学生社会心态调查数据，比较当代大学生在港台议题上的态度变化；第二部分，在整体刻画当代大学生看待港台议题态度的基础上，重点考察在不同层次高等院校的青年大学生群体中间，家庭收入水平如何影响大学生对于香港民众的总体印象，又如何影响其对于未来两岸关系走势的判断；第三部分，对于前两部分的发现进行总结和讨论。

一、当代青年大学生对于港台议题的总体态度与变化趋势

在2015年和2017年的两次全国范围的大学生社会心态调查中，我们设置了6道相同的题目，用来分别测量在校大学生对于香港与台湾地区相关议题的态度。其中，香港地区相关的题目包括最关心的议题、对于内地目前对港政策的总体满意度以及对于香港民众的总体印象，台湾地区相关的题目包括最关心的议题、对于大陆目前对台政策的总体满意度以及对于两岸关系未来走势的判断。以下我们将分别对香港和台湾地区相关题目的统计结果进行报告。

（一）当代青年大学生对于香港地区相关议题的总体态度与变化趋势

表16-1反映了青年大学生对于香港地区最关心的议题占比。可以看到，相比于2015年，2017年大学生社会心态调查中，香港与内地的关系以及对内地的态度仍然是内地青年学生对于香港地区最关心的议题，两者相加占到了将近七成的比例。这也从侧面反映出，目前香港与内地之间的关系呈现出了一定程度的紧张。此外，香港的政治（7.8%）、经济（4.1%）及社会运动（4.9%）得到了接近两成青年大学生的关注。最后，以流行音乐和电影产业为代表的香港流行文化（7.6%）及购物（4.8%）、饮食（3.3%）得到的关注相当有限。

由于香港文化产业近年来的衰落及旅游业频发的负面新闻，香港原本享有的“购物天堂”的美誉在95后大学生群体心目中已经难觅踪迹。

表16－1　青年大学生对于香港地区最关心的议题占比

对于香港地区最关心的议题	2015年		2017年	
	样本数	比例（%）	样本数	比例（%）
与内地的关系	1 848	30.1	2 012	31.5
对内地的态度	2 166	35.3	2 311	36.2
香港地区政治	506	8.3	501	7.8
社会运动	257	4.2	310	4.9
香港地区经济	386	6.3	259	4.1
流行文化（流行音乐、电影等）	460	7.5	483	7.6
购物	355	5.8	305	4.8
饮食	158	2.6	209	3.3

表16－2反映了青年大学生对于香港地区民众的总体印象。可以看到，青年大学生对于香港地区民众仍然保持了比较积极的印象，将近四成的大学生对于香港地区民众持正面态度，同时有将近半数的大学生保持中立态度，持负面态度的只有不到一成。

表16－2　青年大学生对于香港地区民众的总体印象

对于香港民众的总体印象	2015年		2017年	
	样本数	比例（%）	样本数	比例（%）
非常正面	230	3.7	309	4.7
倾向正面	2 372	37.8	2 281	34.4
中立	2 848	45.4	3 246	48.9
倾向负面	767	12.2	742	11.2
非常负面	57	0.9	55	0.8

总体而言，相比于2015年，当前大学生群体对于香港地区的总体态度保持了积极态势，香港地区与内地的关系以及对内地的态度仍然是青年学生最关心

的议题，大学生群体无论是对于目前的内地对港政策，还是对于香港地区民众的总体印象，都保持了总体正面的趋势，青年群体在香港地区相关议题上的基本面没有发生根本性的变化。

（二）当代青年大学生对于台湾地区相关议题的总体态度与变化趋势

表 16-3 反映了青年大学生对于台湾地区最关心的议题占比。可以看到，相比于2015 年，2017 年大学生社会心态调查中，两岸关系仍然是青年大学生对于台湾地区最关心的议题，有将近六成的被访者选择了这一议题，这一结果也表明在可以预见的未来，两岸关系将长期作为青年大学生群体对于台湾地区最关注的议题。台湾地区政治（包括地区选举、领导人等）相关议题也得到了较多的关注（15.5%）。此外，由于近年来大陆居民赴台个人自由行的开放，赴台旅游得到了越来越多大陆居民的青睐，因此，95 后大学生对于赴台旅游与饮食的关注程度（9.6%）超越了传统文化（9.0%）和流行文化（5.5%）排在第三位。

表 16-3　青年大学生对于台湾地区最关心的议题占比

对于台湾地区最关心的议题	2015 年		2017 年	
	样本数	比例（%）	样本数	比例（%）
两岸关系	3 497	57.2	3 769	59.6
台湾地区政治（地区选举、领导人等）	916	15.0	983	15.5
中华文化（对传统文化继承的态度）	535	8.8	571	9.0
流行文化（影视、音乐、明星等）	386	6.3	346	5.5
旅游与饮食	707	11.6	606	9.6
台湾地区经济	72	1.2	54	0.9

表 16-4 反映了青年大学生对于未来两岸关系走势的判断。可以看到，当前大学生群体对于未来两岸关系的判断总体上仍然倾向于协商实现“一国两制”，将近六成的被访者都倾向于这一判断。

但是值得注意的是，相比于 2015 年，认为未来两岸之间将“诉诸武力实现统一”的比例从 10.3% 上升到了 17.0%，相应地，认为“协商实现‘一国两制’”以及“维持现状”的比例均有所下降，这也就是说，台湾地区民进党 2016 年上台执政以来，更多的青年大学生倾向于认同诉诸武力实现统一的解决方案。需要指出的是，“武统”呼声的日益升高不应该被看作是大陆地区民粹主义或者是民族主义思潮泛滥的结果，相反，恰恰是因为台湾地区自民进党上台执政以来出台了一系列诉诸民粹主义与狭隘民族主义的政策措施，激起了大陆地区青年学生渴望“武统”的呼声。

表 16－4　青年大学生对于未来两岸关系走势的判断

对于未来两岸关系走势的判断	2015 年		2017 年	
	样本数	比例（%）	样本数	比例（%）
诉诸武力实现统一	634	10.3	1 100	17.0
协商实现“一国两制”	3 905	63.5	3 840	59.3
维持现状	1 608	26.2	1 532	23.7

总体而言，青年大学生群体对于台湾地区与大陆关系仍然保持了最高的关注度，对于大陆目前对台政策也保持了总体满意的态势，多数青年仍然倾向于通过协商实现“一国两制”的模式解决两岸关系的难题。然而，不容忽视的是，青年大学生群体中间“武统”呼声日趋高涨。可以预见的是，如果民进党在台湾地区坚持推行“去中国化”政策，那么，大陆青年群体的“武统”呼声可能会进一步高涨。

二、家庭收入与学校层次如何影响大学生在港台议题上的态度取向

在整体刻画当代青年大学生对于香港和台湾地区相关议题的态度基础上，本文希望进一步考察家庭收入与学校层次如何影响青年大学生对于香港地区民众的总体印象，以及对于未来两岸关系的走势判断。

在研究策略上，我们将样本按照不同的高校层次划分为多个子样本，并对

每一个样本采取相同的建模策略，以考察同一解释变量在不同层次的高校中间可能呈现出怎样差异化的效应。

在变量设计上，本文的因变量为对于香港民众的总体印象以及对于未来两岸关系的走势判断。对于总体印象变量，我们将“非常正面”和“倾向正面”统一编码为“正面印象”，将“非常负面”和“倾向负面”重新编码为“负面印象”，并以“一般”作为参照组。对于两岸关系走势判断变量，我们则以“协商实现‘一国两制’”作为参照组。

本文的解释变量为家庭收入，在这里具体操作化为家庭年收入。此外，本文还希望考察对于不同层次的高校，家庭收入的影响机制是否存在差异，因此我们将本次调查涉及的41所高校重新编码为3个层次。其中，985工程与211工程院校重新编码为“985/211院校”，将本科三本院校以及高职高专院校重新编码为“三本/专科”，其余院校则编码为“其他一二本”。

此外，本文还纳入了性别、年龄、政治面貌、入学年份、父亲受教育程度、14岁时父亲职位、是否独生子女、主要成长地等控制变量。

在模型选择上，由于本文涉及的两个因变量均为多分类变量，因此我们在这里选择多元逻辑回归模型的估计模型。

表16－5反映了关于家庭收入与学校层次如何影响青年大学生对于香港地区民众总体印象的多元逻辑回归模型的估计模型。因变量以总体印象“一般”作为参照组，模型1到模型6分别反映了在985/211院校、其他一二本、三本/专科院校中，背景变量与解释变量对于因变量的影响。其中，模型1和模型2对应学校层次为其他一二本的子样本，模型1纳入了本文的控制变量，模型2在模型1的基础上纳入了家庭年收入的对数作为解释变量。可以看到，对于其他一二本院校，家庭年收入每增长1%，对于香港民众总体持正面印象的发生比相应增加10.8%（$e^{0.103}-1$）。模型3和模型4则对应了985/211院校的子样本，类似地，模型4在模型3的基础上纳入了解释变量，可以看到，对于985/211院校，家庭年收入每增长1%，则对于香港民众总体持负面印象的发生比增加了14.9%（$e^{0.139}-1$）。最后，模型5和模型6对应了三本/专科

的子样本，模型6在模型5的基础上纳入了解释变量，可以看到，对于三本/专科院校，家庭年收入每增长1%，对于香港民众总体持负面印象的发生比增加了23.5%（$e^{0.211}-1$）。

此外，我们还注意到，无论就读于哪一类高等院校，男性对于香港民众总体持负面态度的发生比均显著高于女性，在模型2、模型4和模型6中，男性持负面态度的发生比分别高出了64.7%（$e^{0.499}-1$）、46.7%（$e^{0.383}-1$）和74.0%（$e^{0.554}-1$）。在985/211院校以及三本/专科院校中，高年级学生对于香港民众持正面印象的发生比显著低于一年级新生，分别低了44.5%（$1-e^{-0.589}$）和33.0%（$1-e^{-0.401}$）。另外，我们还注意到，对于985/211院校，14岁时父亲职位为中高层管理者的学生对于香港民众持负面印象的发生比显著更高，高出参照组62.1%（$e^{0.483}-1$），而在三本/专科院校中，党员对于香港民众持负面印象的发生比显著更高，高出非党员3.5倍（$e^{1.510}-1$）。

表16－5　家庭收入与高校层次对于青年大学生对香港民众总体印象的影响

	其他一二本		985/211		三本/专科	
	模型1	模型2	模型3	模型4	模型5	模型6
正面印象 vs. 一般						
男性	0.270* (0.11)	0.288* (0.13)	0.087 (0.08)	0.123 (0.09)	0.513*** (0.11)	0.493*** (0.13)
年龄	−0.013 (0.05)	−0.001 (0.05)	0.040+ (0.02)	0.034 (0.02)	0.016 (0.06)	−0.032 (0.07)
党员	0.197 (0.29)	0.288 (0.31)	0.262* (0.13)	0.303* (0.14)	−0.222 (0.37)	0.013 (0.47)
高年级	−0.193 (0.15)	−0.116 (0.17)	−0.631*** (0.12)	−0.589*** (0.13)	−0.441*** (0.13)	−0.401** (0.15)
父亲受教育年限	0.017 (0.02)	0.017 (0.02)	0.009 (0.01)	0.016 (0.01)	−0.014 (0.02)	−0.015 (0.02)
中高层管理者	0.150 (0.16)	0.109 (0.19)	0.140 (0.11)	0.162 (0.12)	0.322+ (0.17)	0.283 (0.21)

（续 表）

	其他一二本		985/211		三本/专科	
	模型 1	模型 2	模型 3	模型 4	模型 5	模型 6
独生子女	0.091 (0.12)	0.120 (0.14)	−0.126 (0.09)	−0.151 (0.10)	0.128 (0.11)	0.246⁺ (0.13)
来自北上广深	0.032 (0.17)	−0.083 (0.22)	0.217 (0.14)	0.187 (0.15)	0.145 (0.13)	0.375* (0.17)
来自农村	0.126 (0.14)	0.165 (0.16)	0.311** (0.12)	0.265* (0.13)	0.151 (0.14)	0.259⁺ (0.16)
家庭年收入（万）的对数		0.103⁺ (0.05)		−0.013 (0.04)		0.065 (0.05)
常数项	−0.292 (0.88)	−0.741 (0.97)	−0.681 (0.47)	−0.646 (0.50)	−0.671 (1.06)	0.068 (1.28)
负面印象 vs. 一般						
男性	0.430** (0.17)	0.499** (0.19)	0.301** (0.11)	0.383** (0.12)	0.557** (0.20)	0.554* (0.25)
年龄	0.063 (0.06)	0.067 (0.07)	0.046 (0.03)	0.041 (0.03)	0.010 (0.10)	0.027 (0.12)
党员	−0.341 (0.47)	−0.876 (0.64)	0.089 (0.18)	0.177 (0.19)	0.966* (0.45)	1.510** (0.53)
高年级	0.309 (0.23)	0.351 (0.26)	0.244 (0.20)	0.389⁺ (0.22)	0.264 (0.25)	0.151 (0.29)
父亲受教育年限	0.019 (0.03)	0.036 (0.03)	−0.002 (0.02)	−0.015 (0.02)	−0.001 (0.03)	−0.023 (0.04)
中高层管理者	0.446* (0.22)	0.274 (0.27)	0.458*** (0.14)	0.483** (0.16)	0.194 (0.29)	−0.408 (0.41)
独生子女	0.045 (0.17)	−0.119 (0.20)	0.147 (0.13)	0.109 (0.14)	0.195 (0.21)	0.275 (0.25)
来自北上广深	−0.031 (0.25)	−0.273 (0.32)	0.228 (0.18)	0.055 (0.21)	0.652** (0.23)	0.714* (0.28)

（续 表）

	其他一二本		985/211		三本/专科	
	模型 1	模型 2	模型 3	模型 4	模型 5	模型 6
来自农村	-0.175 (0.22)	-0.313 (0.25)	-0.222 (0.19)	-0.243 (0.21)	0.097 (0.27)	0.052 (0.32)
家庭年收入（万）的对数		0.080 (0.08)		0.139* (0.06)		0.211* (0.08)
常数项	-3.355** (1.23)	-3.668** (1.37)	-2.647*** (0.65)	-2.877*** (0.71)	-2.991 (1.89)	-3.344 (2.29)
N	1 614	1 240	2 963	2 539	1 679	1 198
-2LL.	3 099.2	2 368.0	5 860.6	4 974.0	2 949.6	2 080.6
BIC.	3 246.8	2 524.7	6 020.4	5 146.5	3 098.2	2 236.6

注：显著性水平：$^{+}p<0.1$，$^{*}p<0.05$，$^{**}p<0.01$，$^{***}p<0.001$。

表 16-6 反映了关于家庭收入与学校层次如何影响青年大学生对于未来两岸关系走势判断的多元逻辑回归模型的估计模型。因变量以总体印象“协商实现‘一国两制’”作为参照组。其中，模型 1 和模型 2 对应学校层次为其他一二本的子样本，模型 1 纳入了本文的控制变量，模型 2 在模型 1 的基础上纳入了家庭年收入的对数作为解释变量。可以看到，在其他一二本院校，家庭年收入对青年大学生如何判断未来两岸关系走势不存在显著影响。模型 3 和模型 4 则对应了 985/211 院校的子样本，类似地，模型 4 在模型 3 的基础上纳入了解释变量，可以看到，对于 985/211 院校，家庭年收入对于未来两岸关系的走势判断存在显著影响，具体而言，家庭年收入每增长 1%，则认为两岸未来仍将维持现状的发生比高出 13.3%（$e^{0.125}-1$）。最后，模型 5 和模型 6 对应了三本/专科的子样本，模型 6 在模型 5 的基础上纳入了解释变量，可以看到，对于三本/专科院校，家庭年收入对于未来两岸关系的走势判断同样存在显著影响，具体而言，家庭年收入每增长 1%，认为两岸未来终将诉诸武力实现统一的发生比高出 13.7%（$e^{0.128}-1$）。

此外，我们还注意到，无论就读于哪一类院校，男性学生都倾向于认为两岸未来终将诉诸武力实现统一，在模型 2、模型 4 和模型 6 中，男性选择“诉诸武力实现统一”的发生比分别高出女性 153.2%（$e^{0.929}-1$）、81.7%（$e^{0.597}-1$）和 165.9%（$e^{0.978}-1$），而女性学生则更加倾向于两岸之间维持现状，同样在上述 3 个模型中，男性选择“维持现状”的发生比分别比女性低了 25.5%（$1-e^{-0.295}$）、28.0%（$1-e^{-0.329}$）和 31.8%（$1-e^{-0.382}$）。类似地，无论就读于哪一类院校，高年级学生相比于一年级新生都更倾向于“武统”，在模型 2、模型 4 和模型 6 中，高年级学生选择“诉诸武力实现统一”的发生比分别高出一年级新生 134.0%（$e^{0.850}-1$）、47.0%（$e^{0.385}-1$）和 43.2%（$e^{0.359}-1$）。最后，就读于 985/211 院校以及三本/专科院校的非党员相比于党员更加倾向于维持现状，在模型 4 和模型 6 中，党员选择“维持现状”的发生比显著低于非党员，分别低了 33.4%（$1-e^{-0.407}$）和 85.5%（$1-e^{-1.934}$）。

表 16－6　家庭收入与高校层次对于青年大学生对未来两岸关系走势判断的影响

	其他一二本		985/211		三本/专科	
	模型 1	模型 2	模型 3	模型 4	模型 5	模型 6
“武统” vs.“一国两制”						
男性	0.812*** (0.15)	0.929*** (0.18)	0.648*** (0.10)	0.597*** (0.11)	0.971*** (0.16)	0.978*** (0.19)
年龄	−0.165* (0.06)	−0.218** (0.07)	0.002 (0.03)	−0.001 (0.03)	−0.067 (0.07)	−0.074 (0.09)
党员	0.191 (0.40)	−0.107 (0.47)	−0.136 (0.16)	−0.191 (0.18)	−0.268 (0.46)	−0.243 (0.57)
高年级	0.721*** (0.20)	0.850*** (0.24)	0.293+ (0.16)	0.385* (0.18)	0.368* (0.17)	0.359+ (0.20)
父亲受教育年限	−0.008 (0.02)	−0.007 (0.03)	0.007 (0.02)	0.007 (0.02)	0.028 (0.02)	0.010 (0.03)
中高层管理者	0.254 (0.20)	−0.080 (0.26)	0.123 (0.13)	0.089 (0.15)	−0.049 (0.22)	−0.356 (0.28)

（续　表）

	其他一二本		985/211		三本/专科	
	模型 1	模型 2	模型 3	模型 4	模型 5	模型 6
独生子女	−0.067 (0.16)	−0.281 (0.19)	0.251* (0.12)	0.286* (0.13)	0.012 (0.15)	−0.039 (0.17)
来自北上广深	−0.061 (0.23)	−0.135 (0.30)	−0.066 (0.18)	−0.111 (0.21)	−0.006 (0.17)	0.092 (0.21)
来自农村	−0.082 (0.19)	0.008 (0.21)	−0.011 (0.16)	0.033 (0.17)	−0.230 (0.18)	−0.238 (0.21)
家庭年收入（万）的对数		0.084 (0.07)		0.087 (0.05)		0.128* (0.06)
常数项	0.971 (1.24)	1.773 (1.42)	−2.015*** (0.60)	−2.207*** (0.64)	−1.091 (1.38)	−0.956 (1.68)
维持现状 vs.“一国两制”						
男性	−0.382** (0.13)	−0.295+ (0.15)	−0.308*** (0.09)	−0.329*** (0.10)	−0.392** (0.14)	−0.382* (0.16)
年龄	−0.013 (0.05)	−0.029 (0.06)	0.004 (0.03)	−0.005 (0.03)	−0.042 (0.07)	0.004 (0.08)
党员	0.213 (0.32)	0.222 (0.35)	−0.359* (0.14)	−0.407** (0.16)	−1.651* (0.73)	−1.934+ (1.03)
高年级	0.267 (0.18)	0.171 (0.20)	0.385** (0.14)	0.474** (0.15)	0.213 (0.17)	0.091 (0.19)
父亲受教育年限	−0.012 (0.02)	−0.007 (0.02)	0.005 (0.01)	−0.005 (0.02)	−0.030 (0.02)	−0.056* (0.03)
中高层管理者	−0.023 (0.18)	−0.258 (0.23)	0.069 (0.11)	0.030 (0.13)	0.045 (0.20)	−0.158 (0.26)
独生子女	0.143 (0.13)	0.004 (0.16)	0.202* (0.10)	0.218* (0.11)	0.169 (0.14)	0.096 (0.17)
来自北上广深	0.138 (0.20)	0.078 (0.25)	0.296* (0.14)	0.242 (0.16)	0.057 (0.16)	0.076 (0.20)

（续　表）

	其他一二本		985/211		三本/专科	
	模型 1	模型 2	模型 3	模型 4	模型 5	模型 6
来自农村	−0. 195 (0. 17)	−0. 195 (0. 19)	−0. 071 (0. 14)	−0. 037 (0. 15)	−0. 367* (0. 18)	−0. 432* (0. 20)
家庭年收入（万）的对数		0. 087 (0. 06)		0. 125** (0. 05)		0. 076 (0. 06)
常数项	−0. 713 (1. 00)	−0. 503 (1. 12)	−1. 173* (0. 52)	−1. 138* (0. 55)	−0. 021 (1. 37)	−0. 580 (1. 61)
N	1 577	1 214	2 891	2 488	1 634	1 173
−2LL.	2 836. 8	2 140. 2	5 590. 4	4 797. 6	2 871. 8	2 051. 2
BIC.	2 984. 1	2 296. 5	5 749. 9	4 969. 6	3 019. 7	2 206. 7

注：显著性水平：$^{+}p<0.1$，$^{*}p<0.05$，$^{**}p<0.01$，$^{***}p<0.001$。

三、总结与讨论

本文考察了当前青年在校大学生对于香港地区和台湾地区相关议题的总体态度，并在此基础上，探讨了对就读于不同层次高等院校的学生而言，家庭收入对于香港地区民众总体印象以及未来两岸关系走势判断的影响。结论如下。

第一，当前大学生群体对于香港地区的总体态度保持了积极态势，香港地区与内地的关系以及对内地的态度仍然是青年学生最关心的议题，大学生群体对香港地区民众的总体印象保持了总体正面的趋势，青年群体在香港地区相关议题上的基本面没有发生根本性的变化。

第二，家庭收入对于如何看待香港地区民众有显著影响，且这一效应受到学校层次的影响。具体而言，对于985/211院校以及三本/专科院校而言，学生家庭收入越高，越倾向于对香港地区民众持负面态度；相反，对于其他院校，学生家庭收入越高，则越倾向于对香港地区民众持正面态度。

第三，当前大学生群体对于台湾与大陆关系仍然保持了最高的关注度，多数青年仍然倾向于通过协商实现“一国两制”的模式解决两岸关系的难题。然而，不容忽视的是，青年大学生群体中间“武统”呼声日趋高涨。可以预见的是，如果民进党在台湾地区坚持推行“去中国化”政策，那么，大陆青年群体的“武统”呼声势必进一步高涨。

第四，家庭收入对于如何看待未来两岸关系走势同样有显著影响，且这一效应受到学校层次的影响。具体而言，对于985/211工程院校，学生家庭收入越高，越倾向于两岸未来将会继续维持现状；相反，对于三本/专科院校，学生家庭收入越高，则越倾向于支持诉诸武力实现统一。

参考文献

曹琬茜：《两地互动与香港青年身份认同问题研究》，《广州社会主义学院学报》，2015年第4期，第31—34页。

靳冬玲：《青年大学生对台湾问题认识情况的调查分析》，《中国城市经济》，2011年第3期，第187—188页。

李龙：《港台青年中国认同缺失问题之比较分析》，《中国青年研究》，2015年第7期，第82—87页。

林晓珊：《福建大学生眼中的台湾》，《青年研究》，2005年第8期，第45—48页。

乐媛、潘野蘅：《电视辩论对两岸大学生“政治支持”的影响研究：基于2012年台湾地区选举电视辩论的实验数据》，《国际新闻界》，2013年第8期，第136—145页。

庞琴、蒋帆：《“他者”在香港青年大学生国家认同感中的作用——北京香港两地大学生国家认同感的实证比较研究》，《中山大学学报（社会科学版）》，2015年第6期，第147—158页。

涂敏霞等：《港澳青少年国家认同研究》，《青年探索》，2014年第2期，第27—33页。

汤素娥、杨葵、杨凝希：《高校开展港澳区情教育的价值体认及策略》，《当代青年研究》，2012年第11期，第75—80页。

王思涛、张超：《当代大学生政治参与调查与分析——以江苏省部分大学生为例》，《学理论》，2010年第27期，第199—201页。

王仕民、郑永廷：《香港回归对内地和港澳大学生思想的影响》，《中国高等教育》，1997年

z1 期，第 47—48 页。

肖永梅:《当代大学生政治观研究》，电子科技大学，2013 年。

姚念龙:《当代中国大学生主流政治意识及其形成机制研究》，北京交通大学，2014 年。

余振、郭正林:《第五代中国青年的爱国情结——对中国大学生的政治文化透视》，《青年研究》，1996 年第 11 期，第 18—23 页。

中国青少年研究中心课题组:《1997 年中国青年社会政治心态》，《中国青年研究》，1998 年第 1 期，第 2—7 页。

结　　论

当代大学生成长于丰厚与充裕的物质环境中，因此，他们又被誉为“丰裕一代”。根据价值观转变理论，成长过程中物质条件的相对充裕会带来生活方式和价值观念的代际转变。那么，作为“丰裕一代”的大学生又会呈现出什么样的生活方式和价值观念？本书从大学生的生活世界、网络世界、价值观念、社会感受、社会认知和社会思潮六个方面对当代大学生的生活与观念进行了两年的追踪研究，有助于我们系统性地把握当代青年大学生的生活和思想状态。

一、青年人的生活世界

首先，本书从校园生活、就业意向与工作意义两个不同的方面分析了当代大学生的生活世界。

第一，在校园生活方面，当代大学生的校园生活呈现出“阳光多彩”的特点。首先，当代大学生对校园党团组织的态度总体较为正面，其中有近四分之一的大学生与党团组织联系密切，且两年来呈现出增长的趋势。其次，有近三分之一的大学生积极参与社团活动，其中又以兴趣爱好类和志愿公益类社团为主。再次，超过60%的大学生对所在高校和专业表示自豪，但是仍然有近三成的大学生不认可所在学校和专业。最后，在校园文化生活方面，偶像剧在当代大学生印象最深的二十部电视剧中占比超过三成，但是军旅剧、现实题材剧和古典作品改编剧也给大学生留下了深刻印象；在大学生印象最深的二十部电影中，文艺片占比超过三分之一，其次是动作片和喜剧片，能够给人启迪与思考的电影才是受大学生欢迎的电影；在大学生印象最深的二十本书中，古典作品占比接近一半，其次是现实题材文学作品和流行文学，能够启迪大学生进行社会和人生思考的书籍才能给大学生留下深刻印象。

第二，在就业意向与工作意义方面，当代大学生呈现出“脚踏实地，仰望星空”的偏好。首先，体制内工作仍然是大学生最为主要的理想就业岗位，“铁饭碗”对大学生的吸引力犹在，不过两年来的数据表明大学生“创客”的热情也在持续高涨。其次，大城市与特大城市仍然是大学生最为主要的理想就业地点，愿意在中小城市和农村就业的大学生比例偏低，且两年来没有上升趋势。再次，在工作意义方面，物质回报对大学生的吸引力明显偏低，当代大学生更注重通过工作履行家庭和社会责任，同时实现自我价值。

二、青年人的网络世界

除了线下的生活世界，线上的网络生活也是大学生群体生活世界的重要构成部分，本书从网络参与和网络交往、网络安全观念和网络管制态度两个方面研究了当代大学生的网络世界。

第一，在网络参与和网络交往方面，当代大学生呈现出“折射现实”的特征。首先，在网络参与方面，当代大学生的网络公共参与水平整体偏低，但是当代大学生的网络表达要明显高于网络行动，且两年来大学生的网络参与呈现出上升趋势。其次，在网络交往方面，当代大学生的网络交往对象与现实世界的交往对象重合，当代大学生的网络交往群体具有较高的同质性。

第二，在网络安全观念和网络管制态度方面，当代大学生表现出“内紧外松”的特点。首先，当代大学生对自身的网络安全重视程度很高，大多数大学生特别重视自身的网络信息和隐私安全。其次，在网络管制方面，当代大学生高度认同对色情、诈骗等网络违法犯罪行为和网络信贷等高风险行为进行网络管制；但是当代大学生对网络舆论自由、信息自由和网络文化产品自由进行管制的行为并不十分认同。

三、青年人的价值观念

除了线下的生活世界与线上的网络世界，本书还着重对大学生群体的观念世界进行研究。首先，本书从理想生活和理想社会、个人-社会-国家关系、社会分配公平观、后物质主义四个方面研究了当代大学生的价值观念。

第一，在理想生活和理想社会方面，当代大学生呈现出“安居乐业”的特征。首先，在理想个人生活方面，当代大学生不再局限于物质成就，非物质的超越型成就对大学生更为重要。其次，当代大学生群体并没有呈现出个人主义泛滥的特征，大多数大学生会同时兼顾个人生活与社会影响。最后，在理想社会方面，当代大学生更注重稳定、文明、安全等务实的社会价值，且近年来呈现出上升趋势，自由、民主等务虚的社会价值对大学生来说重要性相对较低。

第二，在个人-社会-国家关系方面，当代大学生呈现出“多靠双手少靠国家”的特征。首先，在成就归因方面，超过80%的大学生认为个人成就依赖于个人努力和把握机会，只有不到20%的大学生认为命运和运气会对个人成就造成影响，但是仍然有接近60%的大学生认为家庭因素会对个人成就产生影响，个体和家庭是当代大学生最为看重的成就助力。其次，近六成的大学生赞同国家进行经济调控，近七成的大学生认为国家要提供社会保障，只有一成左右的大学生不同意国家干预经济和提供社会保障，只有极少数的大学生认同自由市场和社会。最后，大学生群体普遍认为过大的贫富差距不是社会的理想状态。

第三，在社会分配公平观方面，当代大学生呈现出“最低保障下的多劳多得”的特征。首先，当代大学生的社会公平观并不仅仅表现为“是否应该平均分配”这一单一维度，而是包括竞争主义公平观、勉励主义公平观、平均主义公平观、扶弱主义公平观四种不同的公平观。其次，当代大学生的分配公平观念中“竞争”与“扶弱”观念并存，即认为社会资源一定程度上应当向弱势群体倾斜，以此来保障弱势群体基本的资源获得，但同时认为社会资源应当遵循竞争性分配的原则。

第四，当代大学生的价值观还呈现出向后物质主义价值观深刻转型的特点。首先，本书发现当代大学生的价值观仍然以混合类型为主，他们既没有放弃对物质价值的追求，也对后物质主义价值充满渴望。其次，当代大学生中的后物质主义者已经超过了物质主义者，后物质主义价值观已经在大学生群体中逐渐普及开来，大学生群体的价值观已经处于深刻的转型之中。

四、青年人的社会感受

除了最基本的价值观念，本书还对大学生的社会感受进行了研究。社会感受是大学生群体对当下社会状态的基本判断，是大学生价值观的重要组成内容。本书从发展效能感，公平感、安全感与信任感两个大的方面研究了当代大学生的社会感受状况。

第一，发展效能感是指大学生对自身未来发展的自信程度，从发展效能感方面来看，当代大学生呈现出“未来可期”的特征。首先，当前大学生的发展效能感水平总体较高，大学生群体对自身的未来发展普遍充满信心，对努力工作能够带来美好生活的信心十分强烈。其次，在发展效能感的各项指标中，大学生对自己生活的掌控能力以及对社会外在环境的评价相对较低，一部分社会因素相对制约了大学生群体对自身发展的憧憬。最后，两年来大学生群体的发展效能感呈现出不断增长的趋势，越来越多的大学生相信外部环境能够为自身提供一个好的发展条件。

第二，从公平感、安全感与信任感方面来看，当代大学生呈现出“忻乐太平”的特征。首先，当代大学生对社会公平的感知处于中等水平，他们对社会中的一些不平等现象存在不满情绪，但仍然属于可以接受的范围。其次，大学生群体高度认可当前社会的安全性，并且认可的比例持续上升。再次，大学生群体对一般社会成员的信任水平很高，但信任的比例有持续下降的趋势。最后，大学生群体对新闻媒体的信任水平一般且两年来呈现出下降的趋势，对警察、法院和政府的信任水平普遍较高。

五、青年人的社会认知

社会感受是大学生对当前社会状态的基本感受，社会认知是大学生对社会状态的基本认知。本书从群际认知，争议性议题认知以及中国历史、现状和未来的认知三个方面研究了当代大学生的社会认知。

第一，当代大学生在群际认知方面呈现出“不嫌贫不仇富”的特点。首先，大学生群体对几个主要社群总体印象较好，对党政军群体、专业技术人员和知识分子的总体印象最好，对高资产人士和底层群体的总体印象次之。其次，当代大学生认为国家政策应该同等对待各个群体，两年来认为国家政策应该向底层群体倾斜的大学生从三成降到了两成。最后，大学生普遍认为竞争和分层是当前中国社会的主要运行机制。

第二，在争议性议题认知方面，当代大学生呈现出“和而不同”的特点。首先，在转基因议题上，近半数的大学生表示接受，但是仍有四分之一的大学生表示不接受，争议较大。其次，近九成的大学生对中医表示接受，中医得到绝大部分大学生的认可。再次，近七成的大学生接受安乐死，大学生对安乐死的态度较为积极。此外，在同性恋方面，超过半数的大学生表示接受，但仍有四分之一的大学生表示不接受，争议较大；在婚前同居方面，超过六成的大学生表示接受，说明当代大学生性观念较为开放。最后，在抵制日货方面，只有近三成的大学生表示接受，超过四成的大学生表示不接受，理性爱国仍然是当代大学生的主流。

第三，在对中国的历史、现状和未来的认知方面，当代大学生呈现出“乐天派忧思”的特征。首先，贫富差距悬殊、城乡差距、主流价值观缺失三个问题两年来均被大学生群体认为是我国社会面临的最大问题。其次，超半数大学生将改革开放视作当前中国繁荣发展的根本原因，近七成青年认同主流历史叙事，多数青年大学生对于国家大政方针和主流历史叙事表示认同。最后，超过八成的大学生对中国社会政治和经济走势持乐观态度，渐进式改革路径获得绝大多数青年大学生群体的认可。

六、青年人的社会思潮

除了当代大学生群体的价值观，本书还从民粹主义、民族主义和对港台态度三个方面研究了当代大学生的政治思潮。

第一，在民粹主义方面，当代大学生呈现出“底层精英民粹化”的特征。本书研究发现，个人家庭背景与民粹化倾向呈现出强烈的负相关，来自中低收入家庭且就读精英高校的大学生最有可能呈现出民粹主义倾向，来自高收入家庭的大学生就读精英高校则会降低民粹主义倾向。

第二，在民族主义思潮方面，当代大学生呈现出“持续升温”的特点。首先，民族主义思潮在青年大学生群体中呈现出总体上升趋势，中间温和群体面临被挤压的风险，具体表现为国家民族主义者、文化民族主义者以及极端民族主义者比例的升高，以及非民族主义者比例的下降；其次，不同类别的专业教育对于青年民族主义思潮存在显著影响，特别是人文学科类与工程技术类专业，前者显著增加了相应专业学生认同极端民族主义的概率，后者则增加了相应专业学生认同国家民族主义与文化民族主义的可能性。

第三，在对待港台态度方面，当代大学生呈现出“有底线的和平统一”的特点。首先，当前大学生群体对香港和香港地区民众的态度总体上印象较好，且两年来没有呈现出较大变化，香港地区与内地的关系以及香港对内地的态度仍然是青年学生最关心的议题。其次，当前大学生群体对大陆和台湾地区的关系仍然保持高度关注，多数青年大学生仍然倾向于以“一国两制”的方式实现和平统一，值得注意的是两年来青年大学生群体对“武统”的呼声日趋高涨。

七、讨论与展望

物质的富足改变了“丰裕一代”大学生的家庭教养方式，传统的粗放型教养方式不复存在。他们在温暖柔情的家庭中成长，从孩童时期就成为家庭的中心。进入大学后，他们享受着阳光多彩的校园生活；他们开阔、进取，富有同理心，憧憬离开校园后能够过上安居乐业、富足自立的生活；他们用和而不同的眼光看待这个世界，尊重、公平、扶弱在他们的价值观念中占据着重要的位置。

四十年快速高效的经济增长给“丰裕一代”带来的最宝贵的财富是什么？如果仅仅将这个问题的答案理解为物质，那么可能会对丰裕一代的认识停留于表面。他们是全球化的一代、信息化的一代、在欧风美雨洗礼下成长起来的一代，灵活的思维方式、多维度看问题的视角、开阔包容的眼界和胸怀，才是我们这个时代馈赠给这一代人最宝贵的财富。物质财富的积累会因分配方式的差异而出现多寡之分，也会随着经济周期的变化而产生起落，但是一代人眼光、视野、思维方式形成之后会贯穿于他们全部的生命历程，进而对整个国家和社会的价值观念体系产生重要的影响。“丰裕一代”所形成的价值观，未来会成为我们全社会的精神财富。

成长期物质条件的富足造就了“丰裕一代”与众不同的个人追求，“丰裕一代”的价值观正在经历从物质主义向后物质主义的深刻转型。正如本书所指出，当代大学生中的物质主义者只有 15.5%，84.5%的大学生持有混合类型价值观和后物质主义价值观。物质财富的极大丰富使得这一代人在衣食无忧的环境下成长，维持生存对“丰裕一代”来说已经不是问题，物质成就在他们心目中退居次要地位，非物质成就对这一代人意味着更多。这一点在他们的工作观中得到体现，超过八成的大学生认为工作的意义不再是物质回报。物质回报只是他们工作意义的一小部分，本书发现只有 2.4%的大学生认为工作是权宜之计，工作对“丰裕一代”来说不仅是为了糊口，更多的是为了实现个人价值。一方面，“丰裕一代”对非物质成就的重视使得这一代人能够释放更多的创造力，保持整个社会源源不断的活力。另一方面，安逸的环境也使得这一代人对“吃苦耐劳”等困难时期流传下来的优良品质不再具有亲和性。这就不难理解当下对“90 后”与“00 后”不能吃苦的批评，这是物质充裕过程中的必然现象。那么，当“丰裕一代”面临困境，他们能否继承艰苦奋斗的优良传统，以坚忍不拔之志克服困难就成为一个重大问题。本书认为，解决这个问题的关键在于保持他们“活力”的同时激发他们的“定力”，引导他们在追求个人价值的同时不忘继承优良传统，最终使得他们能够以个人追求为舵，优良传统为魂，实现个人追求和社会价值的统一。

成长期物质条件的富足培育了“丰裕一代”对个性化的特殊追求。物质财富的迅速积累为这一代人的个人追求提供了广阔的平台和多样的可能性，“丰裕一代”无论是在生活方式还是在个人追求方面都越来越呈现出个性化的特征。在个人成就上他们越来越强调个体体验，正如本书在前文所指出的，只有7.2%的大学生在成就观上选择了金钱和权力，越来越多的大学生追求个人魅力等个性化成就。“丰裕一代”在文化生活上也越来越强调多样性与自我选择，这一点被前文指出的当代大学校园文化的多样性所证明。一方面，“丰裕一代”的个性化特征使得整个社会呈现出巨大的差异性，这是不同思想相互碰撞从而产生创新的现实基础。另一方面，“丰裕一代”的个性化特征也对社会整合提出了巨大的挑战。传统的社会整合发生在家庭、学校，传统价值和宏大叙事为社会整合提供了心理基础，规模社会的社会整合在这一基础上成为可能。“丰裕一代”的社会整合发生在偶像圈、游戏圈、二次元文化圈等一系列小众叙事空间，在这一系列小众空间之下还有更小的分化空间。这一系列小众空间中的自我标定构成了“丰裕一代”社会整合的心理基础。在这种情况下，以小众文化圈为基础的社会整合将对规模社会的整合提出巨大的挑战。这就要求我们将注意力集中在以个性化为基础的小众叙事空间，着重考虑如何将小众叙事纳入规模社会的宏大叙事中，在“丰裕一代”个性化的基础上重新寻找社会整合的心理基础。

“丰裕一代”是改革开放以后社会财富持续高速增长的结果，成长期的繁荣似乎是在告诉他们高速的经济增长是社会发展的必然状态。表现在发展效能感上，“丰裕一代”普遍认为整个社会欣欣向荣，未来可期。正如本书前文所指出，当代大学生的发展效能感水平普遍较高，在总分为5分的发展效能感测试量表中，当代大学生的得分超过3.75，而且两年来还呈现出显著增长的状态。一方面，“丰裕一代”对未来充满信心是好事，这使得他们能够以更加饱满的热情投身学习和社会建设，以更加积极阳光的态度迎接未来的挑战。另一方面，当前中国经济正在经历深刻转型，经济改革过程中很有可能要经历前所未有的阵痛，这就意味着“丰裕一代”将要面临与成长期完全不同的经济形势。那么，“丰裕一代”能否在认清国情之后摒弃盲目乐观，仍然能够以自信务实的态度投身未来建设，这将成为这一代人将要面临的重要问题。“一战”以后，面对战争对高速发展造成的挫折，美国文坛出现了“迷惘的一代”，他们对社会发展感到不满和失望，极力反叛传统的理想和价值观，“迷惘的一代”应当成为“丰裕一代”的历史警钟。本书认为，避免“丰裕一代”向“迷惘一代”转变的关键在于给予他们正确的引导，使得他们能够在更加接地气的环境中理性认清社会现实，最终让他们能够以务实理性替代盲目自信，以更加脚踏实地的态度投身未来建设。

物质财富的迅速积累带来了“丰裕一代”对主流叙事的高度认同。他们成长于中国经济飞速增长的时期，亲眼见证了改革开放带来的经济奇迹。虽然“丰裕一代”在一定程度上感知到了社会问题，但是他们仍然认同主流叙事，相信伴随着经济发展必然能解决发展过程中带来的社会问题。本书发现，超半数大学生将改革开放视作当前中国繁荣发展的根本原因，68.7%的青年大学生认同主流历史叙事。“丰裕一代”是认同主流叙事的一代，但是这种认同建立在经济高速增长的基础之上。伴随着中国经济的深度转型，高速增长的经济必然会被高质量增长的经济替代。这就意味着丰裕的一代将要离开他们熟悉的高速增长环境，重新面对一种他们从未面对过的经济环境。那么，在发展转型的背景下，“丰裕一代”对主流叙事的认同和对社会问题的包容是否会同时发生变化，这是一个值得全社会深思的问题。本书认为，“丰裕一代”在新形势下对主流叙事的持续认同仍然存在很大可能性，但是这种可能性要求我们将“丰裕一代”的经济理性转化为政治理性，在政治生活领域培养他们务实的政治态度，最终使得他们在政治上更为理性、成熟和务实。

“丰裕一代”成长于经济高速增长的时期，这一时期也是我们国家综合国力迅速增强的时期。“丰裕一代”的成长历程是我们国家由贫到富、由富到强的成长历程，他们是我们国家由富到强的历史见证者。那么，在这一背景中成长的“丰裕一代”必然会表现出强烈的民族自豪感和民族自信心，本书发现爱国主义电影《战狼》在当代大学生印象最深的二十部电影中高居第二，当代大学生与爱国主义影视剧具有很高的亲和性。表现在政治思潮上，这一倾向直接表现为青年民族主义的升温，正如前文所指出，2015 年只有 28%的大学生具有民族主义的倾向，到 2017 年具有民族主义倾向的大学生就增加至 35. 5%。“丰裕一代”民族主义思潮的升温是当代中国高速发展的最好注脚。一方面，如果任由民族主义思潮在“丰裕一代”中持续升温，不给予他们合理的引导和控制，那么“丰裕一代”的民族主义思潮必然会对现实政治产生影响，由此带来的现实政治后果难以估量。另一方面，面对国内经济的深度转型和国际形势的急剧变化，在富强起来中长大的“丰裕一代”又会对这种变化作出何种反应，他们又会对现实政治的内外政策采取何种态度，这都是影响深远的重要议题。本书认为，在民族主义思潮上不能对“丰裕一代”采取放任的态度，而是应该给予合理的控制和引导，最终使得“丰裕一代”的爱国情绪和现实政治形成良性互动。

若要从前辈手中接过接力棒、成为国家和民族的中流砥柱，“丰裕一代”最需要培养和锻炼的品质是什么？我们认为是责任感。从生命周期的角度来讲，年轻人往往热情有余而耐力不足；从代际特征的角度来讲，这一代大学生自然而然地享受着物质丰富所带来的种种优越。但是，从个人的成长到社会的变迁从来不是一帆风顺的，面对发展过程中出现的暂时的困难，更应该培养顽强、坚韧、百折不回的品质和作风。这需要从个体的“小我”当中跳脱出来，建立更大的信念和情怀。回顾近百年的历史，战争年代的舍生忘死、解放初期的创业艰难、改革开放时代的敢为天下先，都是我们这个国家和民族宝贵的精神财富，将这些财富继承下去，也是当代大学生的历史责任。

当我们在不断重申个体价值、个体特征的时候，还应该认识到一点，如果没有主流的价值体系起到整合和统率作用的话，个体意识的张扬往往缺乏依托，从而形成无意义的孤岛，形成有争鸣却无对话、有观点却无共识的局面。我们肯定当代大学生的代际特征，对个体意识和个体价值给予充分的尊重，但是也应该意识到，我们需要建构有效的主流价值体系，它不是一味简单强调牺牲和奉献，而是为了保护多元共融的个人价值，尊重每一个个体，两者不是非此即彼的对立关系，而是依托与成长的互惠关系。这两者的关系不是跷跷板的两端，必须压制一端，另一端才会高高扬起；两者就像树干和树枝，强大的树干是枝繁叶茂的前提和保证，而每一根树枝又以树干为依托向着阳光雨露充足的方向自由生长。

后　记

时光飞逝，“大学生社会心态调查”项目已经走过5个年头，其阶段成果《理解丰裕一代：对当代大学生生活与观念的追踪研究》也即将出版。在付梓之际，项目启动的初心依然历历在目。

青年群体与代际变迁是大众与媒体讨论的永久话题。“80后”“90后”“00后”甚至“10后”究竟是怎么样的一代总能引起诸多的争论，各种标签层出不穷，世代间的鄙视链也成为网民津津乐道的话题。这些标签话题背后既反映出社会对青年群体社会心态的高度关注，也表明了社会心态在理解中国社会变迁中的重要性。然而，现有的大多数全国性社会调查较为关注一般社会群体的境况，少有对大学生这一特定青年群体的专项调查；大部分社会调查较为关注结构性的特征变量，较少调查全面反映多维的社会心态特征。为了通过数据来系统地刻画大学生这一特定青年群体的社会心态，在上海市教卫工作党委、市教委的大力支持下，上海开放大学信息安全与社会管理创新实验室与复旦大学社会治理研究中心于2015年联合启动了第一次全国大学生社会心态调查，试图从青年人的生活世界、网络世界、价值观念、社会感受、社会认知、社会思潮等方面全方位描绘大学生的境况与心态。为了追踪大学生群体的社会心态的变迁，项目组于2017年完成了第二次大学生社会心态调查。这两次调查的主要发现凝聚在《理解丰裕一代》一书之中（其中部分成果已经以论文形式在刊物上发表）。

社会调查是一项艰苦的工作，而“大学生社会心态调查”的顺利完成离不开众多领导与同仁的支持和帮助。在《理解丰裕一代》问世之际，我们由衷感谢上海开放大学副校长王伯军、上海信息安全与社会管理创新实验室常务副主任王松华为调查项目提供了灵活高效的学术机制和基础保障；感谢复旦大学国际关系与公共事务学院沈逸教授的宝贵意见；感谢上海信息安全与社会管理创新实验室和复旦大学社会治理中心所有同人的付出；感谢 2015 年的调查团队成员刘长喜、邢婷婷、田芊、石发勇、都晓琴、佘承云、李雪、段惠子、付宇、王莹莹、王化险、王喆、张艳花、罗露瑶、郑雅君及 2017 年的调查团队成员邢婷婷、郑雯、都晓琴、佘承云、李雪、段惠子、付宇、王莹莹、王化险、易新、舒东妮、吴黔凤、逄程涵、施颖婕、周琳、阿依米拉·阿克木、程浩然，没有以上诸位的付出与贡献就没有大学生社会心态调查。此外，还要感谢所有被调查的高校以及为调查提供帮助的老师与同学，是你们的配合与付出使得大学生社会心态调查顺利完成。特别要感谢清华大学高校德育研究中心为本调研项目所提供的支持和资助。最后，感谢东方出版中心以及朱荣所编辑，朱先生的专业素养与丰富经验是本书得以顺利出版的保障。

《理解丰裕一代》是一次尝试，尽管它尚有改进的空间，但这也是社会心态研究中的小小一步。我们会坚持下去，但愿还有更多、更成熟的尝试。请学界同人不吝赐教，真诚期待你们的批评与指正！

桂　勇　侯劭勋　李秀玫　黄荣贵

2020. 7